近藤誠一
全集
I

対談 I

日本人──和の目 洋の目

かまくら春秋社

近藤誠一全集　対談Ⅰ

日本人――和の目　洋の目

はじめに

「我々はどこから来たのか　我々は何者か　我々はどこへ行くのか」（ポール・ゴーギャン）

気候変動と感染症の世界的拡大、民主主義や資本主義の劣化と信頼感の激減、デジタル化がもたらす正と負の問題など、人類世界はいま大きな課題に直面している。経験したことのない災害が頻発し、国際社会は不安定化し、社会は分断され、差別やいじめ、引きこもりなどの社会問題が世界的に起こっている。

しかしこれらはあまりに複雑で、相互に絡み合った大きな問題であり、解決には長い時間を要するから、誰一人自分で、あるいは自国のみで解決できるとは思っていない。山積する目の前の課題の処理に追われて毎日が過ぎてゆく。しかしその間に、問題はじわじわと人類社会を危険な状況に導いている。

これらの問題を直視し、分析し、解決策を模索している過程で必ず直面する問がある。「人間とは何か」である。それは「人間はどう生きるべきか」という問を考えるうえで避けて通ることはできないものだ。冒頭に引用したのは、偉大な画家の遺言ともいえる晩年の大作（一八九七年）に与えられたタイトルだ。

この問は、何らかの専門分野の知識だけでは答えられるものではない。人類が長い間蓄積してきた「人文知」を総動員しなければならない。人文知とは、自然科学の知識や、社会科学、人文学、古典や芸術などの叡知を総合したものをいう。

それを進める小さな第一歩として、ゴーギャンのタイトルの「我々」を「日本人」に置き換えて、さまざまな分野を極めた方々のお話しを毎月うかがった。舞台芸能、工藝、美術、建築、工学、医学、宗教、礼法などの分野の第一人者たちから、そして知日派で知られる外国人の方々からも貴重なお話しをうかがうことができた。そしてそれらを一冊にまとめることで、ばらばらに発せられたメッセージが全体として有機的に反応し、これまで考えつかなかった発想に導いてくれることが分かった。

そして改めて日本の文化は、人類の精神史において重要な位置を占めていることを気づかせてくれた。ここに収められた方々のご発言は、それを学ぶ私にとってそれぞれが一片の宝と言えるものである。しかしこの一冊で日本人の精神性の幅と奥行き、深さをすべて論じ尽くすことができるわけではない。日本人論を人文知のレベルまで高めていくためには、太古から現代にいたる人々の暮らし、地域の特性、文明の発展、藝能や工藝などの文化芸術、庶民が親しむ祭から高度な学問までの塊と知の集積、それらを紡いできた歴史に蓄積されている多様な、汲めども尽きぬ叡智を丹念に掘り起こしていかねばならない。この一冊はその大きな構想の端緒となるものである。

読者の方々は、これらの対談から何を、どのように受け取るか、それらを今後どのように展開していくかを自由に決めていただきたい。そして志を同じくする友人との対話によってさらに深め、拡大していただきたい。それにより多様な解釈や意見、分析が広がっていくであろう。それが全体として日本人のこれからの歩みの羅針盤になるのだ。

本書の刊行や全体的企画は、かまくら春秋社の伊藤玄二郎代表のお力と情熱なしには実現しなかった。また個々の対談の記録から最終的な出版に至る過程では、同社の編集部の方々、また対談の主催者となったTAKUMI-Art du Japon の理事、飯間美幸さんをはじめとするスタッフの方々がそれぞれの役割を果たしていただいた。ここに改めてこころよりの感謝を表明したい。

また、この企画全体の出版に賛意を示し、受け皿になっていただいた北海道東川町の松岡市郎町長をはじめ、職員の方にも御礼を申し上げたい。

この全集に飾る絵を描いていただいた山口暁子さん、装丁の中村聡さんにも感謝の意を表したい。

令和三年十月十四日

近藤　誠一

目次

カバー画／山口暁子

装　丁／中村　聡

伝統的な礼法や所作にみる日本人の特性

小笠原　敬承斎（小笠原流礼法宗家）
宇津木　安来（日本舞踊家）

おがさわら・けいしょうさい
東京都生まれ。小笠原忠統前宗家（小笠原惣領家第三十二世・1996年没）の実姉・小笠原日英門跡の真孫。副宗家を経て、1996年宗家に就任。約700年の伝統を誇る小笠原流礼法初の女性宗家となり、注目を集める。聖徳大学・聖徳大学短期大学部客員教授。著書多数。

うつぎ・あんら
日本舞踊家。東京藝術大学音楽学部邦楽科日本舞踊専攻卒業後、2019年に修士号・博士号を取得。在学中に日本学術振興会特別研究員採用、現在も科研費に採択されるなど、日本舞踊家として実践を行うだけでなく、日本舞踊研究者として研究も行う。現在、津田塾大学講師、東京藝術大学研究員、運動科学総合研究所研究員。

こころの持ち方と身体表現のバランス

近藤　日本の武道や芸道において、日本人らしい動き、日本人らしい所作があるのか、あるとするとそれはどういうものか、その伝統を探ってみたいと思い、礼法の小笠原敬承斎さんと日本舞踊の踊り手でもあり研究者でもある宇津木安来さんのお二人にうかがいたいと思いました。まず小笠原さんから、活動についてご紹介いただけますか。

小笠原　小笠原家は現在の山梨県南アルプス市が発祥の地で、当初は弓馬の師でございましたが、鎌倉時代末期から室町にかけて、武家社会の中で礼法が求められ、確立に至りました。江戸時代には経済の実権が商人に渡り始めると、格式のある礼儀作法を身につけたいという声が高まります。そこで礼法の真髄を理解していない人によって、こうでなければならないという形式一辺倒の礼儀作法が伝わり始めました。また明治時代になってもこの流れは変わることなく女学校の作法教育に取り入れられました。その結果、たとえば畳の縁を踏んではならない、といったかたちのみに拘泥したものが流布してしまったのです。こうして礼儀作法は堅苦しいものという誤解を招いてしまったこと、さらには日本人のこころの荒廃を憂えた先代が惣領(そうりょう)[※1]家に伝わります教えを元に、礼法の普及に努め、現在に至っております。

近藤　侍のマナーということで始まったものが、いつ頃から女性に広がりだしたのでしょうか。

小笠原　おそらく江戸時代頃からと思います。それまでの私どもの家に伝わっております古文書は、男性に向けて説かれているものが主でございます。江戸時代に入りますと女性に関する心得が説かれているものがありますので、そこからも推察できます。

近藤　何々をしてはいけない、何々をしなければならない、という厳しい戒律や規律という縛っているものから、どのようにして「嗜み」というニュアンスのものに変わっていったのでしょうか。

小笠原　たとえば、畳の縁を踏んではいけない理由について、昔は身分や家柄によって畳の縁は厚く高価なものが用いられていたので、畳と縁には段差がありました。ゆえに、躓かないように、あるいは相手が畳の縁を越えると、心理的にも圧迫感を与えることにもなり、縁が結界とも考えられるなど、さまざまな理由が存在いたします。それらが分かったうえで、もっとも大切な心得は危険を防ぎ、相手に不快感を与えないということです。そのうえで、時には畳の縁を踏むことがあってもいいという融通性、すなわち礼法の本質が生まれます。

近藤　基本を弁えていれば、臨機応変というか、必ず書いてあるとおりにしなければならない、というわけではないということですか。こころさえあれば、畳の縁を踏まないようにするのか、もしくは踏んでもいいのかは、その場で適切な判断をするのですね。

小笠原　はい。ただしこころで分かっていても、それを周りに伝えられないことがございます。そのために作法は存在し、それぞれの作法をどう組み合わせたり、省略したりするかという的確な判断をもとに、自然に振る舞うことが重要なのです。

近藤　つまり作法は、いわばこころを自然に振る舞う体の動きに翻訳する術ということでしょうか。

小笠原　はい、作法は相手に対するこころの表れであり、美しい体の動きも欠かせません。

近藤　畳の縁を踏むと躓くリスクや相手に圧迫感を与える可能性があるということを理解していれば、不自然な姿勢になってまで踏まぬ努力をする必要はないということにもなりますね。たとえば、大事な茶碗と分かっていれば、自然と両手でそっと置きます。

小笠原　置くときに一度で茶碗を置くのではなく、どこか一点を畳や机に付けてから置く、椅子に座るときも一度に全体重を下ろすのではなく、どこか体の一部が触れてから座るなど、動きを二つに分けると丁寧ですし、ものも大切に扱うことができます。また雑さも軽減されます。

近藤　外から押しつけられる規則というより、こころのあり方や身体の動きの連携、バランスなのですね。日本舞踊でも同じようなことがありますね。

宇津木　日本舞踊では「振り」がとても大事にされています。「振り」とは動きや形の約束事で、ここでこういうふうに動きましょう、こういう形をしましょう、何を見ましょう、どういう気持ちで踊りましょう、と決まっているわけです。練習中はきちんと決まりどおりに踊ることが重視されますが、たとえば、歌詞が春から夏への移り変わりを表しているときに、その場で一周まわる振りがついている場合、桜咲く春爛漫の春景色から桜の花びらがふぁ〜っといっせいに散って、一気に青葉茂る夏木立へと景色が変わる様を自分の中で思い浮かべながら、心情としては春が去っていくのを惜しんでまわるわけですが、仮に本番で一周まわるのを忘れてたたずんでしまったとしても、踊り手の目に映っている景色や、春が去っていくのを惜しむ心情の部分を表現することが本質なので、そこが伝わりさえすれば、究極それでもいいんだよ、というのはよく先生方がおっしゃることです。もちろん間違えてはいけませんが、本質が分かっていれば、動きや形は一番ではない、というのが暗黙の了解です。

近藤　あるこころの状態や動きを最も適切かつ美しく表すための身体の動きについての約束事がありますが、大切なのはその形ではなくあくまでこころなのだ、ということでしょうか。確かに、日本人は欧米に比べてスポーツでも芸道でも精神性、こころの持ち方を大事にするといわれますね。そこには同時に型があり、堅苦しく、若い人には敬遠されるイメージもありますが、実は相手のことを思う精神性であって、それを表現しやすくするための型であり、がんじがらめで縛るものではないと思います。この点が、若い人や一般の方に必ずしも伝わっているわけではない気がしますね。どうお感じになりますか。

小笠原　基本となる型があるからこそ、応用ができます。基本を知らなければ、応用はできないのです。型の本質、すなわち精神性を知ることで、若い世代の方も相手をいたわる行動を積極的に日常生活に取り入れようという思いに至るのではないでしょうか。礼法を学び始めて日が浅いと、作法の決めごとに執着しやすいのですが、あるところから、とらわれていたこころが柔軟になって、本当の意味での美しい言動ができるようになります。当たり前、と思うことこそ丁寧にお伝えしたいという気持ちが年々、高まります。

根底にある大事なもの

近藤　日本舞踊もお能もそうですが、「型から入る」といいますね。

宇津木　そうですね。私は大学で日本舞踊の講義をさせていただいていたり、企業でのワークショップのお仕事をさせていただくことがあるのですが、皆さん日本舞踊の「型」を習いたがる傾向にあります。かっこいいから、と。けれども短い期間で教えるのはとても難しい。私が気をつけているのは、「型」は数式でいうと「解」なんだということです。最終的に、どういう心持ち、どういう意識の使い方で「解」を生み出しているのか、という結果に過ぎません。数式の部分があったうえで結果として「型」があるわけです。ですから、数式の部分にあたるもの、心情や意識の使い方を教えることを大事にして、丁寧に、しっかりと伝えたいと思っています。

近藤　もともと関心があるから稽古に来られているのでしょうけれど、そのようなご指導の極意はよく理解してもらえますか。それとも最近の若い人はすぐ結果や即効力を求めるような傾向にありますか。

小笠原　昔はゴールが見えなくても自分の目の前にある目標に向かって、一歩一歩成長しようと心がけ、自分のゴールはどのくらい先にあるのかと師に尋ねる空気もなかったと思いますが、今はまずゴールを聞いて、そこへたどり着くにはどのようなルートがあるのかを分かってから、学ぼうとする人が増えている傾向があります。

近藤　昔であればゴールを聞いたら怒られたでしょうね。

小笠原　昔はそれこそメモを取ることすら許されず、見て学ぶものと教えられたのですが、昨今は、「スマートフォンで動画を撮ってもいいですか」と聞かれることが少なくありません。

近藤　それでも彼らの希望に応えるような、若干の妥協というか工夫をすればちゃんとついてきますか。どうでしょう。

宇津木　私が教えさせていただく際には、短い曲を踊れるようにすることとあわせて、日本舞踊のひとつの動作を美しく見せるということの奥深さに触れていただくという意味で、日本舞踊の振りの中にある日常動作を掘り下げる指導をしています。もっと早くゴールできるのではと思われていた方でも、たとえば「お酒を注ぐ」という動作ひとつとっても、美しく、芸術を感じさせるように行うには相当の努力が必要であり、時間もかかると実感し、純粋に真摯に取り組んで下さるようになります。

近藤　流派の違いによって、型や振りにどれほど違いがあるのでしょう。本質的な違いはあるのでしょうか。それとも本質は同じで、創始者の哲学や地域の特性、時代の流れなどで違いが出てくるのでしょうか。また時代の流れに影響されるということもあるのですか。

宇津木　流派の違いについては私はずっと考え続けてきました。日本舞踊の世界には、一度その流派に所属して、指導を受け始めたらほかの流派の先生に習ってはいけないという決まりのようなものがあります。私は東京藝術大学に入り、自分の所属していた流派以外の流派を経験し、本当に流派によって全く違うということを感じました。まず言語でいう文法が全く違います。言葉の並べ方、つまり振りと振りのつなげ方が全く違う。さらに同じ振りであっても動きや形の約束事も違います。日本舞踊の根底にある思想や、軸などに代表される身体使いや意識の使い方の本質、呼吸の意識の仕方などは共通なのですが、それを具体的な形で表していく表現になると、驚くほど違ってきます。

近藤　その違いはどこから出てきたのでしょうか。各流派の初代のスタイルや趣味など、そうした個人的なものからなのか、それともより歴史的、地理的、文化的理由があるのでしょうか。

宇津木　やはり日本舞踊は、家元、流派をつくってきた宗家という存在が大きいと思います。代々の宗家、家元という、流派にとっては神様のような存在がいらっしゃって、その方々の独自性というもの、個性や特徴は今も大事にされていると思います。

近藤　たくさん流派がありますが、その中で自分としてはこれが合うなと選べるものなのでしょうか。それとも最初のうちは違いがよく分からなくて、いったん一つの流派に入ればそこに歴史があり味わいがあって、もうそれしかないとなっていくものなのか、どうなのでしょう。

宇津木　どの流派にもその良さがあって、甲乙つけがたい。それは自分が所属していた流派に対しては失礼なのかもしれないですけれど、どの流派にもそれぞれの良さがあり、それぞれが自分の流派を愛していて、その一員であることを大事に思うこころがあって、やはり甲乙つけがたい。比較できないと感じます。

近藤　ほかの流派は少し奇妙に、おかしく見えることもあるでしょうけれど、それでもこれは良いなということもあるのですか。

宇津木　それは、すごくありますね。

小笠原伯爵邸外観

近藤　根底にあるものは同じでも、動きや間合いのとり方に少しずつ違いが出てくるのでしょうか。自分が究めていることには自負心が生まれるでしょうし、これが一番いいんだという特徴が際立ってくる傾向がありますね。それはその渦中にあると、なかなか分かりづらいのかもしれません。

宇津木　その意味でも、大学では貴重な経験をさせていただいたと思っています。

間合い　ゆとり　気遣い

近藤　日本の芸道、武道では、よく残心という言葉を用いますが、どういうコンセプトや重要性があるのでしょう。

小笠原　残心とは、残す心と書くごとく、最後までこころを残すことです。具体的には、たとえば、お辞儀をするときにほとんどの方は頭を下げたところで気持ちが希薄になってしまうので、早く元の姿勢に戻る、または戻りざまに歩き出すなど、次の動作に間を持たずに移ってしまいがちです。しかし、たった一秒でも相手に対する心遣いを残すだけで印象が異なります。何事も次の動作と前の動作の間に、間をとる、ゆとりを持つこと、それが即ち残心であると、さまざまなところでお伝えしています。

近藤　日本人は間を大事にします。絵でも余白がありますし、音楽や踊りでも間を大事にしますね。相手にこころを尽くすために、一呼吸おく。難しいですけれどね。

小笠原　たとえば別れ際に、ドアは丁寧に閉めても、相手が歩き出した瞬間に「カチャ」と鍵をかける音がすると、訪問者は寂しさを覚えてしまうでしょう。そこにも残心が必要です。

近藤　あきらかに聞こえそうでもついやってしまう、今閉めておかないと忘れるからと。そこを思いとどまって、相手がドアの前から立ち去るまで待たないといけないのですね。日常生活の中では難しいことも、だからこそ、それが相手に伝わると、とてもいい環境になるということでしょうね。

小笠原　その思いがあれば、閉めざるを得ないときでも、なるべく音がしないようにと、できる限りの努力をすることになると思うのです。

近藤　よく料理屋さんの出口で女将さんが見送ってくれますね。途中で振り返って「どうぞもうお入りください」とお辞儀をしても、角で振り返るとまだ立っておられる。嬉しいですよね、最後まで見守ってくれているというのは。大事にされている気がします。それが確実にできたのは、文化庁長官在任中、東京国立博物館に両陛下が来られて、お帰りになるときのお見送りです。車が出ていく際、宮内庁の方も館の方も、皆不動の姿勢で車が見えなくなるまでお見送りするのですね。それは両陛下に対する敬意であり尊敬の気持ちの表れであり、日本人はそういうものを大事にする。これも残心の一つで、自然に身体的な表現になる日本人の相手に対する気遣いは素晴らしいと思います。ゆとりがなければできないことですね。

宇津木　日本舞踊では、振りと振りの「間」が一番難しいといわれます。自分が今、能動的に行っている振りに集中すると「間」がおざなりになりがちですが、名人といわれる人たちは「間」にこそ感じるものがあります。「間」を大事にしなさいとは、いろいろな先生方がおっしゃいます。

近藤　欧米合理主義はおそらく「間」のことは考えないように思います。伝統芸能や武道を全く知らないと、そこが疎かになってしまうと思うし、疎かにしていることにすら気がつかないのではないでしょうか。日本人は「間」は無駄ではないと考え、むしろ尊重しますね。

小笠原　久しぶりに中学生、高校生との対面授業で、まさに「間」の大切さを感じました。改めて礼法を学んだ感想を聞くと、当たり前だと思っていたことが何よりも大切なことだったと、学校に通うことのできない時間が、まさに「間」であったことで、気づくことができたというのです。今後もその思いを生徒たちが忘れないように、努力していかなくてはと感じます。

近藤　コロナ禍の自粛で外出も会食も思うにまかせない、なんとなく寂しい、気持ちが萎（しぼ）む感じがする中で、たとえば中断していた授業を受ける、あるいは久しぶりにお稽古に出かけることによって、これまでの時間は大事なことに気づくための「間」だったのかもしれないと考えるわけですね。自粛も無駄ではないと思うと、それはこころのゆとりにつながります。

小笠原　人は仲間がいることが何よりのこころの平穏につながるのではないかと思います。

近藤　自分の仲間への対応によって自分自身を知るということでしょうか。日本舞踊はいかがでしたか。やはりしばらくお稽古は中断されていたのですか。

宇津木　私は基本、研究をしていますので、教えるのは学校や企業が中心です。大学では初回のリモート授業で全員に、自己紹介とコロナで感じていることを話してもらい、なるべく一緒に受けていると感じられるような授業をしています。コロナ前よりも、むしろ皆が他者のありがたみを感じ、今まではほかの人が考えていることに関心がなかったことも、隔絶されることによって、その大事さを感じるようになるのだと思いましたね。

千年続く洗練された文化

近藤　こうした思いはヨーロッパの人もアジアの人も皆同じだと思いますけれど、日本人は特に強いような気がしますね。というのは、日本語では自分というものを、欧米のように独立し完結した実体として捉えるというよりも、全体の一部、グループの一部、自然の一部という発想が強く、ほかとの関係性を重視し、関係の中で自分を捉えますね。自分と周りとの関係性を重んじる民族だからこそ、コロナでそれが閉ざされ制限され、そこから解放されることによってホッとするのは、関係性が復活して周りの人に生かされている、お互いに支え合っていると感じるからだと解釈できます。スポーツの世界でも日本の武道はそうした気持ちが根底にありますね。武道とは本来、勝ち負けは目的ではなく、精神性や相手をリスペクトしてベストを尽くしたことを讃え合うのが目的です。ところが柔道と剣道を比べると、柔道は国際スポーツになり、国際柔道連盟もできてオリンピック競技になって久しい。他方、剣道は、国際剣道連盟はあるけれどもオリンピックの種目にはない。国際競技になった柔道は欧米的なスポーツのスタイルに染まり、一本がとれたらガッツポーズをする。ガッツポーズは武道の精神からすると論外です。これはフェアプレーで相手をリスペクトすることについての残心が欠けているもので、慎み深さの対極にあるわけです。

小笠原　慎みは礼法になくてはならないものです。礼法は「慎み」と「察する」、この二つの言葉に集約されると考えております。たとえば「遠慮」とは遠くを慮(おもんぱか)ると書きますが、一般的に「遠慮」と聞くと、我慢する、または自己を無理に抑えるというイメージがあるのではないかと思います。しかし、漢字の意味からすると、自己は慎みつつ、周囲への気持ちは積極的に働かせる、つまり遠くを慮る（察する）ということです。自分が発した言葉を相手が聞いたときにどう感じるのか、と考えながら言葉を選んだり、今の状況では目に立つのであえて動くことはやめておくなど、一歩でも半歩でも先を考えて行動することで、最終的に同じ空間で、誰もが心地よく過ごすことができるのではないでしょうか。

近藤　それぞれが少しずつそういうことを心がければ、余計な、無駄な争いごとや誤解に基づく軋轢なしに、物事はすすんでいく。これは日本民族が千年にわたって築き上げてきた極めて洗練された文化ですね。それはどうすれば伝えられるでしょうか。個人主義で丁々発止、自由を求め、必要があればどんどん個人と個人がぶつかり、法の下で決着をつける。負けたら仕方がない、そうした社会に慣れた海外の人たちに、自分を犠牲にするのではなく、周りを見ながら自分を抑制することで皆がうまくいくという考え方をどうしたら理解してもらえるでしょうか。

　ところで、お弟子さんで日本舞踊を学びたいという外国人はいらっしゃいますか。

宇津木　今年は学生の中に中国の方が何人かいらっしゃいました。日本人の学生と同じかそれ以上に理解しようとしてくれていますし、実際に踊ってもらいましたら、すごくお上手で、プレゼンテーションも素晴らしかったです。

近藤　日本語でプレゼンされたのですか。

宇津木　日本語です。真摯に授業に参加して、一生懸命理解しようとしていました。日本人学生が「自分よりもすごいと思って感動した」「日本語でのプレゼンテーションは素晴らしかった」「日本舞踊がうまかった」と感想を書いていて嬉しかったですね。中国からコロナがきたといった雰囲気がある中で、こうした感想を持ったことに感動しました。

近藤　今のような話を聞くと、こうしたつながりをさらに太くしなければいけないとつくづく思いますね。日本人のいいところ、人を思う気持ち、これを理解する土壌は誰にでも十分にあるわけです。日本の伝統的な価値観を理解する人が増えていく、そうなることで紛争を未然に防ぐためにすべてを少しずつ我慢する、といった日本の良いところが広まっていくと良いと思うのですが。

宇津木　私は津田塾大学の多文化・国際協力学科で日本舞踊を教えさせていただいていますが、自分の国の文化を知ることで、ほかのすべての国の人たちも、自分たちと同じように大事な文化を持っていることに思いが至り、自分たちが自分の国の文化を素晴らしいと思っているように、ほかの国の人たちもそう思っている、だから自分の国を大切にすることをベースに本当の思いやりを持って欲しいことを最初に伝えています。さらに人間の身体は世界共通だと思うので、日本舞踊を深めていくと人間の身体の奥深さや豊かさが感じられるはずだと。

近藤　そうすると日本舞踊そのものではなく、国際交流の重要性も教えておられるわけですね。人間の身体は世界共通という認識は、まったくそのとおりですね。

宇津木　日本舞踊を深く教えることで、こうした世界観がより広くなるのではと思っています。

自然なふるまいは美しい

近藤　宇津木さんは、モーションキャプチャー[※2]という技術を使って、日本舞踊を踊るときの体の軸、体幹部の各部位の動きについてデジタル的なデータをとっておられますね。どういうきっかけで始められたのでしょう。伝統的な無形文化財をコンピュータの力を借りて解明する斬新な研究だと思いますが、舞踊家の方は抵抗なくご協力くださったのでしょうか。

宇津木　きっかけは、日本舞踊の名人、達人といわれる人たちと自分たちとの間にはどのような違いがあるのだろうと思ったこと、それに尽きます。また伝統芸能全般にいえることですが、日本舞踊は敷居が高いと感じておられる方が多く、なかなか議論にもならない現状があります。奥が深い文化である日本舞踊の良さを、踊りを通してだけでなく、言葉を通しても伝えたいという強い思いがありました。日本舞踊にはどういう文化的な特徴があるのか、どういう豊かさを持った文化なのか、修士課程のときには記号学[※3]を使って研究しました。さらに、博士課程のときには日本舞踊の動きの素晴らしさを、バイオメカニクスの観点からあきらかにしたいと思いました。踊り手にとっては実践がすべてですから、そんなもので分かるものではないという意見が多いだろうと覚悟をしていましたが、温かい目で見て下さる方が多かったのは、嬉しかったです。また、

日本舞踊を通して人間の身体が持つ深く豊かな本質に出会う
©Shuntaro CHIBA

井上八千代先生[※4]が、モーションキャプチャーの研究に協力された際、「先生は日本舞踊をモーションキャプチャーを使って研究することに対して反対する気持ちはないのですか？」という質問に対して、「そんなことしたからって減る文化やおへん」とおっしゃったというお話を聞き、そのとおりだなと思いました。

小笠原　素晴らしいおことばですね。

宇津木　私自身、こういった研究をすることで日本舞踊の良さが損なわれたらどうしよう、と少し心配していた部分があったのですが、そうはならず、むしろ研究を通して、日本舞踊が持つ奥深く豊かな身体使いをより深く、明確に知ることができましたし、以前にも増して日本舞踊が素晴らしい身体文化であるという認識を持てたことが、すごく嬉しかったです。本当に八千代先生のおっしゃったとおりだな、と。

近藤　京舞井上流の人間国宝、八千代先生のお言葉ですから、その懐の深さ、寛大さは、さすがだと感服いたします。伝統芸能や伝統的な価値観を学ぶ、そこに身を置くことは、すなわち結果に至るプロセスを大切にすることですね。たとえば旅行の醍醐味は、目的地に行くまでの途中の旅路で知らない人に会ったり、美味しいものを食べたり、あるいは何もせずぼんやり車窓を眺めたりすることであって、仕事をして会議が終わったら新幹線ですぐ戻ってくる、乗っている間もスマホばかり見ている、これは旅じゃない。結果に至る過程をより丁寧に、人が見ていようが見ていまいが、慎みを持って行動していきたいものです。人の見ていないときにちょっと気を抜くのは、いたしかたないというか、人間のだらしないところでしょうから、なかなか難しいのですが。

小笠原　意識しないでできることこそ、本当に身についているということですね。イレギュラーなことが起こったときに、その人がどう振る舞うかで本質が見えると思います。与えられた環境の中で、相手とのこころの交流で和を育む、それには心身を磨き、自然に美しく振る舞うことを目標に、私どもは日々学んでおります。

近藤　人が見ているからするのではなくて、誰も見ていなくても自分のこころに従って正しいことをする、美しく振る舞うということですね。互いに労わり合って。

小笠原　はい、災害時でも皆で列をきちんと守って。

近藤　確かに緊急時にも整列や譲りあいが素早くできるのは、マニュアルにそうしろと書いてあるからではなく、生活の中で身についているからなのでしょう。世界中が驚く日本人の習性、行動ですね。自然な振る舞いは美しいもので、やはり日本人の特性ではないかと思われます。このことは、これからも考え続けていきたいと思います。今日はありがとうございました。

（二〇二〇〈令和二〉年十一月二十六日収録）

1　所領や財産も含めた諸権利の所有者、もしくはその家督継承予定者。

2　動作を行う人間の手足や頭、関節などにセンサーを取り付け、この動きをデジタルデータとして記録する技術。スポーツ科学や映画、コンピューターゲームの分野で利用されている。

3　スイスの言語学者フェルディナン・ド・ソシュールによって位置づけられた。記号は「シニフィアン（意味するもの・表現）」と「シニフィエ（意味されるもの・内容）」の二つの構成要素から成り立ち、この両者の恣意的な結びつきから生じる諸記号が、言語における差異の体系として存在するという考え方。

4　日本舞踊家、京舞井上流の家元。一八〇〇年頃、近衛家から名を許されて創始。三世が祇園で「都をどり」を始める。現在は二〇〇〇（平成十二）年に襲名した五世。

日本人と人情

柳家　さん喬（落語家）

やなぎや・さんきょう
1948年生まれ。落語家。落語協会常任理事。藤間流名取。1967年に五代目柳家小さんに入門、1981年に真打昇進。古典の人情噺や滑稽話を得意とし、落語のライブの楽しさと落語美学の素晴らしさを伝える。日本語学習者に小噺をさせることで、落語を通して日本語表現や日本文化理解を深める活動を継続している。2017年に紫綬褒章受章。

落語はいつ始まったのか

近藤　私は以前、「落語は癌に効く」と言われて、そんなことはないだろう、落語協会の陰謀に違いないと思ったのですが、ここ数年、さん喬師匠の落語を何度かうかがっているうちに、もしかしたら本当かもしれない、師匠の噺をうかがった後は気持ちがすっきりして純化される。これは効くかもしれない、と思いはじめているのですが、どうでしょう。

さん喬　実際に落語が医学的に効くかよく分からないのですけれど、お礼状をいただいたことはあります。浅草演芸ホールで『棒鱈』を聞いて、おなかの底から笑った、癌になってから笑ったことがなかったのに、その後、食事に行ったら味が分かった、と。

近藤　素晴らしいですね。

さん喬　それから北海道にお住まいで長く患っておられる方から、「札幌で今日落語を聴きました。数値が良くなった気がします」と。あともうお一人は、息子さんを亡くしたお母様。自分が生きていることが、死んだ倅に申し訳がないと思って笑うことも忘れていた。だけど夜中に私の落語を聴いて「不覚にも笑ってしまった」そうです。

近藤　笑いの力についてはよくいわれていますが、落語のような人の話し声には癒しの力があるのでしょうね。

さん喬　そうですね。私はあちらこちらの被災地に行って、喋らせていただく機会があります。子どもさんの心の傷を癒してあげたくて。でもそれは大人が考えるほど甘いものじゃない。厳しいです。私はただ噺をするだけ。単純なことなんですけれど、小中学生が寄席囃子を聞いて「三味線の音がこんなに綺麗だと思いませんでした」と言ってくれる。子どもさんの中には、清浄作用というか、新しいものがふっと芽生えてくるといいますか、そういうものがあると思いますね。自分としては、できる限り続けていきたいなと思っております。

近藤　そうですか。落語には、相手の気持ちをほぐして、それとなくメッセージを送る力があるということでしょうね。落語というのは、だいたいいつ頃から形づくられてきたのでしょう。

さん喬　御宗家[※1]や家元[※2]がいる世界ではないので、正確にいつ頃とは分からないのですが、諸説あります。一つは「御伽衆（おとぎしゅう）」といいまして、室町時代末期から戦国時代の諸大名には、必ず御機嫌うかがいをする、西洋でいうピエロのような人たちがいて、面白可笑しい話を聞かせていました。それがいつの間にか一般の方々に流れていった、という説。それから村の長（おさ）である村長が、自分が受け継いでいる話を皆に聞かせるという説。笑い話であったり、心にじんとくるようなお話であったり。また「虚無僧（こむそう）」から始まったという説もあります。虚無僧は隠密として諸国を回っていましたので、それぞれの国がどういう軍備を整えているかを探る一方で、こんな面白い話があったと、自分を囲ってくださっている大名や親藩[※3]に報告していた、という説があります。

近藤　単なる軍事情報だけではなく、そうした面白い話も報告としてあげていた。

さん喬　そうですね。ですから各地に同じような話がたくさんありますのは、隠密が話した内容が、やがてその「土地の話」として伝わっていったのではないかな、という気がします。

近藤　なるほど。北海道から沖縄まで県民性が違いますし、全くバラバラで、特に東京と関西では大きな違いがあると思いますけれど、落語にその地域差というものは出てくるのでしょうか。

さん喬　出てきます。近年はいわゆる上方と江戸の落語交流、東西交流も盛んですが、昔はなかなか受け入れがたいものがあったようです。

近藤　上方落語を江戸、東京でそのままやると、うけないのですか。

さん喬　いや、今はうけます。今は逆に。亡くなりました桂枝雀師匠が大阪の噺を非常に分かりやすく身近にしてくださった。落語を楽しませる方法を枝雀師匠はお持ちになっていて、上方の噺を東京に広め、全国区にしたのはすごい功績だと思いますね。落語には祖と言われているお三方がおいでになります。お一人は「露の五郎兵衛」。この方は京都。大阪では「米沢彦八」、江戸では「鹿野武左衛門（しかのぶざえもん）」。このお三方がいわゆる落語の祖と言われています。

近藤　江戸時代に落語を展開させていった方々ですね。

さん喬　はい。ところがこの鹿野武左衛門さんは江戸で広めたのですが、実は大阪の方なのです。大阪の者から見ると東は下るところですから「東下り」と言い、江戸の落語は「くだらない」と。本来この江戸、関東は、上方の方にとって馬鹿にされていた地域だったのです。

近藤　今でも京都の方は、京都に入ることを「上洛」と言いますね。

さん喬　明治以降、いろいろな噺家さんが江戸へ移動しまして、大阪の噺はどんどん江戸風に変えられていきました。大阪の噺は「膝隠し」と言って、前に見台（けんだい）※4を置いて小拍子（こびょうし）を二つ持ち、「ポンポーン」と叩いて、三味線をガンガンとはじく。というのも通っている人に聴かせなきゃならないから、江戸みたいに、ちょっと気取ってやっていると誰も聴いてくれない。

近藤　江戸は屋敷の中でやっていたのですね。

さん喬　そうですね、座敷です。大阪は掛け小屋や辻でやる。だから辻講釈と言うのと同じように、大阪は「辻噺」、江戸の方は座敷でやるので「座敷噺」と言うのです。

東西の落語の違い

近藤　落語の高座[※5]のやり方も違ってくるのですか。

さん喬　相当違いますね。江戸の場合は部屋の中でやるので、大道具として襖が設えてあって額が掛かっています。新宿末廣亭では高座に床の間があります。寄席は座敷内でやらせていただく、というのが約束事なんですね。で、大阪の方にはそれがない。今は天満天神繁昌亭がありますけれど、辻噺として発達してきたので、寄席があったという記録がない。ですから大阪には身分制度がないんですよ。江戸は「前座」「二ツ目」「真打」と出世コースがあります。

近藤　「前座」とか「真打」は日常会話でよく使いますが、本来江戸だけなんですね。

さん喬　大阪にあるのは「襲名」、名を継ぐのがただ一つの昇進です。ですから東京で十五年くらいやって真打になる、でも大阪では十六年やっても身分としては下。名前を襲名したり改名したりすることによって、一つの看板を上げる、みたいなところがありますね。

近藤　江戸の噺家が「大阪に行くのは嫌だ、笑ってくれないから」という話がありますが、その「笑わせる」という噺の中身もかなり違っているのですか。

さん喬　違いますね。大阪はやはり派手に、無理やり掴みこむような笑いが多いですね。それはもう大阪の賑やかさで、お客さんに笑わせてなんぼ、というところがあります。江戸の場合はストーリーを重んじるところがありますから、大阪の噺を移行して東京でやる場合は、あまりストーリー性のない、隠居ものや多少は下卑たお話など、そういうものが多いですね。代表的なのが「時そば」。あれは大阪では「うどんや」。

近藤　「うどんや」、「時うどん」ですか。大阪ではしょっちゅう笑わせることになるんですね。

さん喬　そうです。たとえば、東京ですとお蕎麦を食べるときは拍手してほしくない。「中手（なかで）」[※6]というのは噺の邪魔だとされています。ところが大阪はうどんを啜る。一本のうどんを「ズーッ」と啜ってお客さんを笑わせるんですね。東京は蕎麦を食べることを演技として笑わせたりしない。

近藤　なるほどね。大きな違いですね。私が初めてさん喬師匠のお噺をうかがったのは『雪の瀬川』。しんみりとした人情の噺が続いて、時々ふっと笑いがあって、ほぐれて、またしんみりとして。落語ってこういうものだったのか、と思いました。これはやはり江戸の特徴なのですか。

さん喬　江戸の特徴ですね。物語として聞かせるものが多いです。昔は「読み切り」と言いまして、一つの噺を十日間かけて喋る。『牡丹灯籠（ぼたんどうろう）』とか。「このお噺はまた明晩」と。ですから三遊亭圓朝の『円朝全集』をお読みになるとお分かりになると思いますが、飛ぶんですよ、噺が。あっちに行ったりこっちへ行ったり。で、最終的にはひとつのストーリーになっている。皆さんはお露と新三郎が『牡丹灯籠』の主役だと思われていますが、主役は他にいるんですよ。

近藤　そうなんですか。

さん喬　これは敵討ちのお噺ですから。その結末まで、ちゃんと圓朝師匠はひと晩ひと晩、「切り替え」ということをやっていらした。

近藤　そうした長いストーリーをベースにして、その都度、構成要素を順番に。

さん喬　いや、順番も違っていますよ、圓朝師匠の場合は。『真景累ヶ淵（しんけいかさねがふち）』や『怪談乳房榎（かいだんちぶさえのき）』は圓朝師匠の三大名作といわれているのですけれど、飛ぶんですね。でも、その部分が一つの独立した噺になっていますから、前後の関係なく噺せます。

近藤　一つひとつが完結していて、なおかつ全体のストーリーの構成要素になっているというのはすごいですね。

さん喬　『牡丹灯籠』の「お峰殺し」なんて、その女の人を殺すところ、そしてお露、新三郎の幽霊が出てくるところ、お札剥がしと、全部別々になっています。だからその一つひとつを取って噺をすることもできるという、便利なところですね。

近藤　東西の落語の違いの中で、登場人物の性格なども違ってきますか。

さん喬　人物はほとんど同じですが、江戸は徳川家康以来の武家文化、大阪は商人文化ですね。ですから、たとえば大阪の『百年目』という有名な噺を江戸でもやると、腑に落ちない部分が出てくるんです。大阪の大店（おおだな）は奉公人が一〇〇人くらい働いていますが、江戸の大店は一五人かそこらです。一〇〇人くらいいますと、当然、番頭にも利権が与えられています。ところが江戸の番頭にはそういう利権はありません。符合させるとどうもおかしいな、と思うことがあります。そのほかでは、大阪の噺家さんは江戸の噺に出てくる侍ができない。「武張る（ぶば）」ことができない。

近藤　商人文化なので、武士の矜持や見栄、そういうのが分からないんですね。

さん喬　そういうことでしょうね。私どもが大阪の商家の噺、たとえば『茶金』で、どうしてもできないところがある。それと同じように大阪の噺家さんも、武士が主体となるお噺は苦手だというんですね。

登場人物が教えてくれること

近藤　これは東西の文化の違いというか社会的背景の違いでしょうか。

さん喬　『棒鱈』という噺が顕著だと思うのですが、これは幕末ですね。薩長が江戸に入ってきて、江戸っ子としては面白くない。料理屋の座敷で薩摩のお侍さんが芸者さんをたくさん連れて悦に入っているわけです。隣の江戸っ子は面白くないから、わざと喧嘩を売って、隣の部屋に殴り込んでいく。それを調理人が、胡椒を持ったまま二階に上がって「まあまあ」って収めるんですね。それで皆でクシャミをして、わあっとなって、そこが下げになるんです。お侍さんに対してどちらかというと、反感を持っている、というのが江戸の噺。

近藤　普段侍に抑えつけられている反感でしょうか。従ってはいるけれど、心の中では「こんちくしょう」と思っている。そのはけ口となっているということですね。権力に対する隠れた反感というものを、パッと出すことでうけるのでしょうね。

さん喬　面白いのでしょうね。自分たちよりも身分の高い人が抑えられるのは痛快なはずです。

近藤　そうですよね。そこでもう一つ、好感を持たれる人、登場人物の性格というのは。

さん喬　大阪の方では「きーやん（喜六）」と言うのですが、東京では「与太郎」。この与太郎という人物は本当に特別な存在です。誰も与太郎を否定しない。いつも仲間にいれている。それがこの落語の中に出てくる「与太郎」や「きーやん」の、とても大事な部分だと思います。家族同然なんですね。昔、町内は木戸を閉めてテリトリーを守っていました。火事、盗賊、犯罪を防ぐために一つのテリトリーを町内としてつくっていく。

近藤　その木戸とは、歌舞伎で使われている木戸と同じですか。

さん喬　そうです。『櫓（やぐら）のお七』で、お杉が「開けとくれ」なんて。あの木戸です。木戸があることによって、自分たちはファミリー、家族としてまとまっている。『錦木検校（にしきぎけんぎょう）』という人情噺があるのですが、これは錦木という按摩（あんま）さんが死にそうになって、それを長屋の連中が皆で「おい、大丈夫かい」と食べ物を与える。やがてその錦木が出世をしていく、という噺なんですが、困っている人をみんなで助け合うというのが当然だった。今でも皆さん、困っている方に手を差しのべることをなさいますけれども、落語に出てくる与太郎に対する手の差しのべ方は、今とはちょっと違うんですね。たとえば『佃祭』。佃に遊びに行った旦那が死んじゃったとみんなが誤解する。それで町内の連中がお悔やみに来るんですよ。そこで、ちゃんとしたことを言おうとするんですが、みんなしくじる。「この度はえらいことになりまして、本当にどうも。この頃は何でございます、野菜のお値段も高くなりまして」なんて全然関係ないことを言って、ごまかそうとする。与太郎はというと「次郎兵衛さん死んじゃった。次郎兵衛さんはいつもあたしに『与太さん、あんたは馬鹿なんだから、いいかい、人よりも素直になんなきゃいけない』って言ってくれたんだ。それでいつも大福餅を買ってくれたんだ。大福餅、もう買ってくれないんだ。大福餅が食いてえ」って。上手いこと言おうとか、きれいなことを言おうとかじゃなくて、自分の思っていることを与太郎は素直に言えちゃう。そういう与太郎という人物、それがとっても大切なのに、人間というのはその場を取り繕いたいという気持ちがあって。

近藤　飾って、格好よく見せようとか。

さん喬　そうですね。そういう欲がありますね。『佃祭』の与太郎の扱い方を見ていると、人間は本当に、素直に物事に対処することが一番大切なんだと思うわけですね。

近藤　素直である、あるいは正直であるということも、おそらく重要な価値観であったと思いますね。何か具体的な例がありますか。

さん喬　落語の中には本当に正直な者と正直じゃない者の二面性があって、嘘をついちゃいけない、俺は今まで嘘をついたことがない、ということが既に嘘だったりするんですね。そういう部分が落語の中には多いんです。私の師匠、五代目小さんがあるとき、「落語ってのは本当があって嘘があって、嘘があって本当がなきゃいけねえ。だけど本当は本当だ」って、禅問答みたいなことを言っていました。『粗忽の釘』という落語の中で引っ越しをするんですね。亭主は箪笥を風呂敷で包んで持ち上げようとする。するとおかみさんが「持ち上がるわけないじゃないか。柱も一緒にくるんでるよ」って。うちの師匠はそれを言うんです。「かみさんは落ち着いているんだ。落ち着いているのに、風呂敷を柱越しに亭主の肩にかけねえだろう。それは笑わせるための手段でしかねえんだ。本当のことは本当に伝えて、嘘のことは本当に伝えろ。本当のことは嘘のように伝えろ」と。また「いいか、博打なんてのは品のないものだ。それを綺麗に表していいことだと思うな。だけども本当に人間の内側を表現する時は、ちゃんと人間として演じなきゃいけない。笑わせようとか、上手く見せようとかじゃなくて、嘘は本当のように演じて、本当のことはサラッと受け流す。だけど本当は本当なんだ」。未だに理解できないです。

近藤　なるほどね。そうですね。ま、人は世間体を考えていろいろ衒ったり、かっこつけたりしますが、やはり最後は正直であることが評価される。そうした人情の機微を落語は巧みに扱うんですね。

江戸の情けと恋模様

さん喬　『井戸の茶碗』には正直者しか出てこない。これこそ江戸落語の中核を成しているものですね。ある屑屋さんが長屋へ入って行きますと、綺麗な娘さんが声をかけてくる。で行ってみると、みすぼらしいなりをした娘さんの父親が、「仏像を買ってもらいたい」と言う。父親は浪人で、易者をして暮らしを立てている。「仏像を売って生活の糧にしたい」と。屑屋がその仏像を買ってくることから始まる四十分くらいの噺です。

近藤　『井戸の茶碗』はしんみりとした噺で、侍も本当に正直で、正直であることに見栄と意地を張っている。屑屋さんも根っからの正直者ですよね。こういう素晴らしい人間像はつくり話ではなくて、江戸時代にはそういう人たちがたくさんいらっしゃったんでしょうね。

さん喬　そうですね。『井戸の茶碗』の茶碗は歴史上、現実に存在して、いろいろ賄賂や袖の下※7とかに使われたと出てくるようでございます。その前段の大変いい話ですよね。残念ながら大阪にはこういう噺が少ないようです。近年、大阪の噺家さんが『鼠穴』など大阪にはない噺をどんどん覚えて、言葉や場所を変えて新しい感覚でやってらっしゃいます。

近藤　江戸の話では、長屋の主や家主さん、さっきの与太郎みたいな人がよく登場します。あとよく出てくるのが、吉原（よしわら）や商家の若旦那、文楽や歌舞伎にも出てくる太夫（たゆう）、人気者の花魁（おいらん）ですが、彼女らと貧しい町民、あるいはちょっと放浪癖のある若旦那など、そういう人が恋に落ちるんですね。

さん喬　ありますね。江戸の落語の中では、花魁は二面性を持っているんです。たとえば『品川心中』のお染は、人間の両面性をはっきり持っている。衣更えの時に、朋輩（ほうばい）、仲間に配り物をして、季節が変わりましたよ、とお披露目ができなくなったお染は、みっともないから誰かを道連れにして心中しよう、心中ならば表向き格好いいじゃないかと相手を探します。ところがいざ死のうとしたら、蔵前の旦那が金を都合してくれたと分かる。そうしたらコロッと変わっちゃうんですね。今までは女としての見栄を持っていたわけです。ところが金ができた途端に心中した相手に対しては何も思いを残さない。そういう女性が出てきます。それから『三枚起請』というお噺。「起請文」は約束事の手紙ですが、これをどんどん皆にやっちゃうんですね。ところがあるとき、三人とも同じ起請文を貰っていることがわかって、その三人が仕返しにいく。嘘がばれた途端に女が豹変するんですね。「何しに来たんだい。意趣返しかい」って、平気でコロッと変わってしまう。逆に『紺屋高尾』や『幾代餅』など、通ってくる男に本当に情を持つ噺もあります。先ほどの『雪の瀬川』では、自分はその若旦那と死んでもいいと思って、足抜き※8をして逃げていく。これは近松に近いような噺ですけれど、命を懸けて通ってくる客に自分が惚れる。『たちきり』というお噺では、若旦那が放蕩三昧するので親が怒って蔵住まいをさせてしまう。小糸という芸者が手紙を出すんですが、若旦那のところには届かない。十日経っても二十日経っても返事がこない。小糸は思いが募って死んじゃうんですね。それを知らない若旦那は百日経って小糸のところへ行くけれど、「亡くなりました」と言われ、小糸を偲んでお酒を飲む。すると「黒髪」という三味線が何処からともなく聴こえてくる。「ああ、若旦那の好きな黒髪を、小糸が弾いていますね」と。すると突然この三味線がパタッと止む。「小糸、俺は聴いているんだから、その先を聴かせておくれ」と言うと、「若旦那、だめですよ。お線香は今たちきりました」と。

近藤　なるほどなるほど、お線香ひとつが一座敷、だからお線香ひとつ消えると、終わり。

さん喬　いい下げですね。情の世界でありながら、反面、男を突き放す噺もあるし、自分の命に代えて男性に尽くし切るという噺もある。人間の弱いところと強いところの部分を、うまく笑い

とストーリーの中へ昇華しているのは、狂言そのものですね。

近藤　時代を超えて誰もが持つ二面性、モラルと自分の欲望、その葛藤に人間は悩むんだと思います。恋焦がれて身分を問わず、最後はその男のところに行くという、そういう美しい噺とうまく対比させることで、純粋さの素晴らしさを訴えるんですね。

さん喬　そうですね。やはり両面あることでお客さんは納得されるのですね。人間の二面性を落語の中に表してしまう。『文七元結（ぶんしちもっとい）』は、長兵衛という男が吾妻橋のところで、五〇両盗まれた青年に五〇両をあげてしまう噺です。昔だったらこの理屈は通じるんですね。自分の娘が吉原へ身を売ってつくってくれた五〇両を、目の前で五〇両なくして死のうなんて言っているやつに渡す。こりゃ人間の情だ、と。でも今の若い方を納得させるには「この五〇両なきゃお前は吾妻橋から身を投げて死ぬのか」と言うのを「お前は俺がここからいなくなったら死ぬのか。そうすると俺はお前を殺すことになる。だから五〇両受け取ってくれ」と、その五〇両をあげる理屈をすり替えると、同じ噺の内容でもたった一言で、現代の人に理解ができたり、腑に落ちたりする。落語には決まり事がないのです。

近藤　そうなんですね。落語には聴き手の心を掴むために時代や地域の特性に合わせて変化する柔軟性がある。

落語という太い木の幹

さん喬　歌舞伎や能、狂言には必ず決まり事があって、それに沿って何百年の歴史がある。素晴らしいものだと思うのです。ところが落語では、今の若い人はいろいろなものを変えていく。ですから内側を演じていくには、お客さんに対する理解度を深めていかなくてはならない。随分前ですが、私、生まれて初めて高知県の女子中高生、二〇〇〇人の前で『心眼（しんがん）』という噺をしました。ある盲人が眼を開けてもらいたくてお薬師さまを信心する。ところが眼は開かない。それで、どんどん悪態をつくんです。ところがその時にパッと眼が開く。ありがたくて、お薬師さまから喜んで帰ってくる時、芸者が「ちょいとお前さん、眼が開いたんだってね。眼が開いたから言うわけじゃないけど、お前さんと一緒になりたい、って思ったことが何度もあったんだ。でもお前さんにはお竹さんっていう立派なおかみさんがいるからね」と声をかけてきます。「いや知らなかった。うちのお竹は醜女（しこめ）だそうで、もうとてもそんな器量の悪いやつと一緒に暮らすのは嫌だ。眼が開いたから、私はあなたと一緒になりますよ。お竹とは別れますから」。庭の植え込みでそれを聞いていたお竹は、部屋に入ってくるなり「お前さまと一緒にいることは何よりも楽しいことなのに」って首を絞めて悔しがるんですね。で「苦しい、苦しい」と言って、ふっと眼を覚ます。夢だったんですね。

近藤　なるほど。

さん喬　それで「もう俺は信心するのは嫌だ」と。「どうして」と聞いたら「妙なもんだ。寝ている間だけはよーくものが見える」。要するに自分の内側を夢の中で見ているんです。

近藤　そういうことですね。

さん喬　そういう噺をしたあと、その女子校の生徒さんが二〇人くらい楽屋に来て、口々に「私はあのお竹さんは美人だと思います」と、そう言ったんです。

近藤　ほぉ。

さん喬　「実は私も、あの人は美人だと思ってやっているんですよ。今まであなたたちは、人の話を聞いて同じようなことを想像したり、同じような思いを持ったことがありましたか」と言ったら、「いいえ、話を聞いてそういうことはなかった」って。だから「ね、落語って素晴らしいでしょ」と。自分たちが話を聞いて、そんなふうに想像したり感じたりすることができるのが、彼女たちにとっては嬉しかったんですね。

近藤　そうなんですね。今はもう、自分の心を見るとか相手の心のことを考えるとか、そのゆとりすらないという時代になっちゃいましたね。こういう時代だからこそ、やはり人間を素直に見ることの大切さを伝える落語の素晴らしさを、どんどん伝えていきたい。どうすればいいでしょうね。

さん喬　私は、落語はなくなってもいいと思っているのです。無理をしてその形を継承していく必要はどこにもないんじゃないかと。なぜかというと、その時代、時代に生きているものだから、消滅しても不思議じゃない。でも未だに消滅していないんですね。

近藤　そうですね。今の若い人にも人気がある。やはり何かあるんですね。

さん喬　何があるんだろうな。「幹」ではないかな、と思ったんですよ。木の幹。その幹さえ伝えていけば、枝葉はどんな花を咲かせてもいいという気がするんですね。

近藤　大変深い話ですね。日本の伝統文化、伝統工芸についても、伝統とは何か、いつも自問自答していますが、その「幹」が伝統であり、その伝統を活かすのが、時代、時代の流れに合った枝であり葉っぱであり花である、こういうことでしょうか。

さん喬　「幹」だけはしっかり伝えていかなければいけない。枝葉はあくまでも枝葉。枝葉だけ残そうとしてはだめ。「幹」がわかっていれば、その時代の人たちもその幹を大事にして枝葉を付け、花を咲かせていけばいいような気がするんですね。

近藤　そこは大事なポイントですね。「幹」は失ってはいけませんね。われわれもそういう信念のもとに、そうした方向で、この「幹」をしっかりと支えていきたいと思います。

（二〇一九〈平成三十一〉年三月二十九日収録）

1　ある一族、一門において正嫡（嫡流）の家系。またその家系の当主。本家。転じて、能楽などの伝統芸能や古武道などで家元の言いかえとして用いられる。
2　芸道で、その流派の本家として正統を伝える地位。その地位にある人。宗家。
3　江戸時代、尾張・紀伊・水戸の御三家を始め、徳川家の近親の藩。

4　上方落語で用いられる、膝隠しとよばれる小さな衝立の裏に置く机状のもの。張扇や拍子木で叩いて、音をだすために用いる。

5　演芸が行われる舞台の名称。また、そこで演じること。

6　落語で拍手のこと。

7　賄賂。

8　好ましくない関係を打ち切る。あるいは不本意な環境から抜け出すことで、江戸時代の吉原では遊女の逃亡をさす。

日本人にとって美しさとは

高階　秀爾（大原美術館館長）

画像提供：大原美術館

たかしな・しゅうじ
1932年生まれ。東京大学教養学部卒業、パリ大学及びルーヴル学院で西洋近代美術史を専攻。東京大学教授、国立西洋美術館長等を経て現職。2002年紫綬褒章、01年仏レジオン・ドヌールシュヴァリエ勲章、02年日本芸術院賞・恩賜賞、12年文化勲章。美術史家・美術評論家・東京大学名誉教授・大原美術館館長・日本芸術院会員。著書に『ルネッサンスの光と闇』（中公文庫）、『日本人にとって美しさとは何か』（ちくま書房）など。

「花は桜」になった理由

近藤　「日本人にとって美しさとは」というタイトルは、先生の名著『日本人にとって美しさとは何か』からいただきました。今日はそのエッセンスをお話しいただければと思います。美についてですが、年号の令和の「令」というのは「美しい」という意味だと聞いております。そのあたりからまずお聞かせください。

高階　私も漢字には詳しくないのですが、確か『万葉集』に出てくるのですね。梅花の咲く頃、九州の大宰府のあちらこちらのお役人たちが大伴旅人の家に集まって歌会を催した。その序文、「初春の令月にして気淑く風和ぎ」の「令月」「風和」から取ったと。だから「令月」は今年の正月は穏やかでいいなあ、という字義。今でも「令夫人」と敬称をつけますね。そして風は和らいでいる。「令和」、よい命名だと思います。

近藤　今、梅の花の咲く頃とおっしゃいましたが、昔の日本人は「花」というと「梅」だったのに、いつのまにか「桜」になった。これはどうしてでしょう。

高階　先ほどの『万葉集』も「梅花の宴」を開いたというくらい、梅の歌が多いんですね。『万葉集』には花がいろいろ出てきますが、その中で一番多いのが「萩」、一四〇首くらいある。見た目は派手ではないのですが、日本人には親しめるんですね。その次が「梅」で一二〇首くらい。一〇〇首以上の花はこの二つしかなくて、あとは松や橘、菅の順番で、そのあとやっと桜がくるんです。これが四〇首くらいで、万葉集の中では本当に少ない。ところが『古今和歌集』[※1]になると桜が断然多い。中国からきた「桜」という字は「オウ」と読みます。「桜花爛漫」の「オウ」

ですね。だから「桜」という字は音があって訓読みがある。しかし「梅」にはない。「バイ」「メイ」、これは音ですね。「うめ」というのは「メ」からきています。ただ一音では言いにくいことから、日本人は「ウメ」としたわけです。実は梅は外来植物なんです。

近藤　梅は外来植物だった。桜はそうではなかった。

高階　外来だから、ということだけではなく、中国のものを取り入れてみたら日本人によく合っていたということです。外来植物は梅のほかにもあって、菊です。「きく」という大和言葉はなく、音読みだけです。でも日本人には大事な花ですよね。皇室の紋章は菊の御紋章で菊の宴もあります。元号の「令和」も出典は『万葉集』ですが、もっと遡れば中国。漢字も花も、中国のものを取り入れながら、うまい具合に日本人に合わせて日本のものになっていった。そこに日本人独特の美意識が働いていると思います。「さくら」はもともと大和言葉で、平安時代になると桜の歌が非常に多くなります。つまりこの時代になると、「しづ心なく花の散るらむ」の「花」も「桜」となってしまう。

近藤　なぜ日本人は桜を良し、とするようになったのでしょうか。

高階　見た目が美しく、満開のときには全体にパッと華やかになるからでしょう。花としてはチューリップやダリヤが一輪で華やかです。桜は一輪ではどうってことはない。しかし、桜吹雪や桜並木など、普段はまったく目立たないのに、春になって一斉に開花すると華やぐ。そして日本では、そこで花見の宴を開く。集まって飲んだり歌ったり騒いだり。自然が人間の生活の中に入り込んでいる、生活の中で自然の美を楽しむ気風があると思います。ですから梅より、桜の方が何となく親しめる。もう一つは、梅より桜の方が散るときが綺麗。散るというのは西洋の場合、

「行く春」右隻　川合玉堂
東京国立近代美術館所蔵　Photo: MOMAT/DNPartcom

萎(しぼ)んで散ってもどうってことないのですね。日本の桜はむしろ散る方が美しい。散る桜、それは同時に春がもうやがて行ってしまうこと。そして「行く春」というのは日本美術の中では大きなテーマです。川合玉堂※2の「行く春」という名作があります。重要文化財ですが、山があって川が流れていて、桜の花が散っているのが美しい。画面全面に無数の花片が舞い踊っている。ヨーロッパで春を描くとボッティチェリ。足元に小さくきれいな花がいっぱい咲いていて、真ん中にはヴィーナス、三美神や美の女神、フローラという花の女神もいます。人間の形をした「春」が描かれている見事な絵画だと思いますが、こういった花の描き方は、やはり美意識の違いかなと思いますね。

近藤　桜は「散り際が潔い」といいますね。「潔い」という言葉も日本語で、英語にならない気がしますけれども、その散り際が美しいところに、日本人は特別な思いを持つのでしょうか。

高階　そういうことですね。だから春が過ぎていくとそれを惜しむ。「惜春」というのは日本的な感じ方です。

「行く春」左隻　川合玉堂
東京国立近代美術館所蔵　Photo: MOMAT/DNPartcom

日本人の四季の巡りに対する感受性、日本人の心の問題、気持ちの問題ですね。美意識は心の問題と繋がりますから。もちろん見た目がいい、あるいは比例関係やスタイルがどうということもあるのですが、やはりそれをどう受け止めるかということですね。ですから、私の『日本人にとって美しさとは何か』も舌足らずな話ですが、「美しさ」を聞かれて、いくつかの実例で美意識を出すより仕方がなかったのです。

近藤　日本人は何を美しいと思ったか、ということですね。日本人の美意識というのは。

高階　はっきりと言ったのは清少納言の『枕草子』です。「うつくしいもの」の例が挙がっています。たとえば、雀の子がちょこちょこやってきて庭でついばむ様子が美しい、赤ちゃんが畳の上でやっとハイハイするのが美しい、その赤ちゃんがハイハイしながらふっと目に付くものを取り上げて眺めているのが美しい。今なら「かわいらしい」と言うところを、「美しい」と感じているわけです。お雛様や赤ちゃんなど「なにもなにもちいさきものはみなうつくし」と言っているんですね。つまり「うつくし」というのは、本来小さいものに対する気持ちの表現でした。姿かたちが立派というわけではなくて、自分が相手に対してどう思うかという、言葉で言うと「慈しむ」心持ちに繋がるわけです。慈しむとは愛すること。ですから「妻子見れば めごしうつくし」という山上憶良[※3]の有名な長歌は、自分の奥さんや子どもの見た目や形がいいというのではなく、自分から見て愛らしいことなんです。では、その時代の人は形の美しいものを何と言ったか。大野晋[※4]先生が書いておられるのですが、いくつかあって「さやけし」「くはし」「かぐわし」などです。「くはし」は詳しい、詳細に、ということで、細かいことまでくっきりしていること。そして香りが微妙だけれどはっきりしていることが「かぐわし」。人間が香りを嗅いで「かぐわしい」感じになるのだと大野先生は説いておられます。さらにその小さいものを日本人は大事にするが、小さいからといって弱いわけではない。そういう力関係ではなくて、むしろ大事にする、愛して守るという感じが強い。それが美意識に入ってくるのだと思います。

強さに敬意はあるがそれだけではない

近藤 よく民話に出てくる親指姫や一寸法師もみんな小さいものですね。小さいものはかわいい、愛しい、美しい。

高階 神話にも、少彦名神（すくなびこなのかみ）という小さい神様がいますね。こういった言葉の歴史分析から、連綿と続く日本人の美意識の特質が分かります。一方、西洋の神話の世界は力のあるものがいい。日本人にも力強さに対する敬愛はありましたが、美意識とは結びついていない気がします。西洋の場合は強さがひとつの力の価値ですから、強い方が良いという感じがあった。日本では強さは強さとして、弱いもの小さいものにも価値があることを認める、という感じですね。

近藤　日本人にとっての美意識の対象が小さいもの、愛しいものに向かうのに対して、西洋では力強いものが評価される。これは一体どういうことでしょうか。民族の抗争、日本が島国だから、気候風土や歴史、そういうものの何が関係しているのでしょうか。

高階　それらが相互に関係していると思いますね。特に力関係になると、西洋の場合には、資源があるとか地理的利益、領土争いがはっきりしています。日本は島国で、国境という意識がずっとなく自然に守られていた。ヨーロッパでは最初からそれを戦争で動かしてきた。それこそアルザス・ロレーヌ地方はドイツだったりフランスだったりと、戦争のたびに名前も変わっています。ギリシャ以来、それぞれの国が自分の領土を守って、隣国と仲良くつき合うというお互いの信頼感が大事だということもあると思います。政治的な争いは、当然強い力に対する信頼感に繋がってきます。

近藤　国境線を引く、領海を定めるというのは、国際法では当たり前になっていますけれども、もとはといえば西欧の歴史の現実から生まれた思想だということですね。

高階　階級制度もそうですね。左大臣と右大臣はどちらが上か、その下の大納言、中納言はどちらが上かなど、これは中国から入ってきた律令制からくる階級です。それは、こうした形の政治体制が必要だった、ヨーロッパでもそれが必要だった、ということなんですね。

近藤　日本と中国は文化面でいろいろ共通点もあるし、中国から入ってきたものも多くあります。律令制という政治制度も中国から入ってきたものです。しかし領土に関しては、幸い日本海があって明確な国境を引いて争わなくても済む。曖昧なままで済ませてきた、ということですね。しかし西欧の民族抗争の中から始まった国境は世界中に広がり、今、地図を見ると一九〇以上の国に分かれていまして、陸地でどこの国にも属していないのは南極大陸だけです。しかし地球や自然には国境はない。中国は地理的に日本に近いながらも、西欧のように多くの民族の抗争があったので、美意識においてはやはり力強いものが良い、とされるということでしょうか。

高階　だと思いますね。中国の場合には中華思想というのがあって、中国が真ん中にあり、その周りは野蛮な国である。東夷・南蛮・西戎・北狄といって、日本は東の方の「夷」であるというのが地理的感覚です。その頃の日本はどうかというと、記録がないのです。しかし、貢ぎ物的な貿易をしていたことが分かっています。貢ぎ物をするというのは、向こうが威張っているみたいですが、中国はほかの国ともそれをやっていて、貢ぎ物をすると必ずお返しが来る。お返しも立派なものをどっととくれる。今ならば商品経済でお金を払って買ってくるところを、そうではなくて物々交換というものの移動が成り立つ。朝貢貿易[※5]の冊封体制[※6]というわけですね。ちゃんと成り立っている。その場合には立派なものを贈りましょう、立派なものをお返しします、というところに双方の美意識が働いていたと思います。

歌の美の前では誰もが平等

近藤　中国で一番尊ばれている花、中国人が一番好きな花、日本人にとっての桜、あるいは萩に相当するものは何でしょうか。

高階　これもまたいろいろと難しいものがありまして。

近藤　梅、桃でしょうか。「桃源郷」などと言いますね。

高階　桃は神秘の花ですからね。「桃源郷」の桃は、自然にはない花ということになっていました。実際にはありますが、「桃源」というのは普通の人が行けないところ、理想の世界です。それから柑橘類の橘の実ですね。田道間守（たじまもり）が垂仁天皇の命で橘の実を中国へ探しに行き、やっと見つけて帰ったときにはすでに天皇は亡くなられていたため、お墓の前に供えて泣いた、という田道間守伝説というのが残っています。あとはやはり、歌によく詠まれていたのは梅だと思います。

近藤　中国でも梅の花が愛でられていたということですね。

高階　日本でも、皆で集まって梅の歌を詠む梅の宴は、当時としてはハイカラな趣味だったと思います。しかも大和言葉で詠んだんですね。山上憶良は漢文の名手ですけれど、大和言葉で歌っています。『万葉集』には中国から入ってきたものがいっぱいあるのですが、漢文ではなく大和言葉で詠んでいる以上、これは日本のものなんですね。

近藤　防人といった人も詠んでいます。そこがまた、すごいところですね。

高階　そうなんですよ。つまり、歌に関しては階級意識がない。天皇の歌もあるけれど、一方で防人や名もなき人のものもあるわけです。私は日本人の持っている美意識は、そういう「美の前の平等性」ではないかと思っています。日本では階級意識が政治的ではないんですよ。宮中の「歌御会（うたごかい）」は誰でも歌を差しあげることができます。もちろん陛下も皇族方も皆さんお詠みになる。そして専門の歌人である召人（めしうど）※7が、歌を詠むだけでなく、皆から集まった歌を選ぶのですね。選ぶときは歌の良し悪しだけで選ぶ。そしてそれを披露するのが歌御会です。これが宮中の儀式になっていると外国の人に言うと「それは一体何だ」と。つまり皇室を讃えるのではなく、皇室も歌を讃える、つまり歌の神様を讃えるわけです。これが日本人の美意識です。歌の美しさ、歌の良し悪しをどうやって決めるのかというと、特に偉い人がつくったから良いわけではない。非常に平等な意識があったのです。そして日本人は誰でも歌をつくっています。もちろん漢詩もつくりました。菅原道真は漢詩の名手でした。漢詩もいいけれども、「やまとうた」といって大和言葉で和歌をつくった。偉い人も普通の平凡な人も歌を詠む。しかし、西欧では詩人は特別な人で、ミューズという詩の神様から霊感を授かって詩を生み出す人のこと。イギリスは今でも桂冠(けいかん)詩人[※8]が、女王陛下に何かめでたいことがあると詩を献上します。日本は、誰もが自分の思いのままに歌を詠む。短歌や俳句をつくる人口がどのくらいなのか分かりませんが、すごい数だと思います。

近藤　新聞や雑誌には、○○歌壇や○○俳壇があって、みんな投稿していますね。

高階　そうなんですよ。歌壇の選者の方によると、時には一週間に一万首くらい来ることもあるそうで選ぶのは大変ですが、年齢も性別も区別は何もなく、良し悪しだけで選別する。日本には、歌の見事さだけを讃える思想が強くあったように思います。

近藤　歌心は皆にあった。昔も今も。武士も武力が強いだけではなく、歌を詠むことが嗜みだった。歌の美の前では平等、歌の出来栄えを讃える思想は、日本人特有のものだったわけですね。

移りゆく自然に寄り添う

近藤　日本人は散りゆくもの、滅びゆくもの、それを惜しむ気持ちが強く、短歌や俳句に表現されていますね。私の好きな季語に「名残鱧」というのがあります。鱧の旬は七月の「走り鱧」から「盛り鱧」、しかし九月になると「名残鱧」。鱧が特に好きというわけではなく、「名残」という去りゆくものを惜しむ気持ちがいいですよね。そういうのはどこから来たのでしょう。

高階　これもやはり四季の移ろい、自然の移り変わりからでしょう。西洋の時間感覚は非常に抽象的というか直線的で、今、自分はその直線の途中の時点にいると考える。しかし日本人には季節感がある。季節は移り変わるので、今は行っても来年また戻ってくる。『徒然草』の「花は盛りに、月は隈なきをのみ見るものかは」と思えるのは、花盛りも満月もいいけれど、散るのもいいよ。十六夜も十三夜もいいものだよ、と余裕があるからなんですね。西洋は完全な方がいいから、満月はいいけれど、その前後は関係ない、という感じがあります。

近藤　満月の円は完全無欠ですからね。日本人はむしろ朧月夜のように、曖昧なふわっとしたところ、線がはっきり引いていないところを好むような気がします。それによって全体を包み込む。たとえば落語の三方一両損※9のように、皆が少しずつ我慢して、曖昧にして、白か黒か、有罪か無罪か、と厳密に判断しないでおくというような。

高階　それは知恵だと思いますね。じゃんけんの持つ意味も、三すくみという感じ。西洋だと、これが強いなら当然ほかにも強いだろうということで決めちゃう。日本の場合にはそうではない。日本の「和」はそれに繋がると思います。敢えて争わない。

近藤　皆が少しずつ控えて、それによって「和」を保つ。

高階　聖徳太子以来の「和を以て貴しと為し、忤ふること無きを宗とせよ」ですね。お相撲も東と西に分かれて、階級があるわけですが、同じ部屋同士では戦わない。ではなぜ東と西があって、南と北はないのか。昔の中国もそうですけれど、宮廷では天子が北にいるわけです。天子南面す。天子に捧げることから、東と西になる。京都の街並も同じです。東の京、西の京。

近藤　本願寺もそうですね。

高階　東と西、二つに分かれていますね。すると、相撲では争っているけれども、同時に地域というもののまとまりも示す。争うことで和となる。和のために争う。日本人はオリンピックも和のために争うということですね。

近藤　武道も同じですね。たとえば柔道は今はすっかり国際化しましたが、勝っても負けても終わったら互いの健闘を讃えあう。

高階　だから嘉納治五郎[※10]が「武術ではなくて武道だ」と言った。茶道や華道と同じ「道」。武道はレスリングといった競技とは違い、力の問題だけではない。力はもちろん大事ですが、それよりも美意識が大事。美意識は勝負のあとの一礼という儀礼も含むわけです。

近藤　そうですね。先ほどの月や花は、満月や満開だけではないという究極が、「見渡せば花も紅葉もなかりけり」でしょうか。あれはもう本当に何もない、でもそこに何かしらの美意識を感じると、これはきわめて日本的といえませんか。

高階　それが非常に微妙なんですね。『古今和歌集』で非常に華やかな植物を、『新古今和歌集』[※11]で藤原定家がさらにひねっているわけです。「見渡せば花も紅葉も」というと、春の花と秋の紅葉が一緒にあるのかと思うと「なかりけり」と否定する。でもイメージとして残るわけですね。『古今和歌集』には、素性(そせい)法師の「見渡せば柳桜をこきまぜて都ぞ春の錦なりける」があります。今でも京都に行くと、柳がすうっと緑になっているところに桜が咲いて、春が美しい。そこに藤原定家はさらに秋の紅葉まで入れた。見渡すと花も紅葉も綺麗なのかなと思うと、「なかりけり」とすかされるわけです。では何があるかいうと「浦の苫屋の秋の夕暮れ」。貧しい小屋がある秋の夕暮れと華やかなものを対比させることで、光景を印象づける。定家の「否定の美学」とも言うべきものです。三島由紀夫は『鏡子の家』でその手法を使っているんですよ。荒れ果てた家を表現するときに、「この家は荒れ果てて、壁がボロボロで天井が落ちて」というのではなく、「この家はかつて立派な御屋敷で、壁には立派な模様があって天井にはシャンデリアが輝いていて」と言ってから、「しかし今は壊れています」と言った方が効果的だと。そうした廃墟の美学のようなものを、三島は使っていたと思います。

近藤　実体のないものを想像させるのですか。廃墟はまさに「うつろう」ものですからね。

高階　そうなのです。秋の夕暮れの歌は定家の名歌です。こうしたものが日本人の美意識を形成してきた。もう一つ有名なのは「駒とめて袖うちはらふかげもなし　佐野のわたりの雪の夕暮れ」です。「立派な衣装の貴公子が馬に乗って誰かに会いに行く、雪がちらほら降ってきたので、袖を翻して雪を払っている」というと、実にいい絵なんですが、「かげもなし」と言うわけですね。誰もいない。夕暮れて寒々と雪が降っているだけ。寂しい。「佐野のわたり」というのは名所で、葛飾北斎も描いています。画家が描くときにはどうすればいいのか。今度はそれがまた問題です。匠の皆さんは、漆で『伊勢物語』を描き出したり、「佐野のわたり」を文字で描いたり。尾形光琳の「佐野渡蒔絵硯箱」があります。金を使った立派な硯箱で、表面に馬に乗り、豊かな衣の袖をあげている貴公子が描かれてあります。これは立派な貴公子を歌った定家の歌だと、皆思い出す。しかし、よくよく歌を思い出してみると、これは「ない」のかとなってしまう。単に言葉だけではない美意識がそこに強くある。伝統とはそういうものだと思います。匠の繋がりを受け継ぎながら、それだけではなく新しいものが加わって美意識ができてくる。それが日本人の美意識の伝統ではないかと思います。

近藤　日本人は、そこにないものを敢えて想像する。たとえば「秋来ぬと目にはさやかに見えねども　風の音にぞおどろかれぬる」と。風は見えない、でも風で秋を感じる。

高階　それが日本人の美意識なんですね。西洋だと視覚と聴覚は別の感覚ということになりますが、見えない風のたてる音が秋を感じさせる。これは大事なことだと思います。

近藤　確かに日本人は五感があいまいで、「匂ふがごとき色」があるかと思うと、香りは「聞く」と表現しますし。五感を総動員して美を味わっている気がしますね。

高階　「見る」とか「聞く」といった感覚と結びついた言葉が日本語全体に結びつく。そのあたりは外国語に翻訳して説明しようとしても、どうしても通じない部分でもあるのです。それは文化的な問題で、翻訳するとき、つまり伝達するときの問題という感じですね。

理性と感覚は分けられない

近藤　翻訳が難しいかもしれないですが、それ故に残しておきたい言葉として、私は「ゆかしい」が好きです。松尾芭蕉の「山路来て何やらゆかし菫草（すみれぐさ）」の「ゆかし」です。この気持ちは、先ほどの小さきものを愛することにも通じると思うのですが、先生はどんな言葉を挙げられますか。

高階　「ゆかしい」や「ゆかり」は確かにそうですね。無理に横文字にせず、日本語として残したいですね。

近藤　あと時間の区切りが曖昧かつ豊富、たとえば朝でも「東雲(しののめ)」や「曙」など、いろいろな言葉で表される情景が境目なく繋がっています。

高階　分かります。日本の数の数え方は残しておきたいですね。江戸時代、夜中の零時を中心とする二時間を「子(ね)の刻」と言ったわけですが、子丑寅で分けてその二時間後が丑。だから丑三つ時は午前二時のまさに深夜、寅が午前三時から五時というように、午が十二時で一区切り。ですから今でも午前中というのは午の前、午後は午の後。午前をさらに子丑寅卯辰巳まで分けますが、その間隔が夜と昼、さらに季節によって違うんですね。そういう時間意識が曖昧なところに加えて、大和言葉で数えますから、和時計は非常に複雑なつくりになっています。

近藤　落語の「時そば」も、その数え方を逆手にとった面白さですものね。

高階　和時計は実に不思議議かつ驚くべき技術ですよ。時計の速度を自動的に切り替える仕組みになっていて自動制御できる。その精密な技術を応用したのがからくり人形です。

近藤　からくり人形は江戸時代のロボット。日本人はやはりロボットが得意なんですね。

高階　得意です。随分前ですけれど、イタリアで「ロボット導入が進まないのは労働者の抵抗感があるからだが、日本はどうだ」と聞かれたことがあります。イタリアでは機械と一緒には働けないと反発があるらしい。「日本では愛称をつけたりして仲良くやっている」と言うと、向こうの人は理解できないのですよ。最近は随分変わってきましたが、日本は昔から機械にも親近感を持とうとする。技術の違いよりも、むしろこうした美意識の違いだと思いますね。

近藤　では最後にこのことをお聞きして終わりたいと思います。美意識は説明しにくいものだと

大原美術館
画像提供：大原美術館

思っていますが、たとえば黄金比[※12]というものがありますね。あれは数学的に証明できており、それを彼等は美しいと思う。日本人もその黄金比を実際に使っているという説と、大和比[※13]という比率があるという説がありますね。

高階　黄金比は数学のフィボナッチ数列[※14]からきています。十三世紀、イタリアのフィボナッチという人が商売のためのそろばんの発明に使っていたのですね。確かにそれは人間の感覚における美意識と非常に繋がります。上野の国立西洋美術館の窓は、コルビュジエ[※15]のモデュロール級数[※16]による枠取りをしています。しかし、それをなぜ美しいと思うのか、どうもよく分からない。

近藤　ヨーロッパ人もアジア人もアフリカ人も皆、バランス良く感じるのでしょうか。日本人は黄金比とは微妙に違う白銀比、大和比がぴったりくるということはないのでしょうか。

高階　何となくいい、しっくりくる。確かにそういう比例関係が数学的に大事だということは分かっています。数学はもちろん理性ですからね。ただ感性は、理性とは別ではない。理性とも繋がっていて、むしろその中に感覚が入ってくるのが美意識というものではないかと思います。日本人の美意識の歴史は、黄金比にしても数学や幾何学にしても、「美」を合理的な原理に還元しようとする試みからは遠かったと思います。黄金比、白銀比だからといって、われわれの美的感情が覚醒されることもありません。「美」はあくまでもそれを感じる人の心の中にあるものだから、ではないでしょうか。こんなお答えでよろしいでしょうか。

近藤　理性と感性を使ってさまざまな自然の変遷を受け止め、そこに「美」を見出そうとしてきた。そういう心情の美学が日本人の美意識にはある。そして、その美意識はわれわれが日本語を大切に使い、育むことによっても磨かれていくであろうということですね。

（二〇一九〈平成三十一〉年四月二十九日収録）

1　平安時代前期の勅撰和歌集。全二〇巻。天皇や上皇の命により編纂された和歌集として初めてのもの。略称『古今集』。

2　一八七三～一九五七　近代日本画壇の巨匠。日本の自然を愛し、四季折々の数多くの風景画を描いた。代表作「行く春」「彩雨」「暮雪」など。東京美術学校教授、帝国芸術院会員など歴任し、一九四〇（昭和十五）年文化勲章を受章。

3　六六〇～七三三　奈良時代の歌人。漢文学に通じ、人生・社会問題を主題とする歌を数多く詠んだ。代表作に「貧窮問答歌」など。

4　一九一九～二〇〇八　国語学者。文学博士。日本語はどこに起源をもつ言葉でどのように変遷してきたのか、考古学的検証や古代タミル語との対応関係の考察など、言語と文明の系統論上の提起を行った。

5　中華思想に基づく中国の前近代的な貿易関係。中国は宗主国で、諸外国は属国とみなされたため、皇帝に対して諸外国は貢物を献上、皇帝は見返りの品を贈る外交関係があった。定められた時期、経路、儀礼を守って貢物と返礼品のやりとりをすることで皇帝の地位は安定、同時に諸外国の国王は国威を示して地位を確保した。

6　朝貢貿易と共に中華思想に基づく中国の前近代的な外交体制。歴代の皇帝が近隣諸国の国王、国の長に称号や任命書などを授けることで君臣関係を伴う外交関係を規定した体制。

7　貴人のそばに召し使う人のこと。また、朝廷の和歌所に務め、和歌の選定をする人のこと。

8　優れた詩人に与えられる称号。古代ギリシャでは詩作が競技で争われ、優勝者に月桂冠が授けられたことに由来する。

9　古典落語の演目。左官が三両拾い、落とし主の大工に届けるが受け取らない。大岡越前守は、一両足して両人に二両ずつ渡した。三人が一両ずつ損をしたことで円満解決。

10 一八六〇〜一九三八　講道館柔道の創始者、柔道家、教育者。柔道をはじめスポーツ全般の発展に尽くし、日本のオリンピック初参加に尽力した。

11 鎌倉時代前期に藤原定家らによって編纂された最後の勅撰和歌集。全二〇巻。

12 貴金属比の一つで、人間が美しいと感じる比率のこと。紀元前ギリシャのエウオドクソスが発見、その後パルテノン神殿建設時に使われたといわれている。十九世紀に世界中で知られることとなり、実際の建築物や絵画、彫刻などに使われるようになった。

13 白銀比の別名。日本人特有の審美眼で、美しいと感じる比率。工業規格などさまざまなものに応用されている。

14 イタリアの数学者フィボナッチによって有名になった多くの不思議な性質を持つ数列のこと。フィボナッチ数列は、隣り合う二つの数を合計すると次の数になる。図形で表すこともでき、ひまわりの種の並び方やアンモナイト、オウムガイの渦巻きなど、自然界でも多く見られる。

15 一八八七〜一九六五　フランス人建築家、モダニズム建築の巨匠。東京上野の国立西洋美術館など建築作品は世界文化遺産に登録されている。

16 コルビュジェが人体の寸法と黄金比からつくった建造物の基準寸法の数列。

日本人の科学する心とは

野依　良治（ノーベル化学賞受賞者）

のより・りょうじ
1938年生まれ。化学者。湯川秀樹博士に憧れて科学に目覚め、研究者の道を志す。2001年に「不斉水素化触媒反応の研究」によりノーベル賞受賞。京都大学に学び、名古屋大学助教授、ハーバード大学博士研究員などを経て、1972年に名古屋大学教授、現在は同大学特別教授。2003年から理化学研究所理事長を務め、2015年に科学技術振興機構研究開発戦略センター長に就任。

ヒトとして人間として謙虚であること

近藤　本日のタイトルですが、厳密に言うと「科学する」という動詞はないのかもしれません。便利なので私が勝手に使っている言葉です。といいますのは、科学は本当に客観中立的なのか、それを認識する人間の持っている文化によって違うのではないか。つまり我々は科学が伝えるものの中で、自分に都合の良いもの、自分の信念に合っているもののみを無意識に「選択」しているのではないか、あるいは、科学に対するアプローチや結果の解釈にバイアスをかけているのではないか。だとしたら、日本人はどういう科学をするのだろうか、というのが私の問題意識にあるからでございます。これを、野依先生にうかがいたいのです。

野依　「科学する」というのは、ご婦人たちが「ちょっとお茶する」などとおっしゃるように、おしゃれな言葉のようですけれども、一九四〇年頃に近衛・東条内閣の文部大臣であった橋田邦彦さんという方の造語だそうです。「科学する心」を持つ者として、私は自然科学者という、外から見れば自然原理決定論者、人の心を思いやらないもっとも野蛮な人種の一人です。これからお話しすることは、私個人の偏見に満ちた考えであることを、まずお断りしておきたいと思います。私は一九三八（昭和十三）年生まれ、戦後の復興途上の日本で腕白な少年時代をおくりました。

近藤　六甲山麓の野山を駆け回るガキ大将だったと承知いたしております。それでいて学校では優等生、文武両道を絵に描いた少年時代を過ごされました。

野依　その野依少年は、わが国初のノーベル賞に輝かれました湯川秀樹先生[※1]に憧れまして、科学に目覚めます。十二歳の頃、父親に連れて行かれました講演会で、「ナイロンは石炭と水と空気からできる」ことを知り、化学の力に感動したわけです。それから研究者の道を志し、幸運にも恵まれて、いささか国際的にも評価されるようになったということです。

近藤　いささかどころか、二〇〇一（平成十三）年にはノーベル化学賞を受賞[※2]されました。

野依　幸せな、ありがたい科学者人生を歩ませていただいたと思っております。と申しますのは、日本の原子核物理学を拓いた長岡半太郎[※3]という人は、いったい日本人に科学はできるのかと大学に入ってから一年休学するほど悩み抜かれたからです。その苦悩というのは、科学はキリスト教の創造主である神の意志を知る術として西洋で始まったものですから、日本人にはできないのではないか、というものでした。しかし、明治以降、先達の営々たる努力が実って、長岡先生の懸念は幸いにも杞憂に終わりました。湯川先生のノーベル賞受賞も、西洋で大変信頼されていた長岡先生の推薦が有力な決め手であったということです。そして戦後になりますが、長岡先生が亡くなってから、日本は科学先進国の一翼を担ってきたわけです。では、神ではなくて人が創造したアート、芸術の場合はどうか。現代人が楽しむ音楽も美術も西洋で発祥しました。指揮者の小澤征爾さんは、かつて「中国に生まれ日本に育った僕が、どこまで西洋音楽を理解できるのか、一生を賭けて実験を続けるつもりだ」と書いておられました。音楽は国境を越えるといいますから、これは私には衝撃的な言葉でした。また、画家の野田弘志さんも、ミケランジェロやダヴィンチ、フェルメールが神の存在を問い、真実を追求した苦悶の軌跡を見て、芸術の道は大変だとおっしゃっています。私はこういった先生方の心理に共感を覚えます。西洋に源流を持つ営みに携わる者は、謙虚でなければいけないと思っているからです。

近藤　未知のことには謙虚であれ、とりわけ宗教・文化を異にする源流を持つ分野においてはなお、ということでしょうか。

野依　科学とは何かという問いについて、端的に言えば、私は客観的に真理を探究することだと思っております。現実に、私共はどう生きてきたのか、そしてこれからどう生きなければいけないのか、フランスの画家ポール・ゴーギャンの問いに真正面から答える営みだと言えます。

近藤　ゴーギャンの名画「我々はどこから来たのか 我々は何者か 我々はどこへ行くのか」ですね。科学とはこの問いに真っ向から答えるものであると。

野依　実態を客観的に知る営みというのは、真っ当な自然観、人生観、死生観、これらを培うことになる。これこそが、科学を学ぶもっとも大切な意義の一つだと、私は思っています。

どこから来てどこへ行くのか

近藤　では、まず「我々はどこから来たのか」。

野依　宇宙は百三十八億年前にでき、そして四十六億年前に地球が誕生しました。自然界には等価性、対称性といった概念が大事です。我々が知っているものは、みな物質というものですが、もしも宇宙が対称であったなら我々は存在しない。つまり、物質と全く性質が正反対のもの、すなわち反物質というものが同じだけあるとすると、それがぶつかって光を放ってあとは何も残らない、ということです。ところが実際は、物質と反物質の比が、一〇億プラス一と一〇億であると。この一が大切なんです。これがあるから、物質そして我々が存在するのです。そして約三十八億年前に生き物が生まれたのですが、「ダーウィンの進化論」によってすべての生き物が繋がり、我々の先祖である旧人が約二十万年前に生まれました。今までに一〇〇〇億人くらいの人が生まれ、そして今、七八億人が残っている、と、まあこういうことを習うわけです。これは膨大な科学的証拠の蓄積から習っているわけで、天上から降ってきた知識ではないのですね。私は化学者としていろいろ勉強して、物質の変化を目の当たりにするわけですが、ここで大事なことは、物質不滅則[※4]といって、いろいろな化学反応はするけれどもいつまでたっても炭素は炭素、酸素は酸素で元素は変わらない、ということです。これは宗教でいう万物流転、輪廻転生の科学的実態を表しています。こういったことで、かつての人類の自己中心性からの脱却を科学は促しているのですね。

近藤　物質不滅則、質量保存の法則ですか。だから万物流転、輪廻転生に至る。人類は自己中心的であってはならない、傲慢ではいけない、という戒めですね。では、いったい「我々は何者か」。

野依　ゴーギャンの二番目の問いですね。ヒトという生命体の存在は、科学法則と数学の原理に厳密に支配されている。特別な存在ではない。しかし、現象は条件に依存して非常に多様である。だからこそ、このはかない命、人生を大事にしなきゃいけないことを逆に教えてくれるわけです。そして社会的には、人間と人生の無限の多様性こそが人類存続と社会持続の根源であり、他方、これが社会的な軋轢や不安定を生んでいるのではないか、と科学者たちは考えています。科学は、膨大な知識の積み重ねによって真実を追求する営みです。一方、科学の知識を基にして技術をつくる科学技術は社会性を持っていまして、豊かな人生と国の繁栄、さらに人類文明の持続のためにある、ということなのです。日本人はどう関われば良いのか。現実にはサイエンスにはいろいろな分野がありまして、私が学ぶ化学は原子を組み替えることによって、ほとんど無から高い価

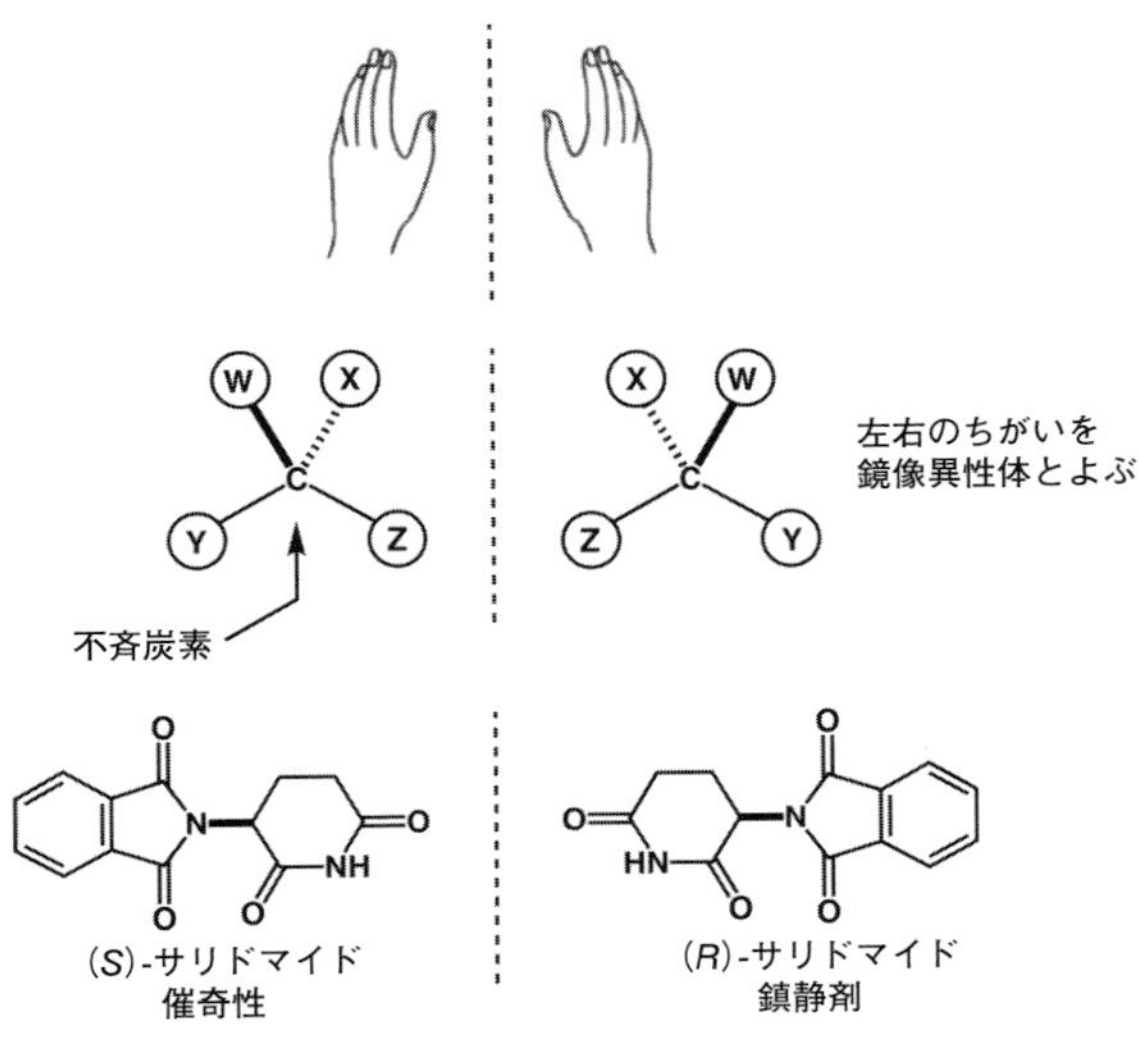

図１　分子における左右（キラリティー、掌性）

値を持つものを生み出す力を持っています。実際、人工物質は人々の生活の質を決定する。現在の錬金術といいますか、我々の身の回りのもののほとんどは化学技術によるものです。すべてに化学が関わっているということです。

近藤　野依少年が感激した、何もないところから役に立つものをつくり出す化学の力ですね。

野依　では私は何をしてきたのか。私は化学の中でも極めて小さい、しかし基本的なことをやってきました。分子の左右の問題です（図１）。世の中すべての物のかたちは、二種類に分けられます。右と左の区別があるか、区別がないかです。化学では区別があるものをキラルな分子[※5]といいますが、右と左はほとんど区別がないようでも、機能をするときに大きな違いになる。握手をするときには右手同士でする。右手と左手ではできない。またお祈りをするときには、左右をあわせなきゃいけない。右手と左手は鏡像関係にあって絶対に重ね合わせることができない。私はキラルな分子をどう区別し、別々に得ることができるのかをやってきたわけです。なぜなら我々の生命は、分子の左右に決定的に支配されているのです。左と右によって匂いや味が違ったりする。たとえば「味の素」の主成分は、左手形のグルタミン酸ナトリウムです。右手形は苦くて駄目なんです。また「サリドマイド」は、右手形には優れた催眠作用があるのですが、左手形には催奇性があります。この左右の分子の作用の違いに気づかなかったために「サリドマイド禍」が引き起こされたと考えられてきました。そこで、このようなことは避けなければならない。その頃多くの化学者たちは右手物質と左手物質を別々につくり出すことは不可能と考えていましたが、私たちは偶然に「不斉カルベン反応[※6]」を発見したのです。当時、研究室は大興奮でしたが、世界的にはまったくといっていいほど注目されませんでした。

近藤　ところがこの「不斉分子触媒の原理」の発見こそが、ノーベル賞受賞に繋がる研究のスタートだったわけですね。

野依　それから名古屋大学に行き、本格的にこの研究に取り組み、非常に多くの触媒を発明し、いろいろなものをつくることができました。幸いにしてたくさんの人が助けてくれ、日本で生まれたサイエンスが新技術を生み、世界的に使われるようになったという次第です。そんなことからノーベル化学賞をアメリカ人の同僚と分かち合うことになりました。さて、研究に対する考え方は人さまざまです。けれども私はこんなふうに考えています。原点はソクラテスの「無知の知[※7]」だと。つまり我々は、何も知らないということを知らなきゃいけない。なんと無知であることか、ということに気づかなければならない。そして何かを知る、そうすると知らないことがまた一〇倍も一〇〇倍も出てくるわけです。

スウェーデン国王よりノーベル賞を授与される
提供／野依良治

近藤　知れば知るほど自らの無知を知るということですね。

野依　大事なことは、科学は先人の築いた礎を基に進歩し続ける宿命にある。科学以外では「進化」はしても確実に「進歩」し続けるジャンルは非常に少ない。ですから常に新しい人、若い人がこの上に積み上げていけるように、国はちゃんと制度をつくらなければいけない。私は多くの独創的な科学者を見ていますが、彼らには特徴があります。それは学歴は無関係ということです。良い頭ではなく強い地頭、自学自習する習慣を持っていること。そして感性と好奇心が大事です。前衛、アバンギャルドな人が多い。独創ですから初めは誰も認めてくれない。馬鹿にされる。その孤独に耐える精神力が大事。それからこれは本人の特性ですけれども、やはり「異に出会う経験」が大事です。井の中の蛙は駄目で、進んで異に出会い閃くことが大事。もう一つは、少なくとも科学はですが、貧しい環境を克服する意思です。社会的に困難な状況にある若者が、精神の解放を求めて自然の未知に挑む。米国でノーベル賞を受けた科学者の三割は移民、昔はナチスの迫害を受けて自由な米国に渡った欧州人もたくさんいます。私は戦後の貧しい日本に育ち、ごく普通の能力しか持ち合わせませんが、どうして西洋発祥の科学をやりながら世界で認められたかというと、おそらく、たくさんいる欧米の秀才たちとの差異、違いをはっきり持っていたからじゃないかと思います。そして、その背景は日本文化だと思っています。証拠はありませんがそう思えてならないのです。

究極の「用の美」を求めて

近藤　では、日本の科学者はこれからどのように歩んでいけばよいのでしょうか。

野依　日本人の伝統的な特質には、自然界との一体感や勧善性、繊細さ、勤勉さ、器用さというものを総合した「匠の技」があると思います。冒頭の長岡半太郎より少し若い和魂洋才の物理学者に寺田寅彦[※8]がいました。夏目漱石の門弟で、『吾輩は猫である』に出てくる洋楽好きの水島寒月のモデルです。彼は「X線の結晶透過（ラウエ斑点）実験」など、ノーベル賞級の発見（ヘンリー・ブラッグ、ローレンス・ブラッグ親子が一九一五〈大正四〉年共同受賞）をしているのですが、同時に尺八の音響に興味を持ち、線香花火の物理や、椿の花はなぜ落ちるのか、その運動はどうなっているのかなど、身の回りの事象や日本風土の科学も大事にした人です。「天災は忘れた頃にやってくる」の名言を残した人でもあります。

近藤　『三四郎』の野々宮宗八のモデルともいわれていますね。防災に関しても優れた随筆をたくさん残されています。

野依　弟子に中谷宇吉郎[※9]という北海道大学の氷雪学者がいます。彼も研究対象である雪を「天から送られた手紙である」と美しく表現した、まことに文化の香りのする科学者でした。最近ではこうした人が減っていますね。私の属する有機化学分野の日本における創始者は真島利行[※10]です。彼はヨーロッパに学びましたが、日本らしい化学をしたいと、漆の成分の分子構造を決定したり、紅花や紫根（しこん）の色素の分子構造をあきらかにしたり、日本の天然物化学の基礎を築いた人です。私は工学部出身なので真島先生の直系の弟子ではないのですけれども、先生の生き方を尊敬しており、考え方には共感を抱いています。

近藤　科学者であり名文家でもあった方々のお話が出ましたが、先生の座右の銘も独特です。

野依　ノーベル賞受賞後、「野依さんの信条は何だ」「どんな気持ちでやっているんだ」と聞かれるので、私はよく「研究はみずみずしく単純明快に」と答えます。しかし欧米に行くとはたと困るわけです。これは英語でどう言ったものか、と。単純明快は良いのですが、みずみずしくが難しく、良い英訳がないんです。こういうところに、私は改めて日本人であることにこだわりを持つ化学者だなと意識しますね。

近藤　「みずみずしくあれ」というのは研究に臨む心構え、感性や感受性のことでしょうか。

野依　私は新しい触媒を発明しました。単純明快を趣旨とするので、設計する触媒分子の構造に過不足があってはいけない。そしてこの構造は見て美しいだけでなく、すごく働く優れものでなければならない。分子ですからとても小さく、目に見えるわけではありませんが、モデル化して表わしてみますと、まことに美しい工芸品とみなすことができる。なぜ私がこういうものにこだわりを持ち続けたかというと、欧米人と私の美的感覚の違いかなと思います。美意識の違いについて、西洋は十字架や教会建築、庭園などに左右対称のものが多く、静的で、不動を表現し、連続模様が多い。他方、日本では、風車型、巴型、回転対称が多いのが特徴です。動的で周期性があり、それ自身で完結している。さらに日本人は、堅固なものよりも若干柔らかい感じのものを好むといわれています。たとえば私のＢＩＮＡＰ[※11]触媒の分子構造（図２）を例にとると、剛直ではなく、各部分で容易に回転するのでしなやかな感じがあり、それが触媒活性の根源でもあるのです。

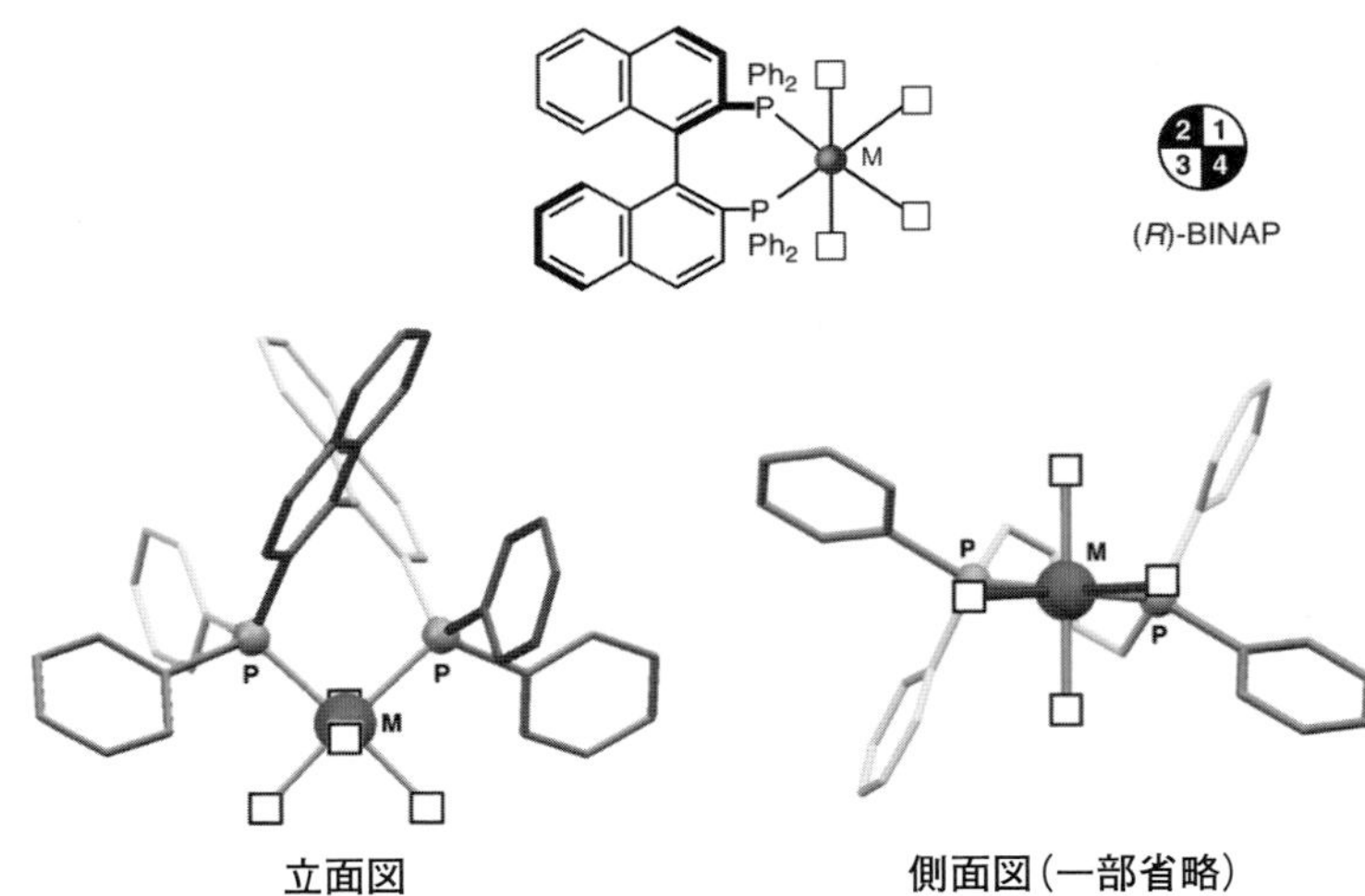

図２　右手形BINAPと金属からなる分子触媒の模式構造。Pはリン原子、Mはロジウムまたはルテニウム原子。化学反応は□印の箇所で高速で左右を識別しながら数万回も繰り返し起こる

近藤　「ＢＩＮＡＰ分子のかたちはいかにも美しい。こんなに美しいものはない、と私には思えた」と著書に書いておられました。美しいかたちを持つ分子に魅了されていたのですね。

野依　左と右をつくり分ける「不斉合成反応」が世界で注目されだしたのは一九七〇年代半ばで、その約十年後の一九八四（昭和五十九）年に、ノーベル財団がシンポジウムを開催しました。そこで私は、化学のことはほったらかしにして、この触媒の美しさと左右識別の明確なデザインについての話をしたわけです。化学論文には、みずみずしくやゆとり、しなやかさといった言葉はないのですが、この「みずみずしく単純明快」な分子の大切さについて力説したのです。本当に分かってもらえたかどうか……。そのとき私は四十六歳、そういう生意気な時代があった。私の化学的な直感の支えは、柳宗悦の「用の美」やドイツのバウハウス[※12]の「機能は美である」という考えです。つまり、機能するも

のは美しい、美しいものは機能する、そして役に立ちたい。そうしたものが、私の科学する心の中にあるということでしょうね。

近藤　科学と美が結びつくのですね。科学者にはそうした直感力が必要であると。

野依　私は科学と芸術の関係は非常に強いと思っています。科学と芸術の創造性には関係があって、その根源はそれら自身の内部にあるとは限りません。科学が科学から、芸術が芸術から生まれ出るのではなく、互いに混じりあっている。大切なことは科学の知性、芸術の感性、この組み合わせだと思います。そして、高度な専門技術、匠の技を通してこそ、外観や知覚を越えた本質を探り出し、見出し、表現することができる。したがって私は科学者ですけれども、科学を進展させるためには、広範に文化的な背景、文化的な環境をつくっていかなければならないと思っています。

科学する心の中核は母語

近藤　科学と芸術は正反対だとなんとなく思ってきましたけれど、実は通底しているということですね。だから科学の発展のためには、多様性を確保するべきであるということですか。

野依　科学の研究には、教科書や論文に書かれた数字、数式、図形といった形式知だけではなく、ぼんやりと野暮ったいものがいっぱい取り巻いた状態での経験、暗黙知が大事です。私は日本人が「科学」と言っているものは、英米人の「サイエンス」、フランス人の「シァンス」、ドイツ人の「ヴィッセンシャフト」とは若干異なるのであろうと思いますね。共通した最大公約数のよう

ノーベル賞の賞状とメダルを披露する野依さん。賞状の左側の美しい巻貝は有効な薬を、右側の醜い貝は毒性を持つ薬を象徴する。2001 年、東京
提供／野依良治

なものが論文で認められて「科学」と言われて、それが世界に広がっていくのであって、私は創造にはこの余分なものこそが大事だと思うのです。

近藤　なるほど。科学者自身の文化的背景や環境といった、科学論文やその学問的成果にとっては一見余分と思えるものに価値があるということですね。

野依　たとえば中国伝来の漢方薬が西洋では科学と認められなくても、科学的なものが含まれるには違いなく、大事にしなくてはいけない。科学でもっとも基本的な言語は数字ですが、単位はまちまちです。英語の単位でみると、量はティースプーン、テーブルスプーン、重さはオンス、パウンド、長さはインチなど、統一性がなく非科学的です。国や地域によって発想がまったく違う。つまり多様な文化こそが知の根源だと思います。現代は「英語の世紀」なので、

学者も論文はほぼ全部英語で書きますし、日本人は英語の力をもっと磨かなければなりません。しかし、日本人が科学する心の中核は、あくまで日本語だろうと思います。英語は道具であり、日本語は精神だからです。これを大事にしなくてはいけないと思います。

近藤　英語は道具、日本語は精神、含蓄ある言葉です。

野依　日本人の科学者は国際会議に行くと英語で苦労します。しかし同時に、我々は日本語で独特の科学を学んできています。我々の先達は、中国文化から漢字、熟語をたくさん学び、江戸時代には蘭学があって、漢字翻訳された専門用語を基にドイツ語、ロシア語、英語などさまざまな言語を取り入れながら、独特の科学を紡いできたわけです。昔の立派な学者たちが漢字の熟語を考案したことから、文章語による抽象概念が進んだ。ですからわが国は、東洋の国としては珍しく、母語によって理科、科学の教育制度をつくってきました。たとえば一例ですが、惑星の名前は「水金地火木土天海冥」と習いましたね。土星までは古代中国の五行説に由来していて曜日と同じです。英語の惑星名はマーキュリーとかヴィーナスとかギリシャ神話の流れをくむローマ神話に由来しています。したがって日本や中国の子どもたちと、西洋の子どもたちでは、宇宙に馳せる夢も違うのではないかと思うのです。理科においても、私は日本語への翻訳が大事だと思うのですが、現役の若い指導者や教師はカタカナ語でごまかしている。こういったものの本質を理解していない教育は、本当に残念です。中国は英語だけでなく、すべて自前でやっています。母国語、母語に自信を持って教育することなくして、世界を凌駕する科学はあり得ない。

近藤　それは科学だけではなく、ほかの分野もそうですね。

野依　知の創造はしばしば母語に基づく背景から生まれてくるのです。素晴らしい英語で論文を書き、流暢に話さなければ世界で通用しないということではありません。もちろん上手に越したことはありませんが、それよりいかに卓越した知性を育めるかを考えるべきです。これは文化国家としての基本的、根幹的な問題だと思います。我々日本人は、自らの来し方を広い範囲で広い視野で見渡して、過信に陥ることなく、同時に自虐的になるのではなく、自分たちの価値観にあった肯定感を持っていこうではありませんか。そう、私は強く思っています。

人間は間違えるから素晴らしい

近藤　日本人であることに誇りを持った科学者であること、そしてまた日本語、母語こそ我々の能力を最大に発揮でき、科学や芸術も日本語にしっかりと寄り添い、日本語で未来の力を育成し、発展させていくべきということですね。大変心強いお話です。

野依　「科学には国境はない。しかし、科学者には祖国がある」というパスツール[※13]の名言があります。パスツールが活躍した時代は、フランスがプロシアとの戦争に負けて困難を強いられた時代でした。しかし同時に、芸術では印象派が花開く、文化的に豊かな時代でもあった。パスツールは実は自分の科学的な業績よりも、フランス人であることに誇りを持っていたかもしれない。科学は言語と不即不離の関係です。芸術も科学と不即不離ではないかと思っております。ごく普通の日本人である私が、いささかなりとも科学者として国際的に認められたとしたら、それは私が日本に生まれ、独特の文化に育まれたからであるに違いないと思っております。

近藤　「科学者には祖国がある」という言葉に、科学と人間の関係に関する深い意味があるのですね。

野依　これが「日本人の科学する心とは」の問いに対する私の答えです。私は芸術と科学はともに、我々のかけがえのない人生の伴走者である、そんなふうに思っております。

近藤　ありがとうございます。私のちょっと思いつき的な問いに、物事の本質をついたお答えをいただき、感激いたしております。最後にうかがいたいのですが、科学は永遠に進歩し続けるということですが、行き過ぎにブレーキをかけることはできるのか、それは科学者の役割なのか、社会、政治が歯止めをかけるべきなのか、それとも結局、科学の行き過ぎは止められないのか、そのあたりのことはどうでしょう。

野依　科学というのは基本的には真実の追求ですけれども、実は今すでに存在する、しかし見つかっていないことを掘り起こす仕事でもあります。それが古典的な意味での科学です。そしてその知識を使って役に立てようとするのが技術です。技術は世の中の人の便利のために、今までにないものをつくるのです。当然そこには人々の欲望や社会の要請を受けることになります。ここをどう制御するかが問題です。今、大事になっているのは、ＥＬＳＩ[※14]です。倫理的・法的・社会的課題の頭文字をとったものです。こういったことで、どれほど確信を持って科学技術を統治することができるかどうか。難しいですね。人間が技術をつくるわけですから、人間が制御できないものはつくってはいけないというのが基本路線ですね。科学者は新しいことを見つけることに専心するだけでなく、その利用の光と影についても説明する責任を持つべきだと思います。一方、社会の人たちも、それを理解しようと努力しなくてはいけない。科学はもはや専門家だけのものではなく、社会全体のものになっています。子どももお年寄りも皆、科学をある程度理解するためには、日本語がものすごく大事だと私は思っているのです。

近藤　誰もが科学をある程度理解していかなければならない、そのためにも、思考の基礎となる母語、すなわち日本語が大事になってくるということですね。

野依　一つひとつの事象について総合的に考えていかなければなりません。私が一番重要だと思っているのは、我々の孫、ひ孫、玄孫(やしゃご)、そしてその先がどういうふうに存続していくかということです。人類文明を存続させることが最優先で、エネルギー問題、環境問題、感染症問題そのほかの諸問題がここにかかっていると思っています。私どもの立場とすれば、今、世界の状況が科学的にどうなっているか、どこに向かっているかを知ってもらう、教えることにも注力しなければならない。医学や科学技術だけではなく、人文学、社会科学なども加わり、総合知として全般が進歩しなくてはいけない。そうなるためには、やはり母語による理解力が大事になると思うのですね。

近藤　どうしてもＡＩ、人工知能の話にいかざるを得ないのですが、どんどん発達して、我々が直面している問題を解決してくれる日が来るのか、正しい方向を示してくれるところまでいくのでしょうか。

野依　判断は人間がしなければいけません。先ほど「無知の知」と言いましたが、知識については、人工知能が相当部分カバーできると思いますね。しかし、知恵を出すのは人間です。パスカルは「人間は一茎(ひとくき)の葦にすぎない。自然の中でもっとも弱いものである。しかしそれは考える葦である」と言いましたが、考えることは私たちの習性、生き甲斐です。機械ではできないことをやるのが文化芸術であり、人間の営みではないでしょうか。それから人間は間違います。間違いを起こすことは人間の特質だと思います。

近藤　人間は間違う、それは人間の特質である、と。

野依　機械は壊れることはあっても間違ったことはしませんからね。その間違い、ひょっとすると日本人らしい間違いが新しい境地を開くわけです。これは素晴らしいことではないでしょうか。

近藤　素晴らしいです。

野依　「無知の知」こそ真実の追求の手がかりです。我々人間は間違うし、無知の徒、そして自然の中に生きる。自然への感受性を失うと人間ではなくなりますよね。人間関係も社会も、もっと自然に学ぶべきです。そういう謙虚さが大切です。

近藤　曖昧さを含んだ日本語というのは、これからは役に立たないのではないか、感性や芸術は科学者に相手にされないのではないかと、若干の懸念がありました。しかし全くそうではない、むしろそういうものを大事にした方がいい。科学も芸術も、バランスの取れた人生や社会をつくる、かけがえのない伴走者であるとのお話に、おおいに励まされました。野依先生の難しいことを平明に、軽妙にユーモアを交えてお話しくださる日本語力にも感服いたします。これからも日本語を、我々の母語を、大切にしていきたいとの意を強くいたしました。

（二〇二〇〈令和二〉年五月二十九日収録）

1　一九〇七～八一　理論物理学者。大阪大学理学部助教授時代に中間子論を提唱、その功績でアメリカ留学中だった一九四九（昭和二十四）年、日本人初のノーベル物理学賞を受賞した。一九五三（昭和二十八）年、母校の京都大学に戻り、後進を育てるとともに、アインシュタイン博士ら科学者とともに核兵器なき世界を築くための平和運動にも力を注いだ。

2 野依良治名古屋大学教授が一九八〇（昭和五十五）年、「BINAP」を含む有効な不斉分子触媒を開発した業績によりノールズ博士（米モンサント社元研究員）、シャープレス米スクリプス研究所教授とともに受賞した。

3 一八六五〜一九五〇　物理学者。東京大学理学部助教授時代にドイツに留学、帰国後、一九〇三（明治三十六）年「土星型原子モデル」について発表。当時の物理学の最先端の研究者として日本の物理学の基礎を築き後進を指導した。その中には後にノーベル賞を受賞した湯川秀樹博士や朝永振一郎博士らがいる。

4 質量保存の法則の別名で知られている。「化学反応の前と後で、それに関与する元素の種類と、もともとの物質量は変化しない」という化学の法則。

5 キラルな分子は回転させても鏡像に重ね合わせることができない。元の化合物とは重ならないような分子を、キラルな分子という。

6 一九六六（昭和四十一）年、野依良治博士が京都大学・野崎一研究室在籍中に発見した。それ自体の構造に左右の区別があり、さらに分子の右手形・左手形を見分ける能力のある有機化合物と金属をくみあわせた「不斉分子触媒」の原理を示したもの。

7 古代ギリシャの哲学者ソクラテスの、自らの無知を自覚することが真の認識に至る道であるとする真理探究への基本になる考え方。

8 一八七八〜一九三五　東京大学・長岡半太郎教授の弟子。地球物理学者、随筆家。その随筆は芸術感覚と科学精神との調和を保つものとして、理系文系の垣根を超えて今なお読まれている。

9 一九〇〇〜六二　物理学者、随筆家。理化学研究所で寺田寅彦に師事。優れた随筆を残す。北海道大学教授時代に世界初の人工雪の製造に成功した。

10 一八七四〜一九六二　化学者。日本の天然有機物化学の祖。東京大学卒業後、ドイツ、スイス、英国などに留学、帰国後は漆、紫根、烏頭などの成分構造を究明した。大阪大学総長など歴任。

11 野依博士が合成に成功した不斉触媒。ビナフチル骨格を基盤とする回転対称構造を持つ不斉配位子。世界中の化学者が追い求めた構造であったが、地道な研究の結果、効率的合成法を確立した。野依教授の研究の象徴として、ノーベル賞受賞を記念して建てられた名古屋大学の記念館の壁にはＢＩＮＡＰの化学構造式が描かれており、学術交流館のカフェはBINAP-Caféと名付けられている。

12 一九一九（大正八）年にドイツに設立された世界初のデザイン教育の機関で、十数年間だけ存在した。従来の技能訓練学校ではなく、芸術と産業を統合した総合的かつ斬新なデザイン教育を行い、モダンデザイン様式「バウハウス」として知られるようになった。

13　一八二二～九五　フランスの生化学者・細菌学者。ロベルト・コッホとともに「近代細菌学の開祖」とされる。

14　Ethical, Legal and Social Issuesの頭文字をとったもので、エルシーと読まれている。新規科学技術を研究開発し、社会に普及させ新たな産業の創造や生活様式の変化に導くためには、技術的課題以外、倫理的（E）、法的（L）、社会的（S）などすべての課題（I）に対処する必要がある。特に医学、生命科学分野の、研究の過程と結果における課題を総称する。ゲノム医学関連の大きなプロジェクトでは議論のため多様な分野の専門家や各界の代表などから構成される委員会が組織されることがある。

日本人とVR（仮想現実）

廣瀬　通孝　（東京大学連携研究機構 バーチャルリアリティ教育研究センター長）

ひろせ・みちたか
1954年生まれ。東京大学大学院情報理工学系研究科教授。1982年東京大学工学部講師、1983年東京大学工学部教授、1999年東京大学大学院工学系研究科教授、東京大学先端科学技術研究センター教授、2006年東京大学大学院情報理工学系研究科教授、2018年東京大学バーチャルリアリティ教育研究センター長、現在にいたる。専門はシステム工学、ヒューマン・インタフェース、バーチャルリアリティ。

アナログからデジタルへ　平成を駆け抜けたＶＲ

近藤　理系少年だったのですか。

廣瀬　自分ではずっと理系だったと思っています。そもそも子どもの頃に興味を持ったのは漫画とゴジラとプラモデルです。ゴジラの特殊撮影というのは、現実にはないものをつくって巨大に見せる技術ですよね。プラモデルも好きでした。プラモデルは実在の飛行機や戦車、自動車を小さくして、そのまま手元に置くというものですから、バーチャルリアリティ（ＶＲ）[※1]そのものです。

近藤　小さい頃からＶＲ少年だったのですね。

廣瀬　考えてみると、やっていることはそんなに変わっていないのかもしれません。

近藤　それとは知らずに、漫画に親しみ、プラモデルをつくって遊んでいた、というわけですね。

廣瀬　僕は一九五四（昭和二十九）年、テレビ放送開始年[※2]の生まれです。僕らより前の世代の人たちはもともとテレビがなかったから、生活の中にテレビがなくても大丈夫。僕らの世代はテレビがないと駄目。ただ、もっとあとの世代の人とは違って、ゲームなしでも平気です。映像に対して独特な思い入れを持っている世代なんです。

近藤　ＶＲはこれからますます生活の中に入りこんでくると思いますが、いったいＶＲとは何ぞや、どうなっていくのか、期待と不安、両方の対象です。

廣瀬　ＶＲ技術というのは、パソコン上の世界の中に人が入りこんで、その中でいろいろな体験をしようという技術のことです。ＶＲ機器が初めて商用化されたのは一九八九（平成元）年ですから、平成と同じ年月なんですね。その意味では平成とともにやってきて平成とともに去る、みたいな……。

近藤　去るんですか、もう。

廣瀬　去ってはまずいですね（笑）。ＶＲはもともとアメリカ航空宇宙局[※3]で一九八二（昭和五十七）年くらいまで研究開発されていた軍事技術なんです。地上で飛行機を遠隔コントロールできたらどうだろうか、たとえ飛行機が撃墜されてもパイロットの命は安全だということで。そこへもってきてジャロン・ラニアー[※4]という人がバーチャルリアリティという言葉を言い始めたのです。

近藤　科学者ですか。

廣瀬　どちらかといえばベンチャー技術者ですかね。音楽家でもあります。ちょっとヒッピーぽくも見えますよね。一九八〇年代のコンピュータ技術の最先端とヒッピーカルチャーは近い。どちらも西海岸発祥なので。

近藤　バーチャルという言葉についてですが、「想」というと、私は空想、幻想、妄想、錯覚、連想といろいろ思い浮かべます。バーチャルを仮想と訳すのはどうなのでしょう。

廣瀬　間違いと言っていいと思います。仮想[※5]という言葉は、ただ考えただけということですよね。それはイマジナリーです。バーチャルは英語の語感でいうと、イマジナリーではない。むしろ機能や効果として「ある」ことに軸足を置いた話です。架空ではない。だからバーチャルエネミーは仮想敵国ではなく戦争が始まった状態をいう。ここを間違えると大変なことになります。そういう意味では、注意して使わないといけない言葉です。一九八九（平成元）年にＶＰＬ[※6]という会社が、ゴーグル状のヘッドマウンテッドディスプレイ[※7]を使って、ＣＧの世界を見せました。ゴーグルをのぞき込むと右目と左目で違った映像が見え、立体に感じます。そして首を右に振ると右の視界、左に振ると左の視界が見えます。三六〇度見回せますから、あたかも自分自身がそこにいるように感じる。自分の目の前にCG、コンピュータグラフィックスによってつくられたリアルがあるということです。

近藤 そういうものを総称してバーチャルリアリティという。

廣瀬 そのとおりです。映像の分野では、平成はアナログからデジタルの変換の時代だったのです。アナログで始まって、出口はデジタル。最初の頃、こうした講演会で使う映像はスライドでした。動画を見せるとなるとVHSのテープを一〇本くらいボストンバッグに入れて講演に行ったものです。ところが今ではパソコン一台で用が済んでしまいます。そういう劇的な変化をもっとも象徴的に表している技術がバーチャルリアリティだったといえるのではないでしょうか。もっとも最初はヒッピーのおじさんみたいな人がやっていたので、アカデミアの中で相手にされなかったのです。

近藤 ヒッピーのおじさん。ジャロン・ラニアーさんですね。

廣瀬 一九九〇年代になると日本バーチャルリアリティ学会[※8]ができるなど、アカデミアの中でも重要視されてきました。研究費的にも重点領域研究がスタートするなど、分野に光があたり始めました。第一期VRバブルの始まりといわれています。東京大学でもCABINと呼ばれる壁面が全部立体ディスプレイのキュービック部屋をつくらせてもらいました。その中で頭を動かすと、自分が三次元の空間にいるように感じられるのです。性能は良かったのですが、一部屋二億円くらいかかった。それが最初の頃のVR研究でした。

国立科学博物館「マヤ文明展」で使用されたVRシアター

体験をつくり出すＶＲ技術の活路

近藤　予算が付いた科学技術は実用化を目指しますよね。

廣瀬　そう、その最初の受け口が実は文化だったのです。たとえば国立科学博物館で「マヤ文明展」をやったときに、ＶＲの技術を使いました。地球の裏側にある南米マヤの遺物を展示する際、どんな遺跡から出土したのかを、臨場感をもって伝えたいという要望が展示者側にあったのです。それまではゲームの延長上にあったＶＲのシステムを博物館展示の中に位置づけることができ、ハイカルチャーの市民権を得たわけです。二〇〇三（平成十五）年くらいだったと思います。

近藤　出土品の周りに掘り起こされた遺跡のバーチャルなイメージを置いたのですか。

廣瀬　それを全部映像でやるわけです。ピラミッドのある遺跡全体、遺物の展示とは別のギャラリーでＶＲを使って見せる。そうすると遺物と遺跡が頭の中でつながり、なるほどこういう文明だったのかと分かる。一方、ＡＲ[※9]という技術が一般的に知られるようになったのは、二〇〇五（平成十七）年の愛知万博でした。ＡＲは現実の世界もバーチャルな世界も同時に見える、という技術。愛知万博は環境博として企画されたものなので、環境破壊になりかねないパビリオンをつくるより、情報技術を駆使して森の中でやりたいと隈研吾[※10]さんら建築家の方たちが言い出した。

近藤　森を壊してパビリオンを建設するのではなく、ＡＲを使って森を借景とするコンセプトですよね。それはそれで費用がかかり、自然保護団体の反対もあり、予算も縮小して……。

廣瀬　残念ながら実際の展示にはいたらなかったのです。でもこれがのちのちの「ポケモンＧＯ[※11]」につながっていくので、無駄にはならなかったと思っています。展示といえば羽田空港でもやりました。デジタルパブリックアートプロジェクト[※12]というものです。ＣＲＥＳＴ[※13]のプロジェクトだったので、ＪＳＴ[※14]のお金が使えたのです。これもＶＲ／ＡＲ技術の受け口を広げるプロジェクトの一つでしたね。先に申し上げましたが、第一世代では、重点領域研究[※15]の役割が大きかったと思います。結局この三十年間で人材養成をしていたのですね。現在、そのときの学生が教授になって、僕らがそろそろリタイアする、そういう感じです。

近藤　ＶＲの歩みも三十年が一世代ということですね。

廣瀬　おっしゃるとおりです。ちなみに第〇（ゼロ）世代というのがあって、一九六八（昭和四十三）年、世界に数台しかないコンピュータを使って似たようなことを試みたと聞きます。コンピュータは数字の計算だけじゃないと言い出した人たちがいたのですね。さらに遡るとクロード・シャノン[※16]

や情報学の先生方につながっていきます。いずれにしても今は第二世代になるわけですが、コストが安くなって人々の手に広く届くようになった。第一世代の頃はどうやって一般の人たちに普及させようかと苦労したものでしたが、もうすでにポケットの中にＨＭＤが入っている。スマホですね。今は一〇〇円ショップにＶＲのコーナーがあって、スマホをＨＭＤにするレンズを売っています。ＶＲ撮影に欠かせない全天球カメラは数万円で買えます。第一世代の頃は工学部の学生が汗水たらしてつくっていた機械が、今や簡単に入手できるし、それらの周辺を支える技術も揃い始めてきています。

近藤　科学技術の進歩というのは、そうしたものなのでしょうね。一つの優れた新しい技術の周囲で、それを補完する形で技術が生まれ、本体そのものがさらに進化していく。

廣瀬　たとえば最近話題になった５Ｇ[※17]という技術は、高精細度の映像供給のための通信回線としてすごくいい。そして準天頂衛星「みちびき」[※18]は位置が二センチ単位でわかるので、二センチ以内の精度で空間位置を知ることができる。ＡＲなどにとっては福音ですよね。ＶＲ技術の外側周辺部でいろいろ新しいものができるということは、第一世代研究者として嬉しいことです。

近藤　廣瀬先生は嬉しいとおっしゃいますが、我々は同時に一抹の不安を払拭できないでいます。

廣瀬　ご心配は分かります（笑）。携帯電話が急激に普及したとき、そういう経験をしましたよね。光があれば影があります。新たなメディアが現実世界に入ってきたときに、やはりある種のルールは必要だと思います。ＶＲもそうです。なぜなら、ＶＲ技術は科学でありながら人間の心理を利用したものでもあるからです。そしてそこが現在のＶＲの最先端の領域の一つでもあるわけです。たとえば、四畳半の部屋に居ながらにして六本木ヒルズを体験できるＶＲ技術は、錯覚を利用したいわば空間を歪める技術です。

近藤　実際に足はわずかしか歩いていないのに、大きな空間を歩いたような感じになる。デジタルミュージアムというのでしょうか、実は狭い範囲しか歩いていないのに、ジュラ紀の広大な恐竜の群れの中を歩いているような体験をしたことがあります。

バーチャルは物事のエッセンス

廣瀬　ＶＲの中でアカデミックなパートがあるとすると、それは現実のエッセンスとは何かを考える、ということではないかと思っています。

近藤　なるほど。バーチャー（Virtue）には本来、徳という意味がありますね。

廣瀬　物事のエッセンスという意味もあると、英語のネイティブの人が言っていました。

近藤　エッセンスを考えるためのツールにするということでしょうか。

廣瀬　ＶＲ技術は心理学の実験に役立っているんですね。たとえば、身体所有感[※19]と自己操作感との関係を問う身体論[※20]の動作の実験。ピアノを弾くとき、電子ピアノでは出る音をコンピュータ管理できますから、押している鍵盤と違う音を出すことが可能になります。そういうシステムをつくって実験します。

近藤　そうすると、オクターブの幅で弾いているのに二オクターブの音が出てくる。指が長くなって遠い音が弾ける。ラフマニノフみたいに。

廣瀬　指がすごく長かったといわれるリストの手みたいに。ＶＲのシステムを使うと、自分の体

えくす手。指の長さをバーチャルに伸縮して演奏できるピアノ

が変わったように感じてしまう。リアルな世界だとできない実験ですが、ＶＲではできる。心理学者からすると、特殊な実験状況を提供するという意味で面白いのです。最近ではプログラムで顔認識ができますね。口角あげて笑った顔にもできるし、仏頂面の人に笑顔になるフィルターをかけることもできて、テレビ会議[※21]の場が和む。

近藤　本人は自分の頬が緩んでいるように見えるのですか。

廣瀬　ある程度見えます。

近藤　そうするとどういう反応ですか。俺はこんなに笑ってないよな、と思わないですか。

廣瀬　それが不思議なところです。テレビ会議の場合には、自分の笑った顔が相手にいきますと相手は笑うんですよ。

近藤　なるほど。あくびもうつるけれど、笑顔もうつる。微笑まれると思わずこちらも笑いますよね。

廣瀬　そこに笑顔のループができちゃう。鏡の中の自分の顔が笑って見えると自分も笑う。それでポジティブな感情がわくのです。心理学者が言うには、悲しいから泣くのではなく、泣くから悲しい、ということなんですね。

近藤　順番が逆なんですね。

廣瀬　VRだと見事にそれを検証できる。

近藤　ではたとえば、嘆き悲しんでいる人がいて、その人に口角の上がった自分の顔を見せると、それを見て本人もだんだん気持ちが和らいできて、ということに。

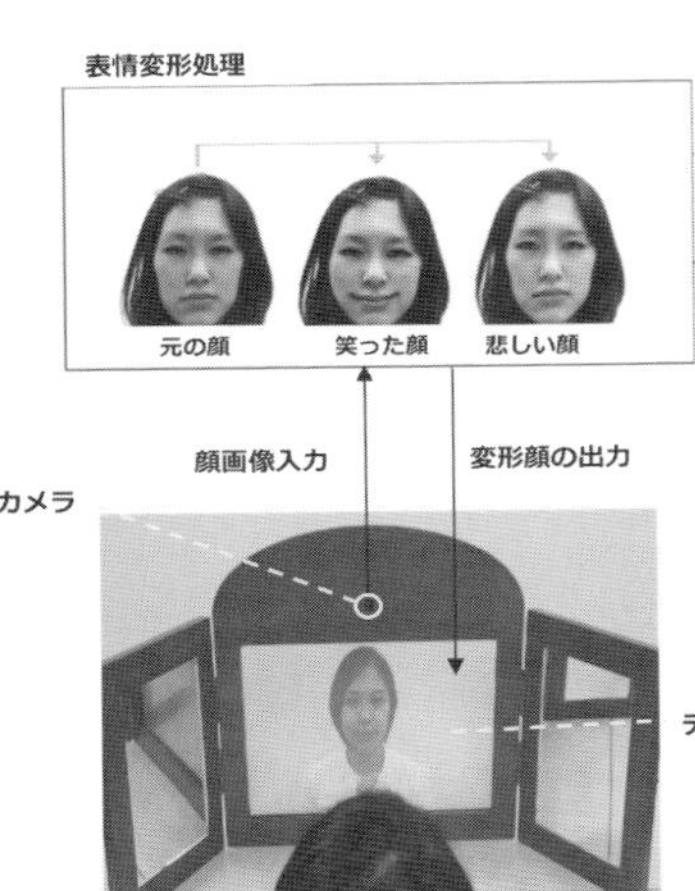

扇情的な鏡。電子的な鏡で、顔を映すと笑った顔になったり悲しい顔になったりする

廣瀬　この研究の意味は、「身体の外見を変えるとメンタルが変わる」ということ。従来と違うVRの活路を見つけたので面白いですけれど、実はメンタルをコントロールするという、怖い技術でもあるわけです。

近藤　それが一番怖いですよ。

廣瀬　VRでメンタルをコントロールしようとしたとき、われわれはたとえば、頭に電極を付けて脳にショックを与えないと駄目だろうなどと思っていました。でも、そういう直接的なやり方ではなく、体の形を変えるみたいな間接的なやり方があるわけです。もちろんこれは怖い技術でもあると自覚して、使い方を考えていかなくてはならないと思っています。

近藤　それが今後のＶＲの発展にとっての大事なポイントなのでしょうね。

廣瀬　いわゆる第一世代のＶＲは、基盤技術の開発においてはだいたい単位をとったのではないかと思っています。もし単位を取り残しているとすると、技術によって生み出されるコンテンツを応用して、いかに社会的に展開していくかという、そのあたりかなと感じています。

近藤　令和のＶＲはどのように進んでいくのでしょう。

廣瀬　応用の幅は広がっていくと思います。たとえば航空会社のフライトシミュレーター[※22]はもう実用、運用に入っています。

近藤　操縦士が練習に使うトレーニングシステムですね。

廣瀬　操縦士一人を育成するのに一億円くらいかかっています。けれども一般的なサービス業の窓口要員や地上職員の訓練にそれほどお金はかけられないから、コストダウンしないといけない。第二世代はそういうところをカバーしていかなければなりません。

近藤　職業的訓練はシミュレーターでやると安く上がる、とならないといけない。

廣瀬　ＶＲは体験をつくる技術です。そこを追求していく。言語的な教育だけではすまないようなこと、しかも第一世代が取りこぼしていたような、今までデジタル技術の恩恵に浴してこなかったフィールドに広げていきたい。そういうＶＲを活用した教育システムの普及を目指したい。

近藤　コンピュータ技術が新世代へと進歩すると、どのような方向にいくのでしょうか。

廣瀬　コンピュータという技術は、いってみれば身もふたもない技術で、なんにも変わっていないんですよ。ご存じのようにエニアック[※23]に始まり一九四六（昭和二十一）年に最初のデジタルコンピュータが登場する。それからコンピュータの専門家は新しい原理で動くコンピュータをずっ

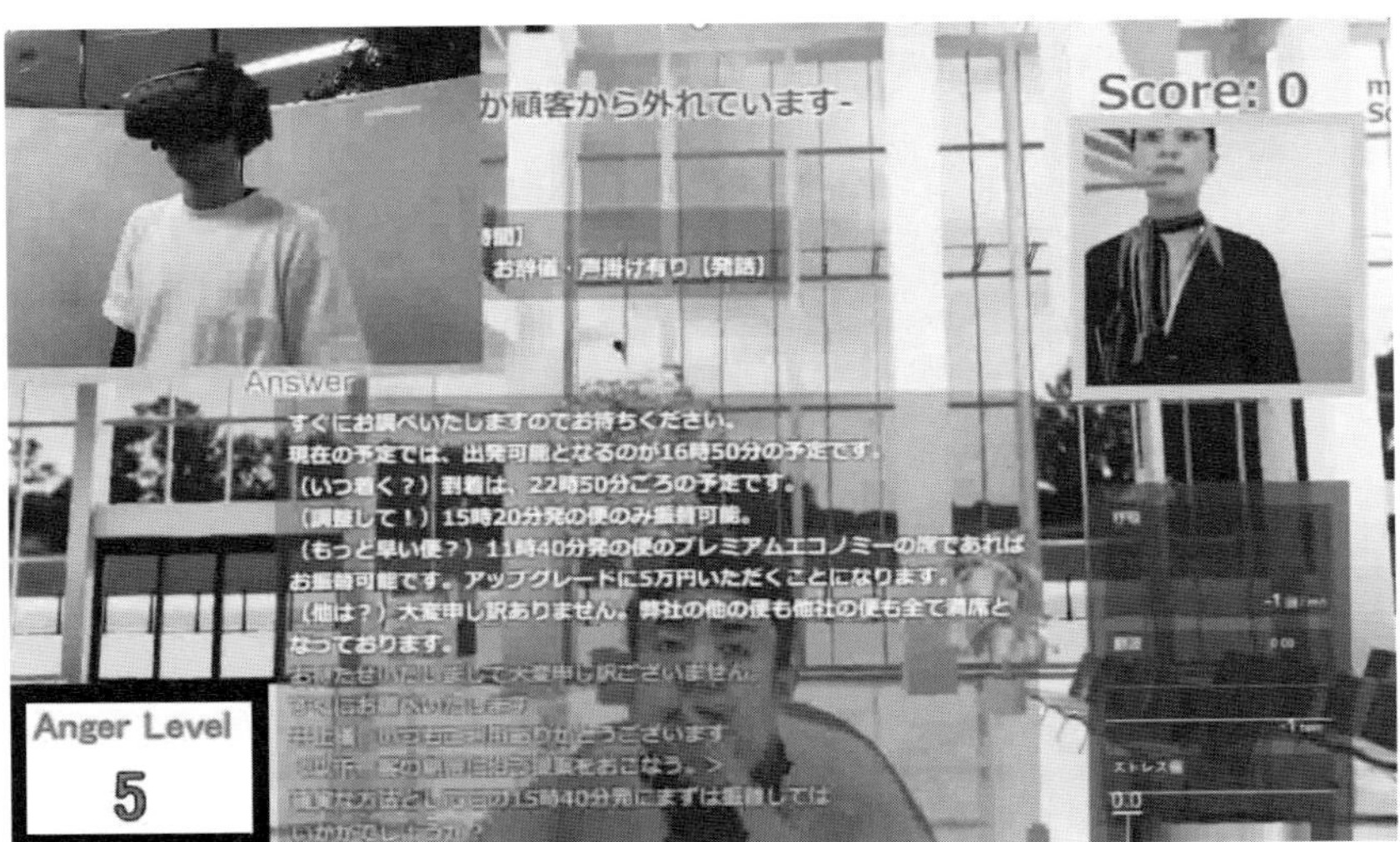

サービス VR トレーナー。自律的に反応する顧客アバターによって、対人接客を VR 空間で訓練するトレーニングシステム

と提案し続けるんです。でも、意外に思われるかもしれませんが、飛行機がプロペラからジェットに変わったような、基本的な技術変化は起こっていないのです。コンピュータの進化は、ひたすら量的拡大のみによって行われた。量によって質が凌駕されてしまった。それがコンピュータのものすごいところだとは思いますが。

リアルとバーチャルとの融合を整理する

近藤　基本の原理は変わっていない。

廣瀬　変わっていないです。質的に何が変わったのかと言われると難しい。ただ、リアルなものとバーチャルなものの融合が進んでいるというのが考えるべきテーマの一つかもしれません。たとえばＣＧとリアルな写真の弁別について。リアルなものを撮影して、それをＣＧの世界に再び入れ込むことなどが容易にできる。実写とＣＧでつくったものとの間の壁がものすごく下がってくる。実体験とバーチャル体験との間の壁が低くなって、もしかしてどこかでつながっていたという感じがする。

近藤　何が何だか分からなくなってくる。現実とは何か、実体とは何かという、ある意味で哲学的というか心理学的というか……。

廣瀬　そこを、きちんと弁別していく、頭の中で整理していくことが重要で、それはＶＲ固有の問題ではなくて、電子媒体によるコミュニケーションには必ず登場する問題です。一九九〇年代にかけて、世の中で起きた大きな出来事に映像が入ってくるだけで、ある種の体験として感じることが可能になったということです。昔の人が新聞記事を読んで知ってきたことを、映像で見ることで体験として感じるようになってきた。

近藤　うーん、でも見えるだけでは完全には認識できないですよね。言葉に概念があって知識があるからこそ、映像を見るとそれと一体となって新しい認識ができるわけですよね。

廣瀬　今まで言語的なものだけに頼っていたけれど、そういうツールが出てくることによって、情報に詳細さ、正確さを加えて伝えることになる。

近藤　確かに視覚は大事でしょうが、VRの技術でほかの感覚、たとえば嗅覚、味覚、触覚、そういう五感に関して、バーチャルなものをつくることは可能ですか。

廣瀬　可能だと思います。すぐに実用化は難しいかもしれませんが。もっとも、コンピュータの世界は圧倒的に視覚の効率がいいんです。見せるとみんな分かった気になっちゃうから。

近藤　そうでしょうね。文章で必死に説明するより、パッと絵で見せた方が早い。

廣瀬　理系の人はどちらかというと言葉で説明されるより、その方が一発で分かる。

近藤　先ほどの、不機嫌そうな人も笑っているように直されると、相互の反応で本人までいい気持ちになってしまうのは、なんだか怖いですよね。

廣瀬　そこはもっと怖いかもしれないですね。文章だとウソを書けばすぐ騙せますよね。でも映像だとそうはいかない。ウソ笑いや、特撮か特撮じゃないかを見破るのは相当大変です。ばれないためのコストがすごくかかる。一万円札の偽札づくりも一〇万円かかるなら誰もやらない。でもコストが下がっていって一万円きった瞬間というのは怖いですよね。全部ウソで埋め尽くされたら怖い。

近藤　そういう世界を描いた映画ができそうですよね。

廣瀬　そんなふうに全部騙されちゃうと、もう誰が何を騙しているか分からなくなってくる。騙している本人自身も分からなくなっちゃう。そういうのはあるかもしれません。

近藤　騙すこと騙されることのエッセンスを見失わないように、ということですよね。リアルとバーチャルの融合を整理すること。では、ＶＲでいうと感性についてはどうなのでしょうか。外界の刺激を受け、受容する、頭の中で整理をする、その奥に感性があって、素晴らしいと思うか憎らしいと思うか、そのあたりはまだ解明されていないような気がします。

廣瀬　よく出るご質問なんですけれども、ＶＲは人間に情報を与えようとする技術で、極端な話、その心の部分を解明する必要はないと思っているわけです。ＶＲは人間自身の感覚を拡張するための機械だから、近眼の人が眼鏡をつくるのと同じ感じ。眼鏡をかけることによって遠くが見えるようになる。そこが基本となっている技術です。眼鏡をかけて何を認識するかはその人の問題、という話なんですね。

近藤　感じるのは人間の方だから、そこまでは責任を持っていないということですね。では、ＶＲを扱う当事者についてはどうですか。日本人であることの有利さ、あるいは不利なことはあるのでしょうか。

廣瀬　やっぱり西洋人は文字的なもので整理する能力が高いですよね。ＶＲの研究については原型となる研究を日本人もやっていました。でも、それにバーチャルリアリティという名前を付けたのは西洋人[※24]です。あの名前を付けられたときはやられたと思いました。

近藤　そこはうまいんですよね。造語力というかネーミング力というか。

廣瀬　だけど逆に言うと、すべて言語で説明しようとして文章の中で矛盾が生まれる。言語で記述しきれない部分があって、それが解決されていないんですよ。

近藤　自己撞着を起こすということですか。自己言及のパラドックス。

廣瀬　言語で全部やろうとすると、クレタ人の嘘つき[※25]という問題が必ず出てくるらしい。でも、絵で描くと、そこの部分を簡単にクリアできる。西洋人は絵は絵、文章は文章なんです。日本人はその両方、その中間を持っている。日本には漫画文化があります。最初の漫画は『鳥獣戯画』[※26]といわれています。あれには輪郭線が描かれていますが、実際には輪郭線なんてないんですよね。概念的なものです。漫画もそういう描き方をしますよね。また、動きを線で描いたり、衝撃を星印で表現したりします。漫画は言語的な、シンボル的なものを含んだ絵なのです。

近藤　なるほど、そういう能力は日本人独特ですね。日本人は言語には一〇〇パーセント頼らない。言葉によらないコミュニケーションがありますよね。「目は口ほどにものを言う」とか。

廣瀬　「わかってんだろ、お前」みたいな感じですか。

近藤　言語に頼りきれないところは弱みでもあって、国際会議で言葉で勝負する時は不利。けれどＶＲの使い手としては、実はすごい能力があった。

廣瀬　ＶＲは現実のエッセンスを抽出して再現してくれる技術なんですね。それを理解して使いこなしていけば、かなり強力なツールになることは間違いないです。

近藤　現実とバーチャルをよく考えながら頭の中できちんと整理する。そうすればＶＲ技術は頼もしい味方として支え続けてくれるはず、というわけですね。励まされますね。

（二〇一九〈令和元〉年六月二十四日収録）

1　Virtual Reality　現実ではないが機能としての本質は同じであるような環境を、五感を含む感覚を刺激することにより理工学的につくり出す技術および体系。「人工現実感」「仮想現実」と訳されることがある。

2　一九五三（昭和二十八）年二月にＮＨＫがテレビ本放送を開始。当時は高価で街頭放送などで視聴されていたが一九六〇（昭和三十五）年にはカラーとなり、六〇年代に急速に普及、日常生活に欠かせないものとなっていった。

3　ＮＡＳＡ　一九五八（昭和三十三）年に活動を開始したアメリカの、宇宙開発に関わる計画を担当する機関。

4　コンピュータ科学者。作曲家。ビジュアルアーティスト。バーチャルリアリティという呼称を考案した。著書『万物創生をはじめよう　私的ＶＲ事始め』『人間はガジェットではない』など。

5　事実でないことを仮にそう考えること。仮定しての想像。

6　VPLResearch社。ジャロン・ラニアーが設立。バーチャルリアリティを活用したさまざまなアプリケーションを先駆的に開発した。

7　頭部に装着するディスプレイ装置。ヘッドフォンと併用し視覚、聴覚を制御するようになれば完全に近いバーチャルリアリティを実現できる。

8　バーチャルリアリティに関連する技術と文化に対する貢献を目的に一九九六（平成八）年設立。

9　Augmented Reality　拡張現実。人が知覚する現実環境をコンピュータにより拡張する技術、およびコンピュータによって拡張された現実環境そのもの。

10　建築家。おもな建築物は国立競技場、高輪ゲートウェイ駅、サントリー美術館など、一九九〇年以降、木材を多用するなど「和」をイメージしたデザインを旨とし「和の大家」と称される。

11　二〇一六（平成二十八）年に世界中で流行したスマホ用ゲーム。そのＡＲモードは現実世界にポケモンが登場したかのようなおもしろさをユーザーに感じさせることで大ヒットとなった。

12　廣瀬氏が代表をつとめたプロジェクト。二〇〇九（平成二十一）年、羽田空港で、研究者とアーティストが一体となって、テクノロジーと空気で感じる新しい世界を演出し成功を収めた。

13　戦略的創造研究推進事業。

14　国立研究開発法人科学技術振興機構。

15　文部科学省と日本学術振興会は、国内の大学等の研究機関に所属する研究者の研究を奨励するため、申請されたものを審査して科学研究費を助成する科学研究費助成事業を行っているが、特に力を入れていく分野の発展を促進させるため重点領域研究として予算を増やして助成していた。

16 アメリカの電気工学者、数学者。二十世紀科学史にもっとも影響を与えた科学者の一人。今日のデジタル世界の基礎を築いた先駆的研究者として「情報理論の父」といわれる。

17 第5世代移動通信システム。国際電気通信連合が定める規定を満足する無線通信システム。

18 準天頂軌道の衛星が主体となって構成されている日本の衛星測位システム。衛星からの電波によって位置情報を計算する。

19 ある身体が自分の身体であるという感覚。ＶＲ心理学では、自分の身体ではないバーチャルな身体に対しても身体所有感を生起できるかという実験が行われる。

20 人間にとって身体はいかなる意味や価値を持つかという問題。

21 遠隔地にいる参加者が互いの様子を映像と音声で送信しあい意思の疎通を図る会議。

22 模擬飛行装置。航空機の操縦室を模し、操縦装置の操作信号をもとに機体の反応を計算し、結果を操作パネル表示、視界画像、動揺装置による動き、音響などで出力、航空機の動作を高度に再現する装置。

23 ＥＮＩＡＣ　アメリカで開発された黎明期の電子計算機。

24 バーチャルリアリティという単語はもともとフランスの詩人、アントナン・アルトーが造語した芸術用語。それを「ＶＲの父」といわれるジャロン・ラニアーらが仮想現実を意味する言葉として用い、使われようになった。

25 クレタ人が「クレタ人は嘘をつく」と言った場合、クレタ人が嘘をつくなら、この言葉も嘘となってしまう、というパラドックス。

26 紙本墨絵の絵巻物。国宝。一部の場面に現在の漫画に用いられている効果に類似した手法がみられることから、日本最古の漫画とも称される。

茶の湯に見る日本人のこころ

熊倉　功夫（MIHO MUSEUM館長）

くまくら・いさお
1943年生まれ。MIHO MUSEUM館長・国立民族学博物館名誉教授。東京教育大学卒業。文学博士。筑波大学教授、国立民族学博物館教授などを歴任。専攻は日本文化史・茶道史。著書に『茶の湯 ―わび茶の心とかたち―』『後水尾天皇』『日本料理文化史』『現代語訳 茶道四祖伝書』ほか。

茶の湯は異界への通路

近藤　「茶の湯とは何か」という、真っ向から日本人の心の奥深いところへ切りこんでいく前に、まず先生ご自身のことから、うかがっていこうと思います。

熊倉　私は現在、美術館と博物館、二館の館長を務めております。ひとつは、「MIHO MUSEUM」※1という滋賀県の山中にある美術館です。ここは、ルーブル美術館のピラミッドを手掛けたイオ・ミン・ペイ※2という有名な建築家が設計したものですので、建物を見に来られる方も多い美術館です。もう一つは静岡県島田市の「ふじのくに茶の都ミュージアム」※3という、日本で唯一お茶に関する博物館です。こちらも庭と建物を見学に来られる方が多いです。庭は茶人として有名な小堀遠州※4がつくった仙洞(せんとう)御所の東庭を図面どおりに復元しております。仙洞御所は、かつて京都で御水尾(ごみずのお)天皇が譲位されましたときにつくられたのですが、その庭をつくったのが小堀遠州でございました。建物は京都の伏見奉行屋敷と松花堂昭乗(しょうじょう)※5がおりました石清水八幡宮の滝(たき)本坊(もとぼう)の復元ですので、庭園、建物ともに日本で唯一の小堀遠州の復元遺構です。こういったところのお手伝いをさせていただいております。

近藤　ではいよいよ「茶の湯」とはどのようなものか、ということに入ってまいりましょうか。

熊倉　「茶の湯」について簡単にご説明いたします。「茶の湯」というと千利休※6を思い浮かべられる方が多いでしょう。では、利休さんがつくった「茶の湯」とはどんなものか。お茶の空間は、露地(ろじ)と茶室からできております。露地の入り口に露地口※7というものがありまして、普段生活している世俗の世界とひとつ区切りがつけてあります。これを潜って中に入りますと、深山幽谷(しんざんゆうこく)※8の別

MIHO MUSEUM 全景

の空間、聖なる空間が広がっている。これが大事なんですね。

近藤　お茶の空間は深山幽谷なんですね。

熊倉　深い森閑とした山中のイメージが茶室では求められているのです。露地口には手水鉢(ちょうずばち)が設けられております。神社仏閣の入り口にあるものでしたが、茶の湯が始まって一般の家の庭の中に入ってきた。なぜか。これは「浄め」です。心身を浄めて、初めて茶室の中に入ることが許されるのです。茶室がいわば聖なる空間であることは、その入り口にある手水鉢の蹲踞(つくばい)※9に象徴されております。蹲踞は這い蹲って使うもの。そのしゃがむ姿勢は、身分を越えたある種の「侘び」なのですね。手水鉢は常に清らかでなければいけないので、お客様が来られる直前に亭主は手水鉢の水を入れ替えます。浄めをいたしましたお客様が茶室に入るときには、高さ六〇センチ余りの入り口を潜り抜けます。この「躙口(にじりぐち)※10」という小さな入り口を潜ることにも、胎内潜りのような民間信仰的な要素があります。だいたい最初に入りますとき、頭をぶつけますね。で、頭が入ったなと思うと背中をぶつけます。出るときも藻掻きながら出て行くことになる。不便きわまりない。なぜ、こんなに入ることを拒否する入り口をつけたのか。ここに茶室の秘密があるのです。

近藤　入ることを拒む入り口に意味があるのですね。すっとは入れない。

熊倉　中に入りますとまず床飾り[※11]に目がいきます。床飾りは掛け軸と生け花という印象がありますが、掛物と花を一緒に飾るのは略式で普通はいたしません。最初は掛け軸がかかっていて、休憩のあと花を活ける、というのが本当です。さて、水屋の方では茶会の準備に余念がございません。炭の準備くらいは事前にしておくのが当然で、お客様が来てから炭をあらためるのも変な話ですが、これはやっぱり炭、火に対する人類誕生以来の信仰があるわけです。火が清らかであることをお客様一同に確認していただくことが大切なのではないかと、私は考えております。そして亭主は、羽箒であちらこちらを清めながら、塵芥を払いのけます。心の塵芥を払拭するということが羽箒に象徴されております。炭が終わりますと食事です。亭主がお膳を運んできます。まず、飯と汁、向付といって酒の肴でもある最初のお菜が出てまいります。その後ずっといろいろなものが出てまいります。そして最後にお菓子が出て終わります。一旦休憩になりまして、亭主は床飾りの飾りつけを変えて準備をします。その後いよいよ濃茶が行われます。濃茶のあと、続き薄茶[※12]といってすぐ薄茶を飲むこともございます。そしてお茶会が終わります。お別れの挨拶をして、ほぼ四時間のお茶会が終わる。これが茶事ともいわれる正式のお茶会でございます。

近藤　正式なお茶会は四時間ですか。

熊倉　なかなか茶事まで経験することは少ないでしょうが、これをご経験いただけるとお茶の楽しさが一段と深まるのではないか、と思っております。要するに私の申し上げたいのは、茶の湯には日本文化を考えるときの切り口がたくさん用意されているということです。庭、建物、美術品、工芸品、食事、それぞれに設え方というものがある。お茶をひとつの切り口として日本の文化がいろいろな形で読み取れるという、便利で楽しいところがあるのですね。もう一つ申し上げたいのは、利休さんは四百五十年前の人ですが、それ以前の日本文化の深層からつながってきているので、それを知ることもできるということです。茶の湯は、実は利休さん以前、それこそ縄文時代から旧石器時代まで遡る遥遠な歴史を内包している。茶の湯の中には、文化人類学でいう「山中他界観（さんちゅうたかいかん）」※13、山の中に別世界があるという一つの観念が生かされています。茶室への小さな入り口は異界への通路です。茶の湯はたかだか四百五十年の歴史ではなく、もっと深い文化の根っこにつながっていると、私は考えております。

日本らしさに磨きをかけた時代に始まった茶の湯

近藤　茶の湯には、いろいろな角度から日本文化の特徴を把握するうえで非常に良い入り口がいくつもあるというお話をうかがいました。たくさんある先生のご著書の一冊に『茶の湯―わび茶の心とかたち―』という学術的な論文があります。平易な言葉で日本人の心の深さを論じていらっしゃるのですが、この中に茶の湯やお能、生け花の基礎がつくられた六百年前は「日本らしさに磨きがかかった時代」という表現があります。この頃に縄文時代以来のさまざまな深層心理が茶の湯という形をとった、いろいろな伝統文化の基本ができた、とのことですが、一体どういう時代だったのでしょう。必然的な歴史の流れの中で社会の変化があったからなのか、たまたま世阿弥[※14]や利休といった素晴らしい個人が生まれたからなのか、どちらなのでしょうか。

熊倉　室町時代については研究者もたくさんいて諸説ありますが、私は「日本が日本らしくなった時代」ではないかと思っております。日本は大陸の影響を強く受けてきた、いってみれば中国の文明圏の中で育ってきた。その文明圏の中で中国とは違う日本らしさを意識的につくり出してくるのが平安時代だった、という気がするのです。でも、まだそのときはお隣りの韓国とは区別がつかないような文化の在り方をしていた。韓国と日本がそれぞれ別の独自文化を主張するようになるのが室町時代だったのではないか、ということなんです。たとえば韓国には日本の家屋にないオンドル[※15]がある。日本は夏向きの建物が中心だったのでオンドルは入ってこなかった。そのかわり、日本には和風建築の基本となる書院造りができますね。十四世紀から十五世紀くらいの頃、日本は中国とも韓国とも違った「日本らしさ」を獲得していったのではないか、という気がしています。

近藤　それが日本文化の基本として続いているということですね。

熊倉　そうですね。特に「不足の美」というか「負け惜しみの美」というか『徒然草』[※16]はまさにそれだという気がします。

近藤　「不足の美」ですか。茶の湯の「型」はどのあたりで固まったのでしょう。それとも間断なく動き、発展しているのか、どう捉えたらよいのでしょう。

熊倉　どんどん変わっていると思います。だいたい利休さんの時代は正座をしておりません。「正座」という言葉自体、明治になってできたものです。つまり階級によって「正しい座り方」が違うわけです。武士・大名は胡坐をかくのが「正座」でした。表千家に長谷川等伯[※17]が描く利休居士像がございますが、あの利休像は正座ではなく胡坐をかいています。座り方が変わってきているわけですね。茶の湯の点前がいつ固まってきたのかというと、流派によって違いますが、今から二百五十年くらい前だと思っています。あまり固定したものではないのです。

近藤　これからもどんどん変わっていく可能性がある。家元、あるいはその時代の雰囲気に敏感な方が、「この方が現代に合う」と判断されれば変わっていくということですね。立礼[※18]というのも比較的新しいものでしょうか。

熊倉　一八七二（明治五）年にできました。京都で博覧会がありまして、外国人も来るというので当時の京都府知事が裏千家の玄々斎に頼んだのです。とりあえず台子の上に風炉をのせまして、椅子で点てたというのが始まりです。

近藤　それが発展したのですね。今この立礼なしにはお茶会の普及は考えられません。

熊倉　たった百五十年の歴史しかなく、実は茶の湯は近代に変わってきました。

近藤　しかし、真髄というか精神など、変わらないものは当然ある。どういったところに絶対に変わってはいけない本質があるのでしょうか。

熊倉　そこが一番難しいところです。言えないことだと思うんですね。

近藤　言えないこと。言葉にはならない。

熊倉　はい。「清流間断無し」という言葉が禅語にあります。清らかな流れは絶えず状況に従って形を変えながら流れている。流れていないと清らかさは保てないし、形が変わっても流れそのものの根本は変わらない、ということだと思うのです。

調和、融合をめざして完璧を求めない

近藤　先生は「清らか」という言葉をよくおっしゃいますが、日本人の美意識は「清らかさ」にあるとお思いですか。

熊倉　また余計なことを申しますが、日本人の美意識は「美」に対して「こういうもの」と規定するのではなくて、生き方みたいなものをくっつけてくる気がするのです。日本人の癖、習い性みたいなものでしょうか。

近藤　生き方。いわば茶道の「道」ですね。日本人にとっては「美」といっても反対概念として「醜」があり、「陰」と「陽」もある。二つの対峙するものの片方を取るのではなくて、併せ呑むというか、あるいは対にすることで、どちらにもない別の価値を求める、そのようなことがあるのでしょうか。

熊倉　あると思いますね。室町時代に村田珠光(むらたじゅこう)[※19]という茶人が侘び茶宣言ともいわれる『心の文』[※20]で明言しています。この文は、茶を初めて「道」といったことで注目できるのですが、もう一つ大事なことは「和漢のさかいをまぎらかす」と言っているのです。当時の日本人にとって一番上等なものは外国製品、つまり唐物だった。唐物に対して日本のものは遥かにレベルが低い。しかしその和物と最高精緻な唐物を上手に取り合わせ、「和漢のさかいをまぎらかす」ことが大事だというのですね。つまり和と漢の調和が求められてくると。そういう解釈の中に日本文化の深みがあるのではないでしょうか。

近藤　取り合わせて融和させる、それが日本の美であり、生き方を求めていく「道」の中心的な

概念、手法というわけでしょうか。

熊倉　そう思いますね。単に対立するものをうまく取り合わせるだけではなく、対立するものとうまく融合させてしまうのも、日本人の癖ではないかと思います。

近藤　一見、矛盾するものを融合させてしまう。

熊倉　そうなんです。融合できない場合はどうするかというと、対立の中間にあるものを尊重していく。日本の茶の湯の中では「高麗物（こうらいもの）」※21という朝鮮半島の焼き物を最高級に扱います。朝鮮には茶碗がないため、日本の茶人が飯椀や祭器として制作されたものを見立てて茶碗として取り込み、高く評価してきたのです。当時のトップは中国の完璧な焼き物、日本の焼き物は時代に追いついていない、その中間点に高麗があるのです。高麗は中国のものほど完璧ではないけれど、手に取ったときに温かみがあり、懐かしさ、親しさ、柔らかさがある。日本の茶碗にはない豊かな造形と色彩がある。この中間点に目を付けたんですね。そうすることで今日の日本独自の焼き物を育んできたのではないでしょうか。

近藤　日本人は完璧なもの、非の打ちどころがないものを毛嫌いして、少し疵（きず）があったり、歪んでいたり、そんなところに価値を見出す気がします。何かちょっとやり残した方がいい。完璧をむしろ避けるところがありますね。

熊倉　日本にも完璧主義者はいますけれど、西洋の完璧、中国の完璧に比べると、どこか崩れていますね。

近藤　それはできないから崩れるのか、できることを良しとしないのか、先ほどの「負け惜しみ」なのか。

井戸茶碗　銘　金森
重要美術品
朝鮮王朝時代（16 世紀）
高 7.4㎝、口径 15.0㎝、高台径 5.2㎝
金森宗和、蜂須賀家伝来
撮影者：畠山　崇

耀変天目
重要文化財
中国・南宋時代（12 ～ 13 世紀）
建窯
高 6.5 ～ 6.6㎝、口径 11.8 ～ 12.1㎝、
高台径 3.9㎝
撮影者：山崎兼慈

織部黒茶碗　銘　大黒頭巾
桃山時代（17 世紀）
高 8.9㎝、口径 11.0 ～ 13.0㎝　高台径 5.2㎝
撮影者：水野敬久

熊倉　日本の旧都は中国の旧都がモデルです。ですから平城京も平安京も南北に中心軸をつくり左右にシンメトリーの都市計画をするのですが、できてみると全部崩れてしまう。やはりこれは日本人の癖ではないでしょうか。

近藤　その不完全を良しとする日本文化の特徴の中で、何となくいいと思うけれども、どう説明していいかわからないものに「余白を残す」というのがありますね。書き忘れでも、やり残しでもない、余白の美、未完の美というのでしょうか。

熊倉　意図的に余白を残すのは、そもそも人間は完璧であるはずがない、人間のすることに完全はないと、日本人が早くから気がついているからではないでしょうか。

近藤　それと日本人は完璧なものを求めること自体が傲慢というか、人間として分を弁えていない、不遜だという思いがどこかにあるのではないかという気がします。

熊倉　それがポイントの一つだと思いますね。完璧であることはもちろん大事だし、完璧を目指すけれども、完璧でないことも許される。完璧でないことの美しさがあるというのは、日本文化の未来へ向けてのメッセージになると思います。

演出家、芸能家、思想家でもあった茶人

近藤　素人のわれわれには正式のお茶会は敷居が高い。難しい作法やルールがあり、がんじがらめな気がして、気後れします。しかし、実際に利休は、黄金の茶室をつくっておきながら、一方で侘び茶にぴったりの東屋のような茶室もつくって、遊びの心を持てというわけですね。そこに

もやはり、完璧と未完、美と醜、贅と貧、そういったものを併せ呑むという真実がある、生き方がある、ということでしょうか。

熊倉　利休の時代というのは、世阿弥の時代とちょっと違う気がするんですね。世阿弥は天才中の天才、前にも後にも世阿弥のように美とは何かを追求し、自らの思想を語り尽くした芸能家はいない。一方、利休は何ひとつ書き残していません。ですから利休が何を考えていたのか実際のところはわからない。でも「物」を残していますので、「物」から学ぶことができます。利休の生きたのは桃山という異常な時代でした。混乱の時代には権力者が民衆の前に姿を現さざるを得ないので、自らを飾るディスプレイが必要です。豊臣秀吉は何を以て自らを飾ろうとしたか。政治が劇場化する時代に、利休というすごい演出家がいて、彼が秀吉の政治を演出したのです。それが黄金の茶室[※22]であり、北野大茶湯であり、禁裏茶会[※23]だったのですね。徳川の時代になるとそれらは全部消えてしまう。ですから利休や秀吉の時代というのは、対立するものを楽しむところと、一気に常識を壊して新しいものを提供してみせるところがあったという気がします。

近藤　秀吉は利休を気に入って演出家として重用したのに、最後は切腹を命じましたね。諸説あると思うのですが、真相はどうなのでしょう。

熊倉　分かりませんね。分からないから推測できて楽しいところです。利休と秀吉の関係というのは常識的な理解といわれるかもしれませんが、パトロンとアーティストの関係だと思うのです。パトロネージュ[※24]というのは西洋の美術史のテーマでもあるわけですが、常に芸術家にはパトロンがいないと自らを表現できない。芸術家はいつもパトロンとある意味で競合し、競争しながら、憎しみ合いながら、あるいは愛し合いながら、破たんする。その破たんがやはり美術史のテーマの一つです。利休と秀吉もそうですし、世阿弥と足利義満もそうです。最終的には中央集権的な権力を形成しようとする秀吉には、下剋上[※25]の精神を貫こうとしていた利休が許せなかったということでしょうか。

近藤　利休の思想は下剋上に通じるということですか。なるほど。日本には能、狂言、文楽、日本舞踊、邦楽といろいろな伝統芸能がありますね。ですがお茶を飲む、という単なる日常的な行為に文化芸術性を込めた、それも民族最大の精神性を宿らせた、というのは一体どうしてなのでしょう。

熊倉　芸術と芸能の二つの面があると思うのです。作品として美しいものをつくっていくことが芸術だと思います。「生活の芸術化」「芸術の生活化」という二つの方向が日本の生活文化をつくってきたというのが、美術史家の山根有三[※26]先生の理論でした。これは私も大変影響を受けました。つまり普通の生活を美しく、より良くしていきたいという意欲、それが結果として生活を芸術化していく。だからそこにお花が入ってきたりお香が入ってきたり、立ち居振る舞いが入ってくる。芸術の方も生活の中に入らないと芸術として立脚できない。つまり絵画なら絵というものが絵として鑑賞されるのではなくて、生活の中でタイミングや時期や位置づけ、いわゆる時処位（じしょい）[※27]に合わせることで生きてくる。芸術を生活化することが日本の文化だという見方をしているのです。

近藤　なるほど。利休はただ湯を沸かしてお茶を飲むという日常行為に芸術性を徹底的に求めた。西洋は現実性のない大きなモニュメントをつくったり、壁画を描いたり、生活とは切り離されたところに芸術を込めた。そこが違いになるのですか。

熊倉　それがもう一つあるんですよ。生活に美的なものを入れて芸術化することでは終わらない。

実は芸術化することによって日常生活を非日常にしてしまうのです。それが「芸能」です。芸能というのは変身願望なんですよ。

近藤　今の自分ではない自分になろうということですね。コスプレですか。

熊倉　そう、まさに姿を変えることで日常性を脱する。日常性を脱するためには小さな入り口を潜らなければいけないし、手水を使わなくてはいけない、型にはまった点前をしなければいけない。そして日常に戻ってきたとき、ひとつそこで昇華される、と。

近藤　お茶会が終わって茶室から出てきて日常生活に戻る。戻ったときの自分は、門を潜って入ったときの自分とは違っているということですか。

熊倉　と思うのです。なぜ変わるかといいますと、あれは「お籠り」ではないかと、私は勝手に思っています。日本には「居籠祭（いごもりまつり）」※28というのがあります。エネルギーがだんだん衰えて気が涸れる時期に、小さな部屋の中に籠ってじっとして、もういちど気を注入するのです。

近藤　それが「お籠り」。瞑想でも冬眠でもなく。

熊倉　参籠（さんろう）※29ですね。そういうふうに籠ってまた気力が充実してくるのを待って、新しい季節を迎えるという信仰がありますね。

近藤　坐禅ともまた違うのですか。

熊倉　違います。これはお祭りです。お祭りでない場合には、たとえば昔の人は清水の舞台に三日間参籠する。するとそこで気力が復活して、祈りが神仏に通じ、霊験があるというんですね。ですから、茶室の中に四時間ですが、一切外部との連絡を遮断してじっとその中にいることで、もう一度エネルギーが復活してくるんじゃないか、と思うわけです。

日本文化の本質は間

近藤　小さなお籠り部屋でお茶をいただきながら、亭主と気の利いた会話をしているうちに気が蘇ってきて、お茶室から出たときには元気になっている。いいですよね。その域に達するには、やはり何か稽古を積まなければなりませんか。

熊倉　そのとおりで、まず稽古ですね。なかなか大変だと思います。でも、そう願って実践した人がいて、それが井伊直弼[※30]だと思っています。まさに「我とは何か」を突き詰めるわけです。一期一会[※31]というのはそのことだと思うのですよ。その経験が実は茶の湯というものの、もう一つの精神的な部分ではないかという気がします。

近藤　すると井伊直弼は茶の湯の世界においては日本人の心の在り方を体現した優れた茶人だということですか。歌舞伎でも一般的には悪役で、茶人としての井伊直弼は出てきません。

熊倉　これも余計なことですが、井伊直弼はずっと悪人で、評価され始めたのはこの百年です。一九一五（大正四）年に直弼の著『茶湯一会集（ちゃのゆいちえしゅう）』という本が出版されて、初めて直弼が茶人だと分かり、「一期一会」という言葉が世に知られるようになりました。

近藤　もう一つ、日本文化の分かったようで分からない概念が「間」です。茶の湯ではどのように「間」を理解すると良いのでしょう。

熊倉　「間」の文化は日本文化の本質だと私は思います。「間」を見事に説明したのは『「いき」の構造』の著者、九鬼周造[※32]です。「いき」とは「間」の美学なんですね。人間と人間の関係が日本人の行動基準ではないかと「間人主義（かんじんしゅぎ）」という言葉をつくった人もいます。「時処位」は礼儀作法の基本ですが、時間的な間、空間的な間、人間の関係の間のことです。

近藤　お茶室でお茶をいただいているときはどこに「間」を見出したら良いでしょうか。

熊倉　「お茶を楽しむ」というのは言葉ではないのです。言葉にならないコミュニケーションがお茶だと思うのです。たとえば床飾りについて、分からなかったら亭主に聞く。聞かれることが亭主を喜ばせる。そういう亭主の気持ちをどこまで読み取れるか、亭主の方もどこまで読み取ってもらえたか、というのがコミュニケーションですね。

近藤　するとやはり、門を入るときから亭主の心配りを感じ取らなければならない。

熊倉　全部説明してしまうと「間」がなくなってしまう。そういうふうに「間」がだんだん狭まってくると、「間に合わない」ということになる。

近藤　「間抜け」は「間」がない、「間」を生かせない、ということですね。

熊倉　これは基本的に突き詰めていくと日本語の問題ではないでしょうか。日本語というのは、いつも相手と自分との関係の中で結論が求められていくところがあって、始めから否定か肯定かと語り出さなくても、結論はどうとでもなるという言語なんですね。日本語には「落としどころ」というのがどこかにあって、話しながら考えるところがある。

近藤　あいまいに始まって、否定しようか肯定しようか、相手の表情を見ながら、どうするかを最後に決める、といったところはありますね。

熊倉　やはり日本語というものが私的な言葉なのだと思います。客観的なものを表現するのが難しい言語ですね。その柔らかさに特徴があって、実はそこが人間らしいと思うのです。

近藤　そうかもしれませんね。

熊倉　そこに日本文化の弱さもある。日本文化はそういう部分を切り捨てて、ユニバーサルな基準というものを獲得しないといけない方向へ、今は進んでいますね。

近藤　はい。それが日本のアイデンティティを捨てることにならなければいいのですが。

熊倉　そこを若い人たちにどう伝えていくかですね。日本語を喋っている限り、われわれの思考回路の中にそういうものがあり、それが日本の文化なのだと認識したうえで、どういうようにグローバリゼーションの中でその広さ、深さ、弱さともいえるたおやかさを残していけるか、そこが課題だという気がするんですね。

近藤　たとえば、先ほどの「清らか」とか、私の好きな「ゆかしい」など、そういう言葉は多分英語にならない。そうすると使わなくなる。使わなくなるとそういう概念自体もなくなってしまうのではないかと危惧します。でも、お茶をやっていれば大丈夫ですね。

熊倉　大丈夫かどうかは分かりませんが、全員が同調してくれるとは私はもう考えていませんね。一〇〇人のうち一人でも関心を持って、守るべきものを守っていけばいいと思っています。

近藤　普遍的な美を求めるというおおげさなことではなく、たとえば自分好みの茶碗をひとつ大事にする行為が、芸術の日常性を強め、日本文化の真髄を守ることにつながっていく、ということでしょうか。今日は名ガイドに誘(いざな)われて、入りにくい入り口を潜ってみたら、おおらかな世界が広がっていました。明日から気分新たにお茶を飲み、思いを巡らせていこうと思います。

熊倉　われわれが普段飲んでいるのが「煎茶」です。煎茶道もなかなか興味深い歴史があります。ぜひ、お煎茶もお楽しみいただけたらと思います。

（二〇一九〈令和元〉年九月三十日収録）

1 滋賀県甲賀市信楽町に一九九七（平成九）年十一月開館。周囲の自然の景観を保つため、建築部分の八割以上を地下に埋設して建てられている。ギリシア、ローマ、エジプト、中近東、ガンダーラ、中国、日本など幅広い地域と時代にわたる優品二〇〇〇点以上のコレクションを誇る日本有数の私立美術館。

2 ルーブル美術館のガラスピラミッドの設計者として知られる。MIHO MUSEUMの設計者。「桃源郷」をコンセプトに、玄関口のレセプション棟から美術館棟までの間に、枝垂れ桜の並木道、自然光を映して輝くトンネル、深い谷を渡る吊り橋が設けられている。

3 静岡県島田市にあるお茶の博物館。茶摘み体験・手もみ体験・抹茶挽き体験・茶道体験やお茶の産業、歴史、文化の展示のほか、小堀遠州の設計を復元した日本庭園や建物の見学ができる。

4 安土桃山時代から江戸時代にかけて徳川家康に仕えた大名（近江小室藩主）、茶人、建築家、作庭家、書家。茶道遠州流の祖。近江の国に生まれる。幼少の頃より父から英才教育を受け、千利休、古田織部と続いた茶道の本流を受け継ぎ、徳川将軍家の茶道指南役となる。生涯に四〇〇回余りの茶会を開き、招かれた人々はあらゆる階層に及ぶ。書画、和歌にも優れ、王朝文化の理念と茶道を結びつけ、「綺麗さび」という幽玄・有心の茶道をつくりあげた。また、遠州は、後水尾天皇をはじめとする寛永文化サロンの中心人物となり、作事奉行として仙洞御所、二条城、名古屋城などの建築・造園にも才能を発揮した。

5 江戸初期の真言宗の僧侶。文化人。大坂・堺の出身。豊臣秀次の子息との俗説もある。書、絵画、茶道に堪能。

6 一五二二〜九一　戦国時代から安土桃山時代にかけての商人、茶人。大坂・堺の出身。侘び茶の完成者として知られ、茶聖とも称せられる。天下人・豊臣秀吉の側近という一面もあり、多くの大名にも影響力をもった。しかし秀吉との関係に不和が生じ、最後は切腹へと追い込まれた。

7 茶の席に招かれた客人が露地から茶室へ入る入り口。この入り口をくぐると、客人は全く違った空間に身を置く気分になる。利休が目指した別世界に入るため随所に仕掛けられた仕掛けの一つ。

8 人里離れた奥深い山と、その山奥の森閑（しんかん）とした谷のことで、人のいない静かな大自然を指す。古代、中国で仙人が修行したといわれるような仙境。

9 日本庭園の添景物の一つで露地に設置される。茶室に入る前に、手を清めるために置かれた背の低い手水鉢に役石をおいて趣を加えたもの。手水で手を洗うとき「つくばう」ことからその名がある。茶道の習わしで、客人が這い蹲るように身を低くして、手を清めたのが始まり。

10 躙口は、「潜り（くぐ）」ともいう。客のために設けられた茶室の片引戸の小さな出入り口。利休が、大坂枚方（ひらかた）の舟付き場で旅人が小さな舟の乗り口から出入りするのをみて考案したという説がある。

11　正式の茶の湯では、初座という前半で炭を直し、懐石を食べる。このあと休憩（中立ち）があり、そのあと後座という後半部で濃茶を飲む。初座は陰で茶室中も暗く、床には墨跡などを掛ける。後座は陽に変わって、内部も明るくなり、掛物を取り去って、花を入れるのが一般的である。

12　お茶のお点前で、通常は、濃茶から後炭、薄茶という流れがあるが、後炭を省略して濃茶の後半から薄茶にきりかえることをいう。

13　人は死後、その霊魂は山に赴き、とどまると信じられていた古代社会に芽生えた観念で、霊山信仰の基盤となった。

14　一三六三〜一四四三　室町時代初期の大和申楽結崎座の申楽師。父の観阿弥と共に申楽（猿楽）を大成し、多くの書を残す。観阿弥、世阿弥の能は観世流として現代に受け継がれている。父の死後、観世大夫を継ぐ。

15　温突は朝鮮半島で普及している床下暖房である。クドゥルともいう。朝鮮式の漢語では「突火煖寝」もしくは「堗厝火」とも表記する。

16　吉田兼好（兼好法師、兼好、卜部兼好）が書いたとされる随筆。清少納言『枕草子』、鴨長明『方丈記』とならび日本三大随筆の一つと評価されている。一三三〇〜三一年にまとめられたという説と、一三四九年頃にまとめられたという説がある。

17　一五三九〜一六一〇　安土桃山時代から江戸時代初期にかけての絵師。桃山時代を代表する画人である。能登国・七尾の生まれ。二十代の頃から七尾で日蓮宗関係の仏画や肖像画を描いていたが、一五七一（元亀二）年頃に上洛して狩野派など諸派の画風を学び、牧谿、雪舟らの水墨画に影響を受けた。千利休や豊臣秀吉らに重用され、当時画壇のトップにいた狩野派を脅かすほどの絵師となり、等伯を始祖とする長谷川派も狩野派と対抗する存在となった。

18　茶の湯で、点茶盤と称するテーブルに風炉釜・水指を置き、椅子に腰掛けて行う点前。明治初め、裏千家の玄々斎が外国人客のために創案した。

19　一四二三〜一五〇二　室町時代中期の茶人、僧。「侘び茶」の創始者とされる人物。

20　珠光が茶の湯の弟子に宛てて書いたとされる『古市播磨法師宛一紙』（「心の文」）は、茶の湯の根本的な思想が記されていることで有名である。

21　高麗茶碗は、十六世紀半ば頃から、日本の茶道で用いられた茶碗の分類の一つであり、朝鮮半島で焼かれた日常雑器を日本の茶人が賞玩し茶器に見立てたものである。高麗茶碗の「高麗」とは「朝鮮渡来」の意であり、「高麗茶碗」と称されるもののほとんどは高麗時代ではなく、朝鮮王朝時代の製品。

22　豊臣秀吉がつくらせた平三畳の全面に黄金が施された茶室である。容易に運搬可能な組み立て式の茶室。秀吉が関白に就任した翌年の一五八六（天正十四）年、年頭の参内で御所に運び込まれ、披露された。北野大茶湯などでも披露された。

23　一五八五（天正十三）年、京都御所において、豊臣秀吉が正親町天皇に茶を献じた茶会。千利休も茶堂として出仕し、親王や公家衆に茶を献じた。

24　美術史や音楽史においてのパトロネージュは、王や教皇、資産家が、音楽家、画家や彫刻家等に与えた支援を指す。また、教会聖職禄授与権、得意客が店に与えるひいきや愛顧、さらに守護聖人を指すこともある。

25　下位の者が上位の者を政治的・軍事的に打倒して身分秩序（上下関係）を侵し、権力を奪取する行為。

26　一九一九～二〇〇一　美術史学者。東京大学名誉教授、群馬県立女子大学名誉教授。近世初期の長谷川等伯、俵屋宗達、尾形光琳など琳派の研究が専門。

27　時（時間）と処（場所）と位（立場）に応じた基準のこと。中江藤樹ら江戸儒学の陽明学派において語られ、礼儀作法などに用いる。

28　神を祭る際にあらかじめ一定の期間と場所で穢を忌み、外部との接触を絶って心身を慎しむのを「忌（斎）籠」または一般に「おこもり」という。

29　寺社の中にこもって祈り、修行すること。

30　一八一五～六〇　江戸幕末期に大老を務め、開国派として日本の近代化を敢行。国内の反対勢力を粛清したが、その反動を受けて暗殺された（桜田門外の変）。強権をふるったとして毀誉褒貶あるが、茶道をたしなむ教養人でもあった。

31　井伊直弼の著書『茶湯一会集』の巻頭に出てくる井伊直弼の造語として知られている。もともと千利休の弟子山上宗二の著書にあった「一期二一度」から直弼が工夫して造った言葉で、これを直弼は自分の茶道の心得とした。

32　一八八八～一九四一　哲学者。東京大学卒業後、足掛け八年に及ぶヨーロッパ留学中にドイツでハイデッガーらと交流を結ぶ。海外に長期滞在していたため逆に日本の美と文化に惹かれたことを自覚し、パリで後の『「いき」の構造』の草稿を完成、帰国後、その草稿を手直しし発表した。これは、現象学という西洋の哲学の手法で日本文化を分析し、日本固有の精神構造や美意識を考察した論文で、発表当初は驚きをもって迎えられた。

西欧芸術と日本人
—ロンドンの舞台から見た日本人論

吉田　都（新国立劇場舞踊芸術監督・バレリーナ）

© 角田敦史

よしだ・みやこ
東京都生まれ。1983年ローザンヌ国際バレエコンクールでローザンヌ賞受賞後、ロイヤルバレエ学校に留学。1984年サドラーズウェルズロイヤルバレエ団に入団。4年後にプリンシパルに昇格。1995年英国ロイヤルバレエ団に移籍。22年にわたり最高位であるプリンシパルとして世界の頂点を極め「ロイヤルの至宝」と称された。紫綬褒章、大英帝国勲章（OBE）など受賞歴多数。2020年より新国立劇場舞踊芸術監督に就任し、日本のバレエ界に力を注ぐ。

バレエに魅了され続けて

近藤　バレエを始められた頃のことからうかがいましょうか。

吉田　九歳で本格的にバレエを習い始めたのですが、その前にリトミック[※1]をやっていました。まだ体が十分にできていないうちから始めないで、少しずつ準備をしてバレエに入っていけたのは良かったと思っています。ロイヤルバレエ学校[※2]のジュニアスクールでも九歳以下だとリトミックみたいなことから始めます。

近藤　リトミックというのは音楽体操のようなものですか。

吉田　そうです。リズムに合わせて踊ったりスキップしたり。体を動かすことは好きだったので毎週のリトミックはとても楽しかったのですが、やはりトウシューズ[※3]が履きたかった。トウシューズでキラキラの衣装を着て踊りたかった。

近藤　憧れのトウシューズ、たくさん履きつぶされましたね。どのくらい持つものですか。

吉田　そのときによりますね。一日でつぶれてしまうこともありますし、演目や気候によっても違います。ロイヤルバレエ団[※4]ではすべて支給されますが、時に応じて必要分を、上限は一か月三〇足らしいのですが、それぞれ自分専用のトウシューズが何十足も保管してあるお部屋に取りに行っていました。

近藤　トウシューズと共に憧れたキラキラの衣装についてはどうですか。

吉田　イギリスの衣装はとても美しいのですが重いのですよ。踊ることを考えてくれていないのでは、というくらい。その重さを考慮して体幹を鍛えておかないと、リハーサルを繰り返してきたのに、衣装を着たら一からやり直しになってしまうんです。

近藤　そのキラキラの衣装を着て、トウシューズを履いて踊り始めたバレエ、そのときの都さんをとらえたバレエの魅力は一言でいうと何だったのでしょう。

吉田　セリフなしであれだけストーリーを伝えられるなんてすごいと思ったんですね。子どもながら、独特の振りや仕草、ステップで何かを一生懸命伝えようとしている、そして伝わってくる、そのことにとても憧れました。小学生の時に『白鳥の湖』[※5]を観て、感動のあまり泣き出してしまったことを覚えています。

近藤　なるほど。たとえば日本舞踊でも厳しいルールがあって、その型の中でいかに自分を出すかが勝負だと聞いたことがありますが、都さんにとっては、その枠がまさにクラシックバレエだったのですね。

吉田　私はクラシックバレエの持つ、厳しい決まりがあるからこその表現が好きなんですね。ダンサーはクラシックバレエもコンテンポラリーも両方踊れることが求められますが、私はやはりクラシックバレエという枠の中で何ができるのか、チャレンジするのが好きでした。

近藤　コンテンポラリーをやるにも、クラシックバレエの基礎がないとだめだということですか？

吉田　バレエの基礎がなくても踊れます。表現のボキャブラリーのようなものでしょうか。ただバレエの基本が入っているダンサーはすぐに分かります。

英国のスタイル　日本の流儀

近藤　ロイヤルバレエ団のイングリッシュスタイルというのは、どういうものなのですか。

吉田　演劇的な表現の部分を重視するのがイギリスのバレエです。あと踊り方はたとえばロシアバレエと比べると、少し地味で抑制のきいた踊り方がロイヤルのスタイルになっています。

近藤　気品もある。

吉田　そうですね。そこが大好きですし、私が感じたのは表現の部分です。踊りで何を伝えたいのか。イギリスに渡って一番戸惑い、苦労したところでもあります。本当に難しかったです。

近藤　その実際の表現の仕方というのは、コーチのような方がおられてマンツーマンに近い形でしっかりと教えてくれるわけですか。

吉田　そうです。たとえば主役をいただくと、本当に細かく、踊りのステップ、立ち居振る舞い、マイム[※6]を教えていただくんです。自分の中では精いっぱい感情を表現しているつもりなのに、それが外に出ていないとずっと指摘されてきました。

近藤　それは日本人とヨーロッパ人との違いに起因するのでしょうか。

吉田　ジェスチャーやボディランゲージなど向こうの人たちは日常生活でも日本人とは違うので、自然にそのままマイムで表現できます。日本人の私は普段とは違うおおげさなジェスチャーを入れると落ち着かない気持ちになります。どうやればストンと納得できるのか、それには時間がかかりました。

近藤　レッスンを続けられて本番を何度もされて、その表現についてはある程度自由にできるようになりましたか。

吉田　スタジオの中では英語で一つずつ声に出しながらマイムをするとか、みんなと話して自然と学んだことは舞台に影響しましたし、助かりました。日本語でとなると難しいです。日本語で考えながら振りをすると、体が動かなくなる気がします。

近藤　なるほどね。踊られるときは原作のストーリーを勉強されるのですか。主人公の心の動きとか成長ぶりとか、英語の脚本で勉強されるのでしょうか。

吉田　英語のときもありますが、私は日本語が多いです。恋人役のとき、相手が日本人だと少し戸惑うことがありました。向こうの人はリハーサルでも本当にオープンなので、それに助けられて意識せずにできるんだな、と気づきました。

近藤　そういう気恥ずかしさ、ぎこちなさみたいなものが日本人にはあるとして、パートナーを組む男性役との相性はありますか。

吉田　私は身長がイギリスでは一番低い方だったので、どのパートナーとも踊れました。ですから怪我人が出るとピンチヒッターもできましたし、いろいろなパートナーと踊らせていただきました。波長が合う、リズムが合う方というのはありますが、皆さんプロフェッショナルなので、合わなくて苦労したという記憶はありません。

近藤　逆にいうと日本の男性はやはり不利ですか。

吉田　最近は日本のダンサー、女性もそうですけれど、プロポーションやスタイルも良くて。特に男性の体格が良いのには驚きました。

近藤　では日本のバレエ界、男性も女性も将来は明るいですか。

吉田　そうですね。大変レベルが高いです。

舞台の上で自由に生きる

近藤　一番お好きな役は何でしょう。優れた技術と日本人としての繊細さといった特徴を生かして、踊りやすい役は何でしょうか。

吉田　そうですね、オーロラ姫[※7]は、新国立劇場[※8]がオープンしたときに呼んでいただきましたし、違う演出、振り付けのオーロラ姫を何回も踊らせていただきましたので思い入れがあります。ただ腰を痛めて、最初にギブアップしたのも全幕物の『眠れる森の美女』[※9]だったと思います。

近藤　『ロミオとジュリエット』[※10]はいかがですか。

吉田　『ロミオとジュリエット』のジュリエットは、オーロラ姫とは体の使い方が全く違うんですよ。オーロラ姫は自分の軸をしっかり持ってバランスを保ち続けますが、ジュリエットは相手に任せるオフバランス[※11]が入っていて、歩くときも重心を低くなど、オーロラ姫とはかなり違う踊り方の作品なんです。でも、一度それを習得し、それに慣れると、ジュリエットは舞台の上で自由に生きられるのです。

近藤　都さんがジュリエットを踊られるのを初めて拝見したとき、「これが有名な都さんだ。こんな素敵なジュリエットなんだ」と、ほろっとしました。もう何年も前ですが。

吉田　あら、ありがとうございます。ロイヤルバレエ団ですね。

近藤　そう、そのジュリエット。慣れると踊りやすいとおっしゃいましたが、重心の低いジュリエットは日本舞踊にも通じるところがあるかなと思いました。十四歳のジュリエットが恋する乙女になって成熟していく、そこの踊りわけも必要ですよね。

吉田　最初に幼さが表現できればできるほど、悲劇性が生まれますね。でも、ジュリエットの幼さみたいなものを恥ずかしくなく演じられるようになったのは、かなり年を重ねてから。自分が若いときは、若さがどういうものか分からないものです。

近藤　本当にそうですね。もっとも都さんはまだまだお若いですけれども。逆に成熟したときのジュリエットの踊り方は、若いときと違ってきますか。

吉田　年を重ねるとジュリエットの成長していく過程も分かって、より演じやすくなりますし、もっと楽しめました。

近藤　『白鳥の湖』はいかがですか。

吉田　『白鳥の湖』は入団当時から一番多く踊っている作品です。群舞の一番下のところから。ただ立っているだけの役や四羽の白鳥など全部やりました。

近藤　全部の役をなさったうえで認められて、プリンシパル[※12]になられたのですね。純真で可憐なオデットと魔性のオディール、どうやって踊りわけるのでしょうか。

吉田　その踊りわけが楽しいんです。楽しいと思えるまでどれだけ時間がかかったか分かりませんけれども。黒鳥のオディールには有名な三二回転[※13]がありますが、私はわりと得意だったので、すんなりと演じやすかったんです。でもオデットは本当に難しかったですね。

近藤　心の動きや変化を表現するのが難しいということですか。

吉田　そうですね。踊れば踊るほど分からなくなっていく、深い作品です。当時ディレクターだったサー・ピーター・ライトにも、デビューのときは褒めていただいたんですけれども、それ以降はずっと表現について指摘され、苦労しました。何を学んだかというと、オデットの間の取り方。私は音のとおりにステップに入りたいけれど、そこを自分が思う以上に時間をかけないといけない、もう少し引っ張るとか、そういうところですね。

近藤　日本舞踊の「間」と似ていますか。

吉田　「間」というか「ため」でしょうか。今、若手のダンサーがポンポンポンと踊ってしまうのを客席で観ていると、セリフが早口で話されているような感じに落ち入ります。もう少し時間をおいて、十分ためてなど、それが表現の幅になっていくのかなと思いますね。

近藤　なるほど。時間の取り方、「ため」のため方というか、それは毎回違うのですか。自分のスタイルというのは、いつの間にかできてくるのか、どうなのでしょう。

吉田　クラシックバレエですとステップも音楽も決まっていますよね。その中でどういうふうにフレーズをつくっていくかが大切なんです。自分で踊るオデットは何回踊っても似た感じになりますが、その時々によって音楽のテンポが違ったりお客様の反応が違ったり、舞台は生ものなので本当に変わりますね。

近藤　若いうちにオディール[※14]を踊ると小悪魔的にはならないですか。

吉田　バレエはアスリート的に体を動かして表現するものですから、そういう若さのパワーやテクニックで感動させる部分はあると思いますね。また年を重ねると、醸し出されるものが変わってくるといいますか、そこがバレエの醍醐味といいますか、人間的に成長して、自分の中の引き出しが増えた方が表現も豊かになることで、お客様にまた違った楽しみ方をしていただけるのではないかと思います。

近藤　そうそう、『白鳥の湖』でぜひお聞きしたかったことがあります。もともとあれは悲劇だったのをハッピーエンドに変えたものですよね。都さんとしては、オデットとオディールを踊られて、エンディングはどちらがいいと思いますか。

吉田　そうですね。ロシアでは『白鳥の湖』はハッピーエンドが好まれ、採用されているようです。ただ、私の好きなピーター・ライト版はオデットと王子は天国で結ばれるというエンディングです。ハッピーエンドでない方が心にいろいろと残るものがあるのかもしれないですね。

本番もお稽古も大好き

近藤　ある指揮者の方が、バレエのときは踊り手を見ながら振るのが務めだが、つい音楽に夢中になって踊り手を無視してしまい後で叱られる、とおっしゃっていました。そういうご経験はありましたか。

吉田　オーケストラをまとめつつ踊りに合わせてくださるバレエの指揮者は本当に難しいと思います。イギリスの指揮者の方と話していたときに、そういう指揮者を日本でも育てていかないといけないとおっしゃっていました。何人か素晴らしい指揮者の方とご一緒する機会があって、そういう方の指揮だとあるときは引っ張られ、あるときは押され、音楽に助けられるのです。もちろん、どの舞台も音楽ありきなんですけれども、指揮者の方によって自分の踊りがこんなに変わるんだとは思いました。

新国立劇場バレエ団『眠れる森の美女』 2021年公演
撮影/鹿摩隆司

近藤 ダンサーから見てうまい指揮者とは？

吉田 そうですね、音楽的センスに優れ、安心して気持ちよく踊らせてくださる方でしょうか。リハーサルのときにピアノを弾いてくださって指揮もしてくださる方だと安心して任せられる感じでしたけれども。本番でテンポが合わずにボロボロになってしまうときもあるんですよ。

近藤 なるほど、そういう厳しい本番もあったんですね。都さんは新国立劇場での『ラストダンス』で舞台を降りられました。引退に踏み切ったきっかけはどのようなことだったのでしょうか。

吉田 いくつかあるのですけれど、自分が思うような踊りができなくなってきて、ちょっともどかしい部分があったところへ、新国立劇場での芸術監督のオファーをいただいたというのが大きいです。これから自分が何をすべきかを考えたときに、踊りをやめてそちらに集中しようと決めました。

近藤 都さんをずっとここまで引っ張ってきたものはなんでしょうか。バレエが好きというのはもちろん、それも含めて都さんを突き動かしてきたものとはなんでしょう。

吉田 引退公演はバレエ人生を振り返る良い機会でした。何もわからない十代でイギリスに渡ったわけですが、バレエがあったからこそ辛いことも乗り越えてこられたと思っています。子どもの頃からずっとお稽古は同じなんですよ。多少は難しくなったり、逆に子どもの頃はもっと体を強くしなくてはいけないので大変なことをやったり、プロになってからはウォームアップ的なものになったり、内容は変われども基本はバーレッスンから始まって、必ず毎日のお稽古は同じ。そういう気が遠くなるような積み重ねなんですね。自分で効果が全く分からないような日々をこつこつ積み重ねてきて、ここまで来られたのだという実感があります。私、お稽古が大好きなんですよ。朝、しんとしたスタジオに入ってピアノの音楽を聞きながら、静かに自分に集中するお稽古が本当に好きで、そこを飛ばしてはどこにも行けなかった。お稽古が私を支えてくれたというか、突き動かしてくれたのだと思っていますね。

近藤 『永遠のプリンシパル』※15の最初に「毎日の地道な努力と積み重ねの結果、舞台上で起こる奇跡のように美しい瞬間がある」とあります。

吉田 そう、生の舞台では思いもよらないような奇跡が生まれることがあるのです。総合芸術ですから、ダンサーのみならず、オーケストラも、その道のプロの方たちの毎日の努力が公演の日にパッと一緒になったときの素晴らしさは、ほかにない贅沢だと思いますね。

情熱と探究とあらたな挑戦

近藤　ロンドンから日本という国、日本のダンサーたち、あるいは日本の芸術家たちをご覧になって、日本人の強みはどういうところにあるとお感じになったでしょうか。

吉田　留学した当時はイギリス人になりたかった。皆さん立っているだけで美しく、バレリーナ然としている中にポツンと子どもみたいのが入ったようで、鏡を見るのが嫌でした。バレエ団に入ってからも、一人だけ背が低いのが出てきたなと思われるのではないかと引け目がありました。時間はかかりましたが、日本人ダンサーが入団するようになって、その舞台を見たときにすごく可愛らしく見えたんです。私もこんなふうに私の踊りの中に日本的なもの、ほかのダンサーと違うものを見ていただいていたんだなと、やっと少し分かりました。日本人の強みは真面目なところだと思うんですよね。そのうえで、さらにどう自分らしさを表現していくか。パーティーで中村紘子[※16]さんにお会いしたとき「バレエもピアノも一緒ね」と言ってくださったんですよ。「基礎が大事ということですか」と聞いたら「いいえ、そういうことじゃなくて、やっぱり心、表現が大切よね」。それがすごく印象に残っていますね。

近藤　最近の若い人は大丈夫でしょうか。時間をかけて積み上げていくことを敬遠する向きがある。日本舞踊界もそうでしょうし、伝統芸能全般を通じて。

吉田　私の時代と同じようなお稽古を今の子がするかといえば、しないと思いますね。今は科学的なトレーニング法を取り入れて、効率良く体をつくることができる。ただ基本は変わらないので、毎日のお稽古とリハーサルをコツコツとできる子だけが残っていくと思います。そのうえで、

自分らしさ、個性を出していく。振り付けは決まっていますから、そこで醸し出すものがなければ個性的なソロにはなりません。

近藤　枠の中で個性を出すところで、やはり日本人であるということを意識されましたか。

吉田　日本人だからこういう表現にしようと意識したことはありませんね。むしろ、どれだけ向こうの踊りや表現に近づけられるかという、そこでした。

新国立劇場バレエ団『ライモンダ』2004 年公演より
撮影：瀬戸秀美／提供：新国立劇場

近藤　慣れてこられて自分のスタイルを確立されてからはどうですか。日本人とヨーロッパ人の美意識の違いを感じられることはありましたか。

吉田　あったと思います。そこで私の表現の仕方が日本的に見えたのだと思います。細かい部分が気になり、どうすれば伝わるかと、絶えずそれを考えて踊っていました。

近藤　その細やかな気遣い、慎ましさや奥ゆかしさ、自己表現に務めている風情自体が、日本人らしさを醸し出したのでしょうね。最後に、これからの若いダンサーに心がけて欲しいことをアドバイスいただければと思います。

吉田　やはり基礎がすごく大切なので、日々のお稽古をおろそかにしないで欲しいと思います。お稽古をどのように積み重ねていくかで体も変わっていきます。変えていくのは自分なんですね。お稽古を大切にすると同時に、バレエは自分の内側にあるものすべてを使って感情表現するものなので、お稽古の時間以外も大切にして欲しいと思います。

近藤　アウトプットは大事だけれど、お稽古のときだけではなくて、それ以外のときのインプットが大事ということですね。

吉田　日々のすべて、自分の吸収したもの、経験したことすべてが舞台に出てしまうと思っているので、プライベートな時間はどうしても大切になってきます。表現者として想像力を養わないと、と思いますね。

近藤　振付師のいうとおりでは機械的なマニュアルだけになってしまう。個性が出ない。

吉田　そうなんですよ。さまざまな作品で多様なスタイルの振りをしなくてはならないときに、いろいろな引き出しがあった方が表現の幅が広がりますよね。舞台では「出す」作業なので、それだけに自分の中に「入れる」量が大切になってくると思うのです。

近藤　小説を読んだり映画を観たり、教養というか幅を身につけるというか。

吉田　遊びに行ったりとか何でもいいんです。どんな体験も舞台に生かされると思うので。

近藤　さて、その舞台ですが、新国立劇場で芸術監督に就任されました。抱負をお聞かせくださいますか。

吉田　代々の芸術監督の先生方のご尽力で、新国立劇場バレエ団には良いダンサーが揃っていますし、お客様も素晴らしい、バレエチケットの売り上げも上がっています。この流れを止めないで、もっともっと盛り上げて、イギリスのロイヤル・オペラハウスのような活気のある場にしていけたら、という思いです。また、若い人たちには私の学んだことをすべて伝えていくのが私の使命であり、これまで支えてくださった日本のバレエ界に恩返しをすることにつながると思っています。

近藤　バレエに限らず歴史的にも、日本人は外のものを取り入れて消化し、持ち前の真面目さと技術を駆使して一流になれるけれど、自ら新しいスタイルをつくりだすのは必ずしも得意ではないという気がします。でも、殊バレエに関しては、都さんならばイギリスともロシアとも違う日本のスタイルをつくりだしていってくださると思います。適任者ですね。

吉田　そんなことができたら本当に嬉しいですけれども。ロイヤルバレエ団の強みは、自分たちの作品をつくっていること、その作品は世界中で上演されていること、そういう振付家を育ててきたことが大きいと思いますね。サー・ピーター・ライトにも「そろそろジャパンスタイルの確立を目指しても良いのではないか」と言われました。芸術監督のお仕事を通して、そのジャパンスタイルを少しでも模索できればいいな、と思っています。

近藤　バレエへの愛と情熱を抱いて、誰より謙虚に努力を重ねてこられた都さんのさらなる挑戦ですね。実績があるからこそ言葉が輝いてくることを、今日は実感させていただきました。若い人にも響いていくことでしょう。あらたな舞台でもまたご活躍くださいますように。

（二〇一九〈令和元〉年十一月七日収録）

1　スイスの音楽教育家が開発した音楽情操教育の手法。子どもの基礎能力の発達を促す効果があるとされている。
2　ロンドンにあるイギリス王室の勅許を受けた由緒正しい名門バレエスクール。世界的に活躍するダンサーを輩出、日本人学生も多く在籍している。
3　クラシックバレエを踊るときに履く特別な靴。つま先の先端に平たい部分があり、ここを床と接触する着地面にすることで、足の先で立つことができる。
4　一九三一（昭和六）年設立のイギリスの王立バレエ団。フランスのパリ・オペラ座、ロシアのマリインスキー・バレエとともに世界三大バレエ団の一つ。吉田都は一九八八（昭和六十三）年から二〇一〇（平成二十二）年まで二十二年間プリンシパルを務めた。
5　チャイコフスキーによって作曲されたバレエ音楽、クラシックバレエ作品。『眠れる森の美女』『くるみ割り人形』と共にチャイコフスキーの三大バレエといわれる。白鳥のオデットと黒鳥のオディールの両方を一人のダンサーが踊ることが特徴で、全幕踊ることになる主役には、ひときわ優れた技術と表現力と体力が求められる。
6　バレエ用語で黙劇のこと。十九世紀後半の物語性のあるバレエの演目ではよく使われ、身振り手振りで筋の展開が語られる。約束事がいろいろあり、バレエのレッスンで身につけておくべき基本。
7　チャイコフスキー作曲のバレエ「眠れる森の美女」の主役
8　一九九七（平成九）年設立。オペラ劇場、中劇場、小劇場の三つの劇場が設けられ、オペラ、バレエ、現代舞踊、演劇を制作、上演している。バレエ部門では、新国立劇場バレエ団が専属団体。歴代の芸術監督に牧阿佐美、大原永子ら。

9　一八九〇（明治二十三）年に初演。チャイコフスキーによるバレエ音楽を用いたクラシックバレエのもっとも有名な作品の一つ。クラシックバレエを確立したマリウス・プティパにより振り付けが行われた、様式美あふれるバレエ。

10　シェイクスピアの戯曲『ロメオとジュリエット』に基づいて、プロコフィエフが作曲したバレエ作品。英ロイヤルバレエ団で上演されているケネス・マクミラン振り付けの『ロメオとジュリエット』は、ドラマティックな登場人物の心理描写で、決定版として高い評価を得ている。

11　モダンバレエやコンテンポラリーなどで使われる。クラシックバレエはオンバランスが基本だが、テクニックとして使われることがある。

12　そのバレエ団のトップダンサーのこと。もともとは英語圏のバレエ団において主役級のダンサーを指す言葉だったが、世界的に使われるようになっている。

13　『白鳥の湖』第三幕で、黒鳥オディールが連続して三二回転して踊るグランフェッテという難しいテクニック。

14　一九二六〜　イギリスのバレエ教師、振付家、監督。バーミンガムロイヤルバレエの芸術監督として一九九五（平成七）年まで活躍し、イギリスのバレエの水準を高めた功労を称えられ名誉称号を授与されている。十七歳の吉田都を見出しロイヤルバレエ団への移籍に助力した。

15　『吉田都　永遠のプリンシパル』二〇一九年刊　河出書房新社

16　一九四四〜二〇一六　ピアニスト。一九五四（昭和二十九）年全日本学生音楽コンクールピアノ部門小学生の部全国第一位。一九五八（昭和三十三）年同中学生の部全国第一位。一九五九（昭和三十四）年日本音楽コンクール第一位特賞を受賞。一九六五（昭和四十）年ショパンコンクール入賞。世界的に有名な演奏家として活躍する一方で、若いピアニストの育成にも力を入れた。著作も多く一九八九（平成元）年には『チャイコフスキー・コンクール』で大宅壮一ノンフィクション賞を受賞。

日本の工芸と西欧の工芸
―その違いにみる日本文化の本質

内田　篤呉　（ＭＯＡ美術館館長）

うちだ・とくご
1952年生まれ。慶應義塾大学卒。専門は日本工芸史。美学博士。九州大学客員教授及びお茶の水女子大学大学院、慶應義塾大学、東京藝術大学等の非常勤講師、文部科学省文化審議会、世界文化遺産・無形文化遺産などの各種委員を務め、現在MOA美術館・箱根美術館館長。公益社団法人日本工芸会常任理事。

伝統工芸の生い立ち

近藤　内田館長が伝統工芸[※1]に携わるきっかけはどんなことだったのですか。

内田　大学卒業時に、箱根美術館に来てみないかと知り合いに誘われて、二年間くらい勤めてみようかなと思ったのです。そんな軽い感じでした。ところが、そこで焼き物の勉強を始めてみたらすごくおもしろくて、自分に合っていると錯覚したのか夢中になりました。それから学芸員の資格を取りまして、近代漆芸の展覧会を担当することになり、そこで漆という伝統工芸品[※2]に出合い伝統工芸にも携わるようになりました。毎年、日本伝統工芸展が開催されていますが、二十年くらい前、その入落を決める鑑査委員を頼まれまして、最初は緊張してドキドキバクバクしながら行った思い出があります。それが初めての鑑査でした。

近藤　それでは、成人されるまではほとんど伝統工芸との接触はなかったのですね。

内田　はい。私は比較的古いところを研究していましたので、申し訳ないのですが、最初は伝統工芸はつまんないなと思っていましたね。中世の国宝・重要文化財とは比べものにならないという気持ちを抱いていました。そこからだんだん伝統工芸の素晴らしさ、深さを知れば知るほどに魅せられていったという感じです。

近藤　伝統工芸の生い立ちについて教えていただけますか。ヨーロッパでは、工芸品は、美的な活動の中ではどのような位置付けだったのか、千年くらいの間にどう変化したのか、どういう形で日本に影響を与えたのか、そのあたりを説明していただけますか。

内田　西洋の場合は美術があって、その下に工芸、つまり美術が上位で工芸は下位というヒエラルキーがあります。私が美術館に入った四十年前は、研究者の間で工芸は低く見られていて、誰も研究していませんでした。西洋美術史は絵画と彫刻が中心で、日本美術史は絵画でした。なぜそうなのか、それを長い間調べておりました。その歴史は、ルネッサンスの頃に遡ります。当時の貴族ら教養人が学ぶべきものに、自由技術というレベルの高い教養がありました。その自由技術、つまり文法、修辞学、論理学、算術、幾何学、天文学、音楽の七科の中に、絵画、彫刻、工芸は入っていない。なぜなら、それらは職人のなせる技術であったからです。こうした中で美術を自由技術に高めたいというのが当時の芸術家の切なる願いだったわけです。レオン・バッティスタ・アルベルティ[※3]は有名な『芸術論』を著し、美術を芸術に高めるためには理性でとらえなくてはならない、と主張しました。レオナルド・ダ・ヴィンチは、「絵画を手仕事の中におくことは憎むべき罪である」と言っています。ミケランジェロが、父親に「画家になりたい」と話したら、嫌な顔をされたというくらい画家の地位は低かったのです。芸術家が社会的地位を確立するのは、ルイ十四世の時代にコルベール[※4]が王立絵画彫刻アカデミーを設立した頃です。アーティストは初めて王様直属に位置付けられました。その約百年後にシャルル・バトゥー[※5]が『芸術論』を著したことで、芸術家は職人から区別された。芸術は実用性より快楽をめざす、見ていて気持ち良くなるのが芸術だ、という固有の観念が生まれるわけです。しかしこの時点で既に工芸は芸術の分野から外されてしまっている。芸術は固有の論理に基づいた自律的な世界、近代の美学へと受け継がれていくと思います。

近藤　ヨーロッパではその後、現代に至るまで工芸の地位はずっと同じですか。芸術や美術の一環になろうという動きはあったのですか。

内田　ないですね。工芸がその後、美学・芸術学の世界でどのようにとらえられてきたか、少々難しい話になりますが、振り返っておきましょう。近代哲学の祖デカルトは、「我思う、ゆえに我在り」と説きました。つまりこの世の真理を発見しようとして、あらゆるものを疑い抜いていくと、疑いのないものは疑っている自分しかない。そこから自我を発見していく。人間が中心という世界が、近代の実践主義の出発点になってくる。人間の精神と物質を分けるデカルトの二元論の流れの中でカント[※6]が登場してきて、「美は対象物の属性ではない、美はものに備わっているのではなくて人間が美しいと感じるから美なんだ、美しいと感じるか感じないかは人間の判断である」と言ったわけです。美の学問は存在しなくて、美は判断するだけだと。ここから天才論が出てきて、趣味判断できる人を天才としたのですね。そうすると芸術は天才によって美的理念が表現されたものだということになります。天才だけが美を神と同様に創造できる、芸術はそれ自体固有の価値を持ってくるので独立していく。これが近代美術の概念です。カント以降、美術は、純粋化、抽象化に向かう。さらにヘーゲルが出てきて、芸術は人間の精神を表現したものこそ美なんだ、つまり芸術の自律性ということをいうわけです。このドイツ観念論美学はカンディンスキー[※7]にいきつきます。対象を持たない、色と形だけの絵、抽象絵画です。人間の精神を表現したものが芸術であって、それができるものは絵画であり彫刻である。実際に使うものは芸術のうちには入らない。この流れでいくと、工芸は美術の分野に入らない。こうして西洋の美術、工芸のヒエラルキーができてくるわけですね。工芸の実用性については、応用美術[※8]の考え方として十九世紀の終わりから二十世紀にかけて確立されてくるのです。

日本の芸術の原点

近藤　久しぶりに西洋美術史、哲学史の講義を受けた気分です。よく分かりました。では、日本については、どのようにいうと良いでしょうか。

内田　日本の美術の原点は、正倉院の「国家珍宝帳」※9に記載された数々の工芸品です。光明皇后は、聖武天皇がお亡くなりになったとき、遺物を東大寺に奉納しました。珍宝帳には、どのようなものを奉ったのかその由緒が書いてあるんですね。珍宝帳の一番最初には、聖武天皇がお召しになっていた袈裟が出てきます。九条刺納樹皮色袈裟※10といって、刺子で端切れを繋いだ長い高級な平絹を九枚繋いであるので九条なのですが、珍宝帳の筆頭に挙げられたものです。また、赤漆文欟木御厨子※11という赤い漆を塗った欅の厨子がありますが、これは三種の神器のようなもので、天武天皇から持統・文武・元正・聖武・孝謙天皇まで、天皇の皇統※12を象徴する宝物です。珍宝帳の宝物は書跡を含め、螺鈿、鏡、すべて重要なものです。楽器の琵琶は、インドから中央アジアを経て日本に渡ってきましたが、螺鈿紫檀五絃琵琶※13は正倉院にしか残っていません。また鳥毛立女屏風は、人物の衣装の部分に山鳥の羽毛をはりつけて装飾を施していることが分かった、きわめて工芸的な絵です。衲御礼履という聖武天皇がお履きになられた靴まで宝物として納められています。これらが日本本来の美術工芸の源流だと思うのですね。漆工、染織、硝子、焼き物、金工、革、ほぼすべての工芸の原点です。この工芸技術が今も人間国宝の先生方に伝えられているところが、すごい。世界中探しても、千三百年にわたって工芸技術が受け継がれているのは日本だけだと思います。

九条刺納樹皮色袈裟
正倉院宝物

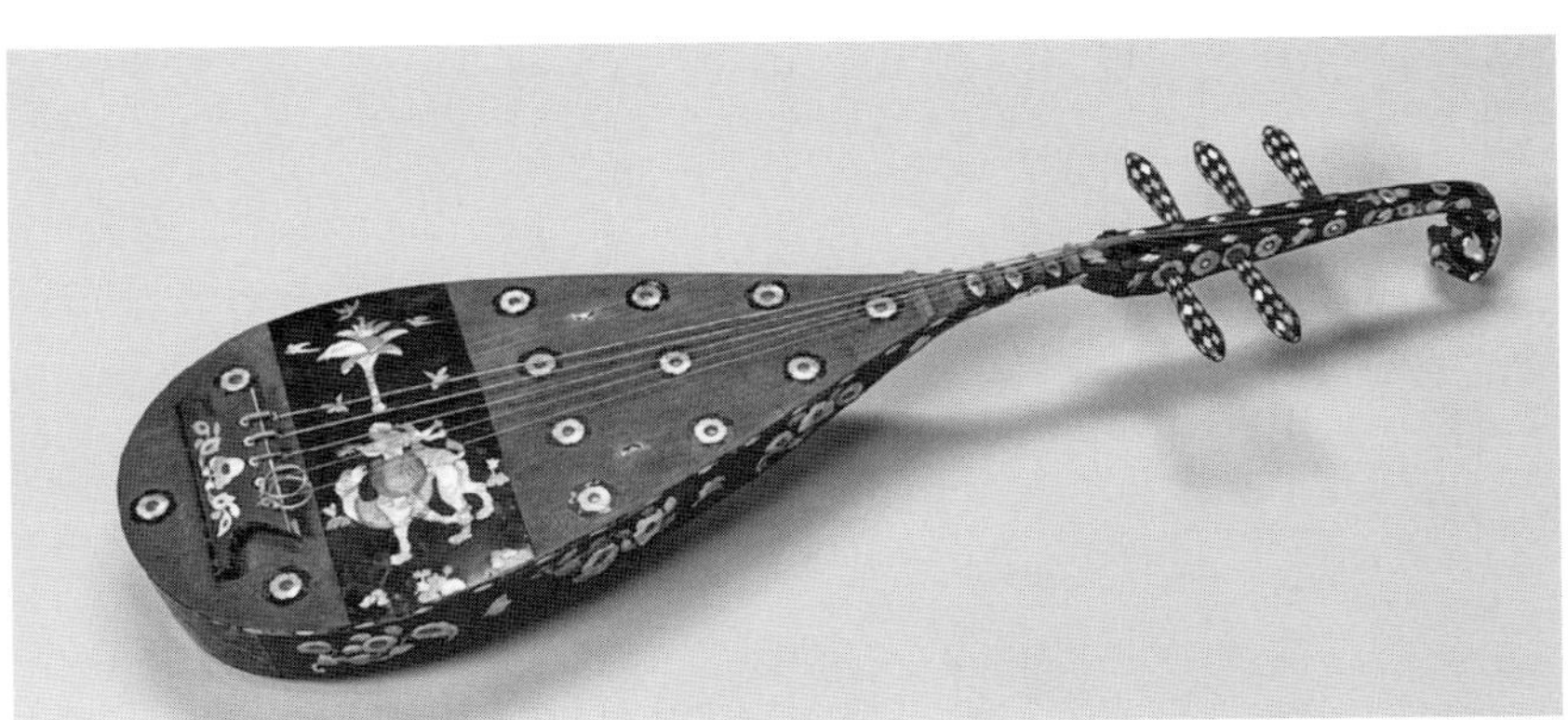

螺鈿紫檀五絃琵琶
正倉院宝物

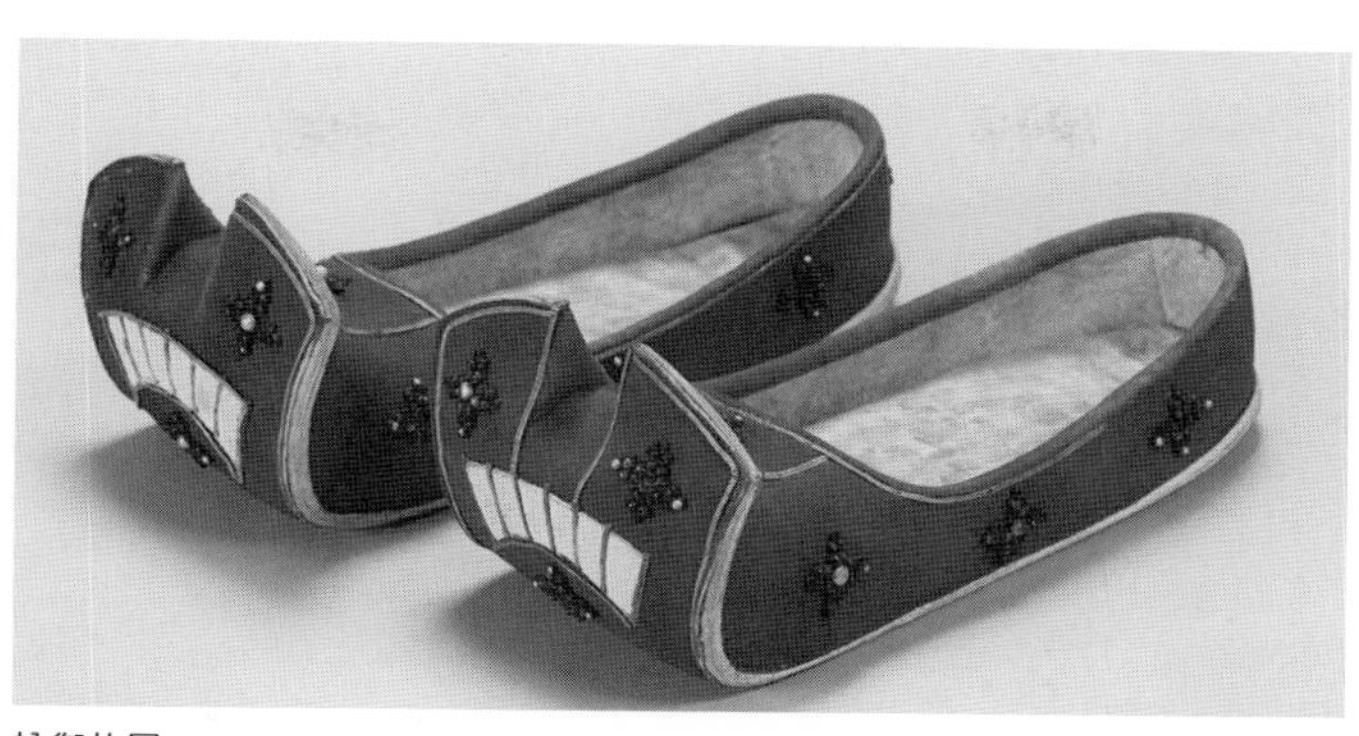

衲御礼履
正倉院宝物

近藤 日本では身にまとうもの、演奏する道具、そういった身近なもの、日常使うものに、芸術性や素晴らしい技を込めてきた。それがずっと発達して、伝統工芸品の中から日本人の美術、芸術が生まれ発達してきた、ということですね。そこが西洋と全く違う。

内田 そうですね。つまり江戸時代までは絵画と工芸の区別がなく、明治初期に区別ができました。「美術」という言葉は、ドイツ語の die schonen Kuenste（シェーネンクンスト）を訳した造語です。そしてKunstgewerbe（クンストゲベルゲ）を「工芸」という日本語にあてました。一八七三（明治六）年、万国博覧会がオーストリア・ウィーンで開催されます。万博は明治政府樹立後初めて列強の並ぶヨーロッパへ行って、国力を示す絶好のチャンスでした。そのとき、ドイツ語の出品規定の中の日本語に訳しようのない言葉を「美術」という言葉にした。本来ならば、「産業美術」と訳すべきクンストゲベルゲを「工芸」と訳した。この時点で美術と工芸との峻別が始まったのです。これが一番の曲者なのですよ。そしてジャポニズム、日本趣味がヨーロッパで流行しますが、それは早くも一九〇〇（明治三十三）年のパリ万博を契機に終息してくる。このときに出された美術品は、美術と工芸は分離するという純粋美術の原則に基づいて出品されました。精神性の高い純粋美術は絵画や彫刻で、日常生活を飾る工芸は応用美術、という弁別の中で、日本の美術は絵画と工芸に分離した。工芸は使う物だから価値が低い、美術は人間の精神性を表わすから価値が高い、となってきてしまった。これを今の工芸家の方たちに理解していただきたいと思っています。

日本の工芸復活への道のり

近藤　なるほど、大変大事な話をうかがいました。そうすると日本は、正倉院の宝物にあるような美術工芸品を芸術性、美術性の粋であるとして扱ってきたけれども、ヨーロッパの万博を契機にヨーロッパの美学・芸術学をそのまま受け入れて「美術」という言葉をつくった。そのときに「工芸」の部分が落ちてしまった。というのは、日本人の感覚が西洋崇拝だったのでしょうか。

内田　むしろ列強に追いつけ追い越せ、殖産興業、富国強兵ですね。

近藤　鹿鳴館もそうですね。

内田　ですから、ヨーロッパに追いつくには文化力が必要だというので、岡倉天心[※14]らがヨーロッパ人にも理解してもらえる『稿本 日本帝国美術略史』という本をつくりました。そこでは西洋の美術史の概念で日本美術史を分類していったので、絵画、彫刻の歴史が中心で、工芸は少ししか出てこない。なおかつ、絵画、彫刻は価値が高く、工芸は低いという美術哲学に基づいて日本の美術品を割り振っていたので、工芸はマイナーな存在になってしまったわけですね。

近藤　岡倉天心といえば、明治の西洋化政策の中で日本の美術文化の重要性を発信し、よくやってくれたと思っていました。しかし、こと工芸に関しては、相手にその受け皿がなく、工芸はレベルが低いと扱われていることから、短期間で日本の素晴らしさをアピールするには、とりあえず絵画と彫刻でいこうとなった、ということでしょうか。

内田　基本的にはそうですね。しかし、努力もしているんですね。パリ万博の前にシカゴで万博があるのですが、このとき日本の持っていった美術品は、産業工芸館のようなところにしか並べてもらえないことになっていた。そこでそれを何とか美術館に並べろと岡倉天心たちは強く主張した。たとえば屏風はヨーロッパでは部屋の間仕切り、単なる生活用品だと扱われたのですが、シカゴ万博では認めてもらえて、美術館に日本の美術品として並べさせてくれた。しかし、二十世紀に入って近代美学が成立すると、西洋では美術の純粋性や自律性という概念が出てきて、純粋美術と応用美術に分けるようになった。すると日本はどうなるか。一九〇七（明治四十）年、初の文部省美術展覧会では工芸が排除されてしまいます。権威のある国家プロジェクトの展覧会から除外される。では、工芸品はどこに展示されたかというと、農産品と一緒に並べられていました。

近藤　穀物や果物と同じ扱いとは驚きです。

内田　工芸が美術界を牽引していくには非常に時間がかかりました。

近藤　その後、日本国内における工芸の地位の浮き沈みはありましたか。第二次世界大戦など大きな社会的変化の中で、たとえば柳宗悦（やなぎむねよし）※15は、日本人は日常使うものに自分の気持ちを込めて造形するから、工芸は立派な芸術だと言いたいがために民芸運動[※16]を展開しました。しかし結果的に裏目に出た面もあったような気もいたします。

内田　裏目に出ていると思いますね。「民芸」という言葉は、誰もが楽しめる民衆の芸術を意味します。ただその中で、一般大衆が雑器として使ういわゆる「下手物（げてもの）の美」が独り歩きしてしまったので、正倉院の宝物のような高度の美が下手物の工芸品と同じレベルで扱われてしまったので、「工芸は価値が低い」という誤解も生じさせてしまいました。

近藤　純粋美術としての素晴らしい正倉院の屏風のような工芸品と、日常使っている安くて簡単に使える、つくった人の名前も分からない、いわゆる民芸品が、整理できないままずるずると今まできているわけですね。

内田　そうです。なかなか難しい問題です。それと、産地で職人として生計を立てている人が、年に数回、日本伝統工芸展に作家として出品しており、アーティストだけど普段はアルティザン[※17]という二面性を持っていて、このあたりの線引きも日本の場合は複雑です。

近藤　それが一人の人でできてしまう。最初からアーティストかアルティザンか峻別されているヨーロッパやほかの国では、両方できる人はいないのですよね。

内田　そうだと思います。

近藤　非常に崇高なものもあれば、日常的により多くの人に美しさや自然の素晴らしさを感じてもらうものもあって、日本ではその全体が一つの芸術のジャンルになっているということでしょうか。

内田　日本の場合、私は「美術工芸」という言葉がふさわしいと思います。美術品、アート作品として扱えるような美術工芸品であっても、日常に使える工芸品として大いに使って生活を豊かにしていく。これはやはり日本の工芸の大きな魅力だと思いますね。

日本人は自然をどうとらえてきたか

近藤　日本人は文化芸術は身近に親しめるもの、日常生活と密着しているもの、という感覚があると思います。身の回りの日常は、自然と同じようにありのままに受け入れて楽しむものだという意識がずっとあったのでしょうね。

内田　日本の場合、自然は「自ずから生まれる」という考え方です。自然という言葉自体もこれは翻訳語、日本の翻訳語なのですよ。

近藤　そうですね。

内田　これはお話ししておきたいと思っていました。自然という言葉自体は、自(おのずか)ら然(しか)りで、「じねん」と読みます。「しぜん」と読むのはNatureの翻訳語なんです。Natureは何かというと、海、川、山、人為によらないもの、人の手が加わっていないもののこと。一方、日本人の自然に対する考え方は、自ずから生まれる精神性の高いもの、というものです。日本の文化の特色は、自然を身の回り、さらに聖域や聖地、芸能、工芸といったものの中にも見出す。海、川、山には神が潜んでいるととらえている。それは日本人特有の見方です。自然と一体になっているのが日本の工芸の大きな特色で、そこから生まれるすべてが日本の工芸であって、これは取りも直さず神様がお使いになるもの、だから非常に精神性の高いもの、というわけです。

近藤　これぞ日本の工芸だと一つのもので示すとしたら、何を選ばれますか。さきほどの正倉院の琵琶ですか。なんでしょう。

内田　なかなか答えるのが辛いご質問ですが、思い巡らしますと、私は紅白梅図屏風※18を選びますね。絵画の分類で国宝に指定されています。波文様は硫黄で銀箔を化学変化させて描いていますから、私は極めて工芸的な作品だと思っているのですよ。日本美術史で絵画を研究されている方には叱られるかもしれませんが、私は日本画は工芸に入れても良いのではないか、と思っています。

近藤　絵画はヨーロッパ中心の油絵で、日本で発達した絵画らしきものは、これは全部工芸ということですか。

内田　そうですね。金箔の貼り方や高価な岩絵具を膠（にかわ）で溶いて描くとか。当時も今も、日本画は工芸的な絵だといえるのではないでしょうか。

伝統工芸の根底は自然との共生

近藤　自然との関係において、日本工芸の原則的な特徴は素材を大事にすることで、よく工芸家の方は自然から素材をもらっているというお話をなさいますね。

内田　素材とは何かというと、工芸の場合は自然との共生が根底にあります。自然の素材で、自然に寄り添いながら、ものをつくっていく。これが素材に対する考え方なんですね。

近藤　確かに。素材がもともと持っている未知の力を、匠の方々が引き出していくということですね。そうすると西洋の場合には、美意識や芸術性は自分だけが持っていて、それを表現するのは一方向性だけ。日本人の発想は、自分の心と通うものを見出しながら洗練させていく、そこに伝統工芸の妙があると。だから私たちは「自然美」などと言いますが、ヨーロッパの人はそういう発想をしない。美はあくまで人間が一方的に感じ取るものなのでしょうか。

内田　いや、そうではなく、ヨーロッパの人たちも自然美は感じています。ただ、根本的に素材のとらえ方、素材との向き合い方が違うのですね。日本の伝統工芸の場合は、自然を大事にして作品づくりをするのが特色で、そこに日本独特の思想性を生み出しています。人間国宝の志村ふくみさん[※19]が、「桜の樹皮や葉から色を染める場合、同じ桜の木でも春と秋では色が違う、その木の命、自然の命と共生しながら染めたい」と書いています。これが日本工芸の伝統的な考え方のように思いますね。

近藤　こういう日本人の思想とヨーロッパの芸術、それぞれが素晴らしいけれど、これだけ違う形を取ったのは、やはり民族性の違いでしょうか。

内田　私はやはり環境だと思いますね。

近藤　人間は気候や風土に影響されて思想が育ち、宗教が生まれ、芸術の考え方ができてくるということでしょうか。

内田　そうですね。私はやはり、奈良時代に唐の文化が入ってきて、正倉院の宝物のような良いものができて、平安時代になって和様化し、素晴らしい美術の基礎が完成しました。それが湿潤で温暖な気候の中で、自然と丸みを帯びた和様のものが育まれてきたという気がしますね。それが日本独特の美を形成してきたように思います。

近藤　月を愛でるときも満月を詠んだのは藤原道長ぐらいで、朧月（おぼろづき）や三日月、新月、雨が降って月が見えないけれどその月が良いなど、そういう発想がありますね。

内田　そうですね。これは侘びや寂びという思想になっていきますが、村田珠光が「月も雲間のなきは嫌にて候」と言ったように、ちょっと欠けたもの、不完全なものに美を見ていくのは、確かに日本独特の美意識の表れですね。

近藤　あと大きく違うと思うのは、経年変化のとらえ方。ヨーロッパは経年劣化をマイナスにとらえて、復元というとつくった時に戻すことを意味します。一方われわれは、時間を経て錆びたり、日に焼けたり、カビが生えたり、変色したり、ヒビが入ったりを成長、成熟ととらえて、変化そのものを作品として見ている気がします。

内田　やはり時を経た美しさを鑑賞するのも日本人の美意識ですね。たとえば簡単な例で漆器をあげますと、根来塗(ねごろぬり)[※20]の真っ赤な美しさもありますが、五百年経って下地の黒が表面に出てきた、赤とまだらになってきた、そういう美を日本人は尊重します。時の変化の起こした美しさも日本独特で、なおかつそれを補修して使っていく。これも自然の素材だからこそできることですね。

近藤　そして使い終わったら土に戻るわけですね。地球環境問題に人類が真剣に取り組むにあたって、日本人の出番というか、日本人が大事にしてきた思想が、やっと人類に共有されつつあると考えてよろしいでしょうか。

内田　そのとおりだと思います。自然を尊重し敬愛していく、日本の汎神的な世界観[※21]は、環境問題に取り組むときの重要なファクターだと思いますね。こうした日本の思想、日本の工芸が広まれば、環境問題に取り組む世界の姿勢に影響を及ぼしていくのではないでしょうか。自然と共存、共生していく発想に転換しない限り、現状ではいつまでたってもイタチごっこですね。

近藤　この地球上で暮らしていくうえで、人が認識していなければいけない価値を表現しているのが日本工芸の特徴だということですね。これはすごく大切なことですが、海外にどうやって伝えていけば良いのでしょうか。

内田　そこですよね。実際に茶碗や焼き物を手に取って鑑賞していただくことで、工芸の魅力を広く知らせていくしかないのではないでしょうか。実際に触ってみると強いインパクトがありますから、これはおそらく東西共通の感性で鑑賞していただけると思うのです。

近藤　感性から感性へ、言葉というチャンネルを通さないで感じてもらう。作家が心を込めてつくったものは、大量生産でできた工業生産の茶碗とはまったく違う。機能は同じでも、触った感じが違う。工芸品が仲立ちをして心を通わせあうことができる、というわけですね。

内田　知り合いの工芸家にどういう思いで創作しているのかを聞くと、ほとんどの方が「使う人の幸せを願ってつくっている」とおっしゃいます。ものはものだけどものだけではない、作家の利他を思う気持ちが込められている、これは素晴らしいことですよね。このことだけでも理解していただければ、日本の伝統工芸のすごさを分かっていただけると思っています。

近藤　本当にそうですね。伝統工芸には自然をどう見るか、他人との関係をどう見るか、日本人の素晴らしさが含まれています。多様性を重んじ、相手を重んじ、自然や生態系を大事にし、自然から何かをいただいたら自然に返すという独特の日本文化が、伝統工芸を通して世界に広がっていくように、私も努力してまいりたいと思います。

（二〇一九〈令和元〉年十一月二十八日収録）

1 広義には、日本各地で長年にわたって培われ受け継がれている技術や工夫が用いられた工芸のこと。狭義には、一九五〇（昭和二十五）年「文化財保護法」が制定され、一九五四（昭和二十九）年同法改正で、歴史上、芸術上価値の高い無形文化財が保護の対象となり、重要無形文化財の指定およびその保持者の認定制度が設けられた。その主旨にあわせて一九五四年より日本伝統工芸展が開催され、その展覧会に出品される陶芸、染織、漆芸、金工、木竹工、人形、諸工芸の七部門にわたる工芸品を指す。

2 伝統美と実用的な価値を持つ、手工業により製造される工芸品。時代とともに失われてゆくその技術の保護や、新しい価値観との共存が課題。携わる職人が減りつつ衰退の傾向にあることから、伝統工芸の技術を守り発展させるために法律によって国が保護することとなっている。

3 一四〇四～七二　初期ルネサンスの人文主義者、建築理論家、建築家。音楽と運動競技にも秀で、ルネサンス期に理想とされた「万能の人」の最初の典型といわれた天才。遠近法の手法を構築し、絵画は遠近法と構成と物語の三つの要素が調和したものとして空間を秩序づけるなど、芸術理論は後世に影響を与えた。

4 一六一九～八三　フランスの政治家。ルイ十四世の財務総監を長年務めた。「王立芸術アカデミー（フランス芸術院）」を創設した。

5 一七一三～八〇　『芸術論』の中で、芸術は美しい自然を模倣するという共通点をもっていると主張。この理論は当時から賛否両論あったが、分類は肯定された。

6 一七二四～一八〇四　ドイツの哲学者。「美的判断力の批判」において、趣味判断は「認識判断とは異なり、対象の性質に左右されることがない。美しいかどうかの判断は、対象の属性に関わるものではなく、それを判断する『私』にとっての表象からもたらされる」と分析。「美術は天才の創造としてのみ可能である」との天才論を展開した。

7 一八六六～一九四四　ロシア出身の画家、美術理論家、抽象絵画の創始者。ドイツのバウハウス閉鎖まで、教官として活動したあとナチス政権下のフランスで死去。

8 純粋美術に対する語で、生活用具などの実用性を持ちながら美的効用を有する美術を指す。建築、工芸、装飾などがこれに属する。

9 聖武天皇に先立たれた光明皇后は五回にわたって宝物を献上し弔意を表わしたが、その第一回の献上品目録が「国家珍宝帳」とよばれる。冒頭に「太上（だじょう）天皇の奉為（おおんため）に国家の珍宝等を捨して東大寺に入るる願文」とあることから、そのように称されている。『東大寺献物帳』。

10　聖武天皇遺愛の袈裟。不定型な赤・青・黄・緑・茶等の平絹を刺し縫いした特殊な製法で、文様の色合いから樹皮色と称される。

11　天武天皇から始まり持統天皇、聖武天皇と代々の天皇に受け継がれたもっとも由緒正しい厨子、宝物の中でも最重要の名宝。

12　歴代の天皇からつながる血統。天皇の血筋をひく人。

13　世界に現存する唯一の五絃琵琶。豪華な螺鈿の装飾が表裏にされている。

14　一八六三〜一九一三　日本の思想家。東京美術学校（現・東京藝術大学の前身の一つ）の設立に貢献し、のち日本美術院を創設した。近代日本における美術史学研究の開拓者で、英文による美術史の著作活動や、ボストン美術館の日本美術部長に就任するなど多岐にわたる啓蒙活動に取り組み、美術概念の成立に寄与した。

15　一八八九〜一九六一　日本の思想家、美学者。宗教哲学者として出発、芸術と宗教に立脚する独特な思想を展開した。「民藝」の言葉を用いて「日本民藝美術館設立趣意書」を発表、「用と美が結ばれるものが工芸である」と説いた。「上手物」に対して大衆的な普段使いの「下手物」という言葉を、「民藝」に置き換えたといわれている。

16　柳宗悦が陶芸家らと大正末期に始めた生活文化運動。日本各地の無名の職人による素朴な作風の民衆的工芸品を発掘、収集した日本民芸館を創設。手仕事でつくられる日用品の中に美があるという独自の運動で、伝統を絶やさないための活動は現在も続けられている。

17　フランス語で職人、職工、工匠の意味。

18　江戸時代中期の絵師、尾形光琳の最高傑作、日本美術を代表する作品の一つ。国宝。

19　滋賀県生まれ。染織家、随筆家。母・小野豊の指導で植物染料と紬糸による織物を始める。重要無形文化財保持者（人間国宝）、文化功労者、第三十回京都賞（思想・芸術部門）受賞、文化勲章受章。

20　日本の塗装技法の一種であり、黒漆による下塗りに朱漆塗りを施す漆器である。一般に、古い朱漆器では、表面の朱漆が摩滅して、下地に塗られた黒漆が露出し、模様に見えることが多いが、これを再現し、朱塗の中に黒い部分が浮かぶデザインもある。

21　神と世界は一体であり、この世の森羅万象は唯一の神であるという考え方。

先住民族にわれわれは何を学ぶか

月尾 嘉男（東京大学名誉教授）

つきお・よしお
1942年生まれ。1965年東京大学工学部卒業。1971年東京大学工学系大学院博士課程修了。1978年工学博士。名古屋大学工学部教授、東京大学工学部教授、東京大学大学院新領域創成科学研究科教授、総務省総務審議官などを経て、現在は東京大学名誉教授。専門はメディア政策。趣味はカヤック、クロスカントリースキー。2004年ケープホーンをカヤックで周回。

カヌーを漕いで先住民族に出会う

近藤　われわれがまず驚くのは月尾さんのご経歴です。ご専門はシステム工学、メディア政策ということですが、なぜ「先住民族」なのか。そのあたりからお話しいただければ。

月尾　私が大学に入る頃は、丹下健三先生が国際的に注目されていた時期であったので、建築学科に入学し、大学院も丹下先生の研究室に入ったのですが、ただひたすら図面を写すだけの毎日が性格に合わず、三か月で建築家になるのをあきらめました。ちょうどその頃、東京大学に大型コンピュータが導入されたので興味をもち、情報処理や情報通信の勉強などをしておりました。

近藤　工学系の分野で研究生活をおくられ、大学で教鞭をとられ、一方でカヌーやクロスカントリースキーをなさり、全国各地の地域計画や環境保護の活動に携わってと、実に多才なご活躍です。先住民族とはカヌーに関連して出会われたのですか。

月尾　趣味のカヌーは五十歳になってから本格的に始めたのですが、大変に熱中して、週末はほとんど日本の海や川に出かけていました。大学を辞めてからは外国の川や海にも行きました。太平洋でミクロネシアの人々の使うカヌーを操作していたら、それまで一生懸命勉強してきた工学はたいして役に立たないことが分かったし、航海術についても知らないことがたくさんあると痛感しました。アマゾンの源流域で、先住民族と一緒にカヌーを漕いでいたときには、彼らが周りの環境を熟知していることに驚きました。そこで先住民族のことを勉強しようと思ったという経緯です。

近藤　文化人類学や考古学といった学問的なアプローチではなく、実際にカヌーを漕いでいる人と直に「出会った」というわけですね。確か国連では「先住民族とは何か」の定義があると聞いたことがありますが、月尾さんのおっしゃる先住民族というのは、どういう方々を指すのですか。

月尾　国連の先住民族についての作業部会の定義が分かりやすいのですが、外部から異質の文化を持つ人々が到来し、以前からいた人々を支配して植民地的状況にしてしまった人たちの子孫を「先住民族」と定義しています。世界七〇か国以上に五億人くらいの人がいて、数え方によりますが、五〇〇〇ぐらいの民族が先住民族といわれているようです。

近藤　たくさんおられるのですね。私はデンマークにいたので、サーミというスカンジナビアの北方地帯にいる方たちについては聞いたことがあります。会ったことはありませんが。

月尾　私は訪ねたことがありますが、現在でも遊牧生活を維持しています。かなり多数の民族はユーラシア大陸からアリューシャン列島を経由して北米大陸へ入り、さらに南下して中米を通り南米まで行っています。

近藤　もともと、今生きているわれわれの大本は、アフリカのエチオピアでしたかケニアの辺りだと聞いたのですが、そうであればそういった人たちが、何百万年をかけてアジアに来て、それから南北アメリカ大陸を北から南までおりたのですね。

月尾　そうです。ベーリング海峡を渡ってから数万年で南アメリカ大陸の南端まで行っています。

近藤　長い距離ですね。ベーリング海峡を渡ったときは寒かったでしょうに。カリフォルニアやメキシコあたりは気候も良くて、そこに安住するかと思いきや、さらに南極の手前まで行ったわけですよね。アボリジニ[※1]やマオリ[※2]もやはりアジア大陸に来てから船でおりたのですか。

月尾　アボリジニは気候が変化して海が浅くなった六万年前に、アジアからオーストラリア大陸に渡ってきたとされていますし、マオリは太平洋の島からカヌーでニュージーランドに渡ってきたといわれています。

近藤　西欧の文明が発達して大航海時代にいろいろなところに行って探検をし、先住民族の人々を侵略することがあったと思いますが、人種差別というか先住民族の人々は劣るということで動物的な扱いをしたことがあったのでしょうか。

月尾　西欧に比べると技術的に劣っていたので、迫害されています。南米大陸の最南端に行ったことがありますが、そこにはヤーガンといわれる先住民族が一万年近く前に到達していました。そこに十九世紀の末から二十世紀の初頭に、スペインの人たちがやってきて、先住民族の人たちを迫害している写真が残っています。

近藤　そのようなものが撮影されているとは。

月尾　普通に土産物店で売っていました。イギリス人がオーストラリア大陸に来たときにも、アボリジニの人たちを銃で撃っていたという記録があります。

驚異的な記憶力と時間感覚

近藤　月尾さんはご著書の中で、先住民族の方々にはわれわれが失ったようないろいろな能力があり、なるほどと思うような地球に住む人間の在り方を教え直してくれる発想や、現代人の病というか文明のマイナス面を気づかせてくれる、というようなことをおっしゃっていますが、そのあたりについて詳しくお聞かせいただけますか。

月尾　われわれが見習うべき例をいくつかご紹介します。まずは「時間感覚」です。カナダに一九九九（平成十一）年からイヌイットの人たちに任されたヌナブト準州という地域がありま す。日本の面積の五倍以上ある地域に三万二〇〇〇人しか住んでいません。しかし、石油は出る、銅鉱石、金鉱石、レアメタルも大量に存在している場所なので、開発していけば世界でも有数の豊かな地域になるという場所です。そこに行って準州をつくるために尽力したヌナブト準州の環境副大臣をインタビューしたことがあります。準州は立法権と行政権がないので、いずれ正式な州にしたいと運動しているとのことでした。そこで何年までに州に格上げしたいかと聞いたところ、感動するような言葉が返ってきました。「もともと自分はイヌイットの猟師で冬になると零下四〇度くらいの暗闇の氷上で、アザラシが息継ぎに顔を出すのをじっと待っている。アザラシを仕留めることが目的であり、時間は関係ない」ということでした。同様に準州から州に格上げすることが目的であって、それがいつ達成されるかという時間は問題ではないという返答でした。実際にアザラシ猟に同行しましたが、アザラシが海に頭を出した瞬間に性能の悪いライフルで撃つのですが、見事に命中するのです。そういう精神を持つ人たちですね。

近藤　悠久かと思えるような時間の経過と、ほんの一瞬を生きる、という現代人と違う時間感覚ですね。

月尾　その時間感覚についてなるほどと思ったのが、アマゾン川源流地域にいる先住民族を訪ねたときの経験です。女性がマンジョカという根菜からつくったでんぷんでパンを焼いているので、「どのくらいで焼けますか」と聞いたら「おいしくなるまで」という素晴らしい答えでした。われわれは情けないことに、電子レンジで三分とか時間を決めなければ料理ができない。彼らは一

アマゾン源流域でカヌーをする月尾さん

番おいしくなるときが分かるのです。こういう時間感覚が多くの民族にあります。

近藤　確かにわれわれは過程をマニュアル化して、本来の目的を忘れているかもしれませんね。

月尾　時間の概念が全く違います。われわれは時計が刻むのが時間だと思っているけれど、そのような概念のない先住民族は多い。

近藤　一日は暗くなって終わるから一日の認識はあるとすると、三百六十五日で一年経つという発想はあるのでしょうか。

月尾　一年という概念は当然ありますが、分や秒という概念はないかと思います。

近藤　この太陽と月の関係は、ある時期と同じだから周期が来たのかな、ということでしょうか。でも一年も前のことを覚えていますか。

月尾　彼らの記憶力は大変なものです。文字を持たないから頭に記憶するしかないので、素晴らしい記憶力を持っています。

近藤　よく昔の人は星を見て旅をしたと聞きま

すが、星も全部覚えているのですか。

月尾　それも大変な能力です。ミクロネシアではカヌーを操る人には格があって、一番上の格は航海士です。船には計器は何もついていませんし、腕時計すら持っていません。すべて自然の状況で判断します。星と太陽の位置から自分がどこにいて、どの方向にどれだけ行けばどこに到達するか、正確な位置をすべて完全に記憶しています。これを記憶しないと船乗りと認定されません。それを証明する面白い話があります。ミクロネシアのサタワル島にマウピアイルックという天才的な航海士がいて、アメリカ建国二百年のときにハワイからタヒチ島まで帆船で航海して欲しいと頼まれて引き受けました。彼は太平洋の南の方では星を見ればどこにいるか分かるけれども、ハワイは北緯二〇度くらいと北にあるので、その地域の星空はまったく記憶していない。そこでホノルルのプラネタリウムに三十日間通って毎日星空を見て、星の位置を全部記憶し、その情報をもとに見事一か月かけてタヒチまで船を操った。そういう逸話があります。

近藤　一切の航法器具を使わず、星の位置で判断するだけの測位技術は驚異的ですね。それはもちろん誰もが生まれつき持っているわけではなくて、かなり訓練をするのですか。

月尾　ものすごい訓練をします。子どものときから始めて七、八年すると一人で船に乗って、九〇〇キロ先の島まで行って戻ってくるという試験を受けます。一人で船を操って戻ってくると、もう一級上に進む。

近藤　すごい能力ですね。厳しい挑戦をして戻ってこられない子もいるのでしょうね。

月尾　いると思います。五十歳くらいになると、自分の行動範囲内は自由自在に航海できるようになります。

ミクロネシアでカヌーを操作する月尾さん

近藤　先住民族がいるところは空気がきれいだから星は無数にあると思いますけれど、それも全部覚えてしまうのですか。

月尾　覚えてしまいます。訓練するところを見せてもらいましたが、ゴザの上で三二個の星に見立てた貝殻を円形に並べ、中心に自分の船を置きます。正面にどの星が見え右手にどの星が見えたら、海上での自分の位置はどこかということを延々と覚えていきます。

近藤　全部記憶するんですね。先ほど文字がないとおっしゃいましたが、地図も文字もないとすると、そういう能力はほかの分野でもあるのでしょうか。

月尾　あります。オーストラリアの乾燥地帯に生活しているアボリジニの人たちは、砂漠の中の水のある場所が分かります。一緒に砂漠を旅したときに、突然砂を掘り出すと三〇センチほどで水が染み出てきて、さらに掘ると下に水がたまります。どうしてわかるのかと聞いたら、匂いだということでした。そういう能力を持つ人たちがいくらでもいます。結局、水と食べ物があるところを探し出さないと生き延びられないから、そういう潜在的な能力が発現してくるのだと思います。

地球の土地は誰のもの

近藤　先住民族とわれわれとの違いは、時間観念の違い以外にどんなことがありますでしょうか。

月尾　メイフラワー号で新教徒がアメリカ大陸に渡った最初の年（一六二〇年）、寒さが厳しく半分くらいの人が凍死しました。そのとき、近隣のインディアンのワンパノアグ族が食べ物をくれたので生き延びることができました。翌年その人たちにお礼をしたのが感謝祭の起源だといわれ、今でも最初の到着地プリマスでお祭りをします。ところが、その人たちは次々とインディアンの土地を強奪し、プリマス周辺のマサチューセッツ州の南半分を自分たちの領土にしてしまったのです。そのときに酋長が「土地が欲しいと言ってくれればあげるのに、どうして鉄砲で土地を奪うのか」と言った、という記録があります。土地は共有しているから、ということです。また、西海岸のシアトルにはシアトル族という先住民族が住んでいたのですが、その酋長のところにアメリカ大陸を横断してきた人たちが土地を売って欲しいと言ってきたときに、酋長は「この空気も水も私たちのものではないのに、どのようにしたらこの青空や大地を売ることができるのか分からない」と言っています。これはアメリカのアル・ゴア元副大統領が環境問題を説明するときによく使っていた話です。それからレソトという南アフリカ共和国のすぐ北の小さな国の王様が「すべての天然資源は神聖である。現在生きている人々、これから生まれる人々のために共同で管理すべきもの。レソトの文化では土地はすべて国家のもの、国民のもの」と言っています。多くの民族には土地を所有しないという概念がある。けれども一般的に、われわれは土地を私有することに執念を持っている。つまり、土地の私有というのは文化国家に特有のものかと思います。

近藤　土地は皆のもの、というのは考えさせられますね。「共有」の捉え方ですね。

月尾　このことについて、お伝えしたいことがあります。一九六八(昭和四十三)年にギャレット・ハーディンという生態学者が書いた「共有地（コモンズ）の悲劇」という環境問題の必読論文といわれるものがあるのですが、この内容は間違いだと思います。ハーディンの意見は、土地を私有地と共有地に分けると、共有地では自分の羊を増やしていく。そうすると過密になって草がなくなってしまうが、私有地では自分の土地を守るために適正な頭数しか羊を飼わないから緑が保たれるという内容です。しかし現実では、共有地、私有地の両方あるところに行くと、これは間違いだと分かります。一例を挙げますと、一九四六（昭和二十一）年、モンゴルの広大な土地は、北はモンゴル国、南は中国による内モンゴル自治区に分けられました。中国は大量の漢民族を内モンゴル自治区に送り込み土地を分割して私有制にした結果、二、三十年で砂漠になり、絶えず砂嵐が吹いている。それに対してモンゴル国は二千年以上遊牧をしてきましたが、緑の草地を維持しています。共有地ですから自分たちだけ勝手なことはできないと考えて、適正な数の羊を飼い、草がなくなりそうになるとすぐに別の場所に移動して草地を維持していく。しかし南側の私有地では、入植してきた人たちが金儲けのために羊を多く飼い、短期間で砂漠にしてしまった。

私有地は一見、自然を守るように見えますが、実は逆で、共有地が自然を守り私有地が自然を破壊する。これが多くの先住民族の土地で起こっていることです。

希望の萌芽はバックキャスティング

近藤　自然の生態系は食物連鎖があってこそバランスがとれているのだから、経済成長を優先すると、科学技術の力があるだけに、生態系のシステム全体を壊しかねない。

月尾　食物連鎖をはじめ自然環境の循環構造というのは、ほんの一部だけでも人間が自分たちの利益のために破壊すると、全体が崩壊するという仕組みです。自然にはレジリエンス、復元力があるといわれますが、限界を超えてしまうと元へは戻らない。かなりの部分でその境界線を破っている場所があります。

近藤　私有制の方がいい、共有地は悲劇が及ぶという間違った議論は、生態系から離れた狭い自己中心の利益を前提にしているからですね。人間の思い込みですね。

月尾　そう思います。アメリカインディアンにはいろいろな言い伝えがありますが、たとえばナバホ族は「現在の環境は未来の子孫から預託されたものだから、勝手に環境は変えない」と言っています。

近藤　未来の子孫から預かっているから、と。立派な議論ですね。

月尾　イロコイ族の人たちは「何かをやろうと思ったら、七世代先の子孫たちがこれをどのように受け取るか、つまり二百年ぐらい先の子孫が許してくれるかどうかを考えてから実行する」と

ナバホ族のトウモロコシ畑

言います。その象徴的な場所がラスベガスです。一九三六（昭和十一）年にコロラド川の下流にフーバーダムが造られました。砂漠だったラスベガスが繁栄しているのはフーバーダムのお陰です。ダム湖に溜められた水をラスベガスどころか、ロサンゼルスまで引いているからです。ところが、そこから三〇〇キロ東へ行ったナバホ族は、地域にある水だけで生活しています。感心したのはトウモロコシの栽培です。ナバホ族はまばらにしか植えない。どうしてかというと、乾燥地帯なのでこれ以上植えると水が足りなくて枯れてしまうからという理由です。ダムから水を引けばいいと思うのですが、彼らは「子孫から預かっている土地だから勝手なことはできません」ということです。唯一やっているのが祈祷で、砂漠の向こう側の小川のわきで「この水を私たちの土地に雨として降らせてください」と、祈祷師がただ祈るだけです。それがナバホ族の考え方です。

近藤　誰もが、この先住民族のような発想で、二百年後の子孫のことを考えて自然環境を維持していこうとすれば、簡単に解決しそうな気がしますけれども、難しいのでしょうか。

月尾　最近、その芽が出てきました。カール＝ヘンリク・ロベールというスウェーデンの医師が『ナチュラル・ステップ』という本で、バックキャスティング[※3]という考え方を提案されました。釣りをされる方はご存じだと思いますが、針を後ろに振ってから前に投げますが、この後ろに投げることをバックキャストと言います。私たちは、ここに土地があるから十年計画で開発しようと考えて、十年経ったら次、さらに次という作業を繰り返してきました。そうするとどこに行くかわからない。まず百年先でも五十年先でもいいからどういう社会をつくるかを決めて、五十年先にこうするなら四十年先にはどうしたらいいか、三十年先ではどうしたらいいかを考えて、今何をやればいいかを決めるべきだ、という考え方です。現在のままでいくと、平均気温が五度近く上がってしまうから、これを産業革命の時代を基準にして上昇を二度におさめよう、二一〇〇年にはこうしよう、と目標を決める。そのためには二〇三五年までに二酸化炭素を半分にしないと理想の状態には到達しないというように、未来から逆算して現在を計画していく考え方は世界的に合意を得る状態になってきましたが、これをナバホ族は以前からやっていた。われわれの文明社会もようやくそういう考えに到達したのだと思います。環境問題を解決する目標に到達させるには、たとえ現在の生活水準を低下させることになっても、そういった努力が必要になってきます。ナバホ族はその努力を引き受けて、困難を困難とせず誇り高く生活しているのです。

近藤　先住民族の方々にとっては当たり前のことでも、今のわれわれ現代人が失っているものがあると考えると、同じようなことが動物にもあるのかなと思うのですが。

月尾　生物を崇拝するというのは共通しています。たとえばアメリカインディアンの一部族のネズ・パース族は、「どのような動物もわれわれより多くのことを知っている。水のある場所は人間より動物の方がはるかに知っている」と言っています。またクリー族も「人間が粗末にした動物から罰として病気を得たが、治す方法も動物から学んでいる」と言っています。動物の予知能力は人間よりあると思います。だから人間は威張ってはいけない。動物にはかなわない、鳥にも、魚にも、粘菌にさえかなわない、と考えることが重要です。

近藤　自然と共生するということがわれわれ現代人はうまくできていないことが分かりますね。今、われわれが当たり前だと思っている生活が、先住民族の話を聞くと、自分勝手に科学技術の力を使って発展させてきただけで、このままだと環境も破壊するし、いろんな問題が出てくる。さらに人工知能がどんどん社会の秩序をつくり、人類を支配してくるとなると、自然との間でどういう折り合いがつくのだろうかと疑問に思いますが、コンピュータができた頃から利用してこられた月尾さんとしては、どう見ておられますか。

月尾　論理のあること、規則のあることでは、人間はコンピュータにかないません。論理計算ではコンピュータは間違えませんが、人間は間違えます。与えられた目的に対して間違いを犯さないというのがコンピュータだとすれば、人間のレゾンデートル[※4]は「間違いを犯すが、それを修正できる」ことにあるのではないかと思います。

多様性こそが存続への道

近藤　先住民族それぞれに、伝説や伝統、昔の遺産など、貴重なものがたくさんあることが分かりました。そういう中で特にこれはすごいと感じられたものはありますか。

月尾　自然崇拝というのはほとんどの民族に共通です。自然を経済の対象としてみない精神があって、たとえばニュージーランドのマオリ族が崇拝している、二千年くらい生きてきた木があります。こういう木には祖先の霊があると思っているようです。この森に入るときには案内の人がお祈りをします。何を祈っているのかと聞いたら、「これから自分は日本から来た人間を案内する、先祖の皆さんお許しくださいとマオリ語で祈っている」と答えていました。日本人にも同じような概念があります。巨木や巨岩には神が宿っていると考え、切り倒したり除外したりはしない文化があります。オーストラリアに世界で二番目に大きいウルルという一枚岩があります。以前はエアーズロックと言っていました。イギリス人がオーストラリア大陸を横断するときに、文明国の人間として初めて発見したので、お世話になったオーストラリアの総督、ヘンリー・エアーズの名前をつけたわけです。しかも最近まで料金を取って観光客に登らせていました。ウルルはアボリジニの人にとっては神聖な場所で、神に仕える人だけが祭事のときに登るだけで一般の人は登ることも許されませんでした。そこへたかだか千数百円払った人が登るというのは屈辱的だったのですが、ようやく去年（二〇一九年）、アボリジニに返還されて登山禁止になりました。こういう岩を自分たちの精神の拠り所にするというのも先住民族に共通することです。アメリカインディアンのオジブワ族は特定の動物を神聖なものとして狩猟の対象にしない。自分たちの祖先は熊や鰻だと決めて、熊や鰻は獲らないという部族もあります。動物は生きるために獲ることもあるけれども、神聖とするものは獲らないという、われわれ日本人に近い考えだと思います。

近藤　アボリジニのような先住民族が大事にしている自然、日本人の心にもある自然の摂理という概念、八百万の神様を含む多神教的考え方、こういうものを尊重していかなければならないということですね。

月尾　先日、近藤さんが新聞に「歴史に学ぶ多様性こそ存続の鍵」という論説を書いておられましたが、私はこれだと思います。われわれ日本人として世界に訴えるべきは「多様性」ということだと思います。一神教の世界でも自然の多様さを定義してはいますが、本当に精神的な多様性ということは理解していないのではないかと思います。先住民族は多様性を十分体得しているし、その中で生活しています。日本の文化には世界の中の進んだ文化の中でも例外的に多様性があります。八百万の神がまさにその象徴です。つまり、神様だって八百万もいますという文化は大切です。先住民族の文化に共通する思想を現在に至るまで維持してきたのです。私たちは意識して日本独自の文化を守り、自信をもって発信していく責務があると思っています。

近藤　多様性を重んじる文化や習慣の重要性をわれわれは本能的に感じていると思うのですが、一元的に突き進んできた先進諸国の人々に、こういったことを分かっていただけるでしょうか。

月尾　伝わるかどうかではなくて、自分たちでそれを守っていくことが大事だと思います。必ずそれが必要とされるときが来ると思います。

近藤　そうですね。日本独自の伝統文化を見直すことも、また今日のように月尾さんから先住民族の叡智に学ぶことも、今のわれわれにできるバックキャスティングかもしれませんね。

（二〇二〇〈令和二〉年一月七日収録）

1　オーストラリア大陸とその周辺のタスマニア島などの島の先住民族。
2　ニュージーランドにイギリス人が入植する前から先住していた人々。
3　未来のあるべき姿を思い描き、そこを起点として逆算、今何をすべきかという解決策を考える思考法。このままではいけないという地球環境問題についての危機感から、一九七〇年代から広まってきた。
4　存在理由、存在意義という意味のフランス語の哲学用語。

明治維新期のアメリカに見る日本人像

マーティン・コルカット
（プリンストン大学東洋学部名誉教授）

Martin Collcutt
1939年生まれ
1962年 ケンブリッジ大学歴史学部卒業
1963年 ロンドン大学英語教授法取得
1963～66年 横浜国立大学講師
1966～69年 東京大学（本郷・駒場）講師
1969～75年 ハーバード大学東洋学部／歴史学部博士課程修了
1975～2013年 プリンストン大学東洋学部／歴史学部
2013年 退官

日本への興味の発端は禅

近藤　明治政府はその初期に、何度か使節団を海外へ派遣しております。使節団が学んできたことはすべて、日本の近代化を推し進める力になりました。その集大成ともいえるのが、岩倉具視[※1]を全権大使とした、大編成の「岩倉使節団」です。一年十か月に及ぶ長い旅の巡回記録は、数年後、『特命全権大使 米欧回覧実記』[※2]というタイトルで報告され、本として刊行されました。随行員であった久米邦武(くにたけ)[※3]書記官が詳細に書き記したものです。歴史的にきわめて貴重なものでしたが、難解な文語体であったため一般にはさほど読まれなかったようです。脚光を浴びたのはおよそ百年後の一九七七（昭和五十二）年で、岩波書店から全五巻の文庫本で出版されてからです。そして二〇〇九（平成二十一）年には、この英語版が刊行されました。そして英語版のアメリカ訪問の部分を翻訳なさったのがコルカット先生です。今日は、明治初期の日本人がアメリカの地で、サンフランシスコやワシントンという都会だけではなく、列車で移動したその途中の町や村で、どのようなことを感じ、何を観察したのか、またアメリカの人たちはどのように彼らを歓迎したのかといったお話をうかがいたいと思います。まず、翻訳に至るまでの先生の歩まれた道筋をご紹介くださいますか。

コルカット　私は一九三九（昭和十四）年のロンドン生まれです。父は戦争のときにビルマに従軍していて、私と母はロンドンの南西に位置するデボンシャーという、ある種非常に裕福な田舎で過ごし、プリマスの高等学校からケンブリッジ大学に進み、イギリスとヨーロッパの歴史を勉強しました。あるときにフォスコ・マライーニ[※4]の書いた『ミーティング・ウィズ・ジャパン』という本を読んで強い印象を受け、日本に興味を持つようになりました。それでロンドン大学で英語教授法を勉強して、来日しました。一九六四（昭和三十九）年、前の東京オリンピックの年で、ケネディ大統領暗殺の翌日でした。

近藤　その後、横浜国立大学、東京大学で英語の講師になられた。

コルカット　東大で教えることになったときには、前にそこで働いていたアメリカ人が「東大で教えると特別な仕事があります」と言うので、なんだろうと思ったのですが、週二回くらい、かなり長い間、東宮御所で皇太子殿下に英語を教えていました。

近藤　当時の皇太子殿下、今の上皇陛下ですね。その後、先生はハーバード大学で博士号を取得されました。そのテーマは「臨済宗[※5]」ということですが、臨済宗の特徴といえるものを教えていただけますか。日本人はよく宗教的ではないといわれますけれども、臨済宗を研究されて、どのようにお感じになられましたか。

コルカット　私が日本に来た当時、イギリスとアメリカでは若い人がかなり禅、仏教に関心を持っていました。私は禅だけではなく、日本そのものについて関心を持っていましたので、日本における禅の歴史や日本人と禅の関係を勉強したかったのですね。

近藤　最初に読まれて感銘を受けたマライーニの本にも禅のことは書いてあったのですか。

コルカット　書いてあったと思います。ハーバード大学で日本の禅についての論文を書きたかったんですね。日本人が宗教的かどうかということについては、仏教の各宗派や神道、キリスト教など、日本ではそれぞれの関係者がそれなりに活躍していますし、日本は宗教国家ではないけれども、根底には先祖を尊敬するという意識があります。私は禅、特に臨済宗に関心を持ち、勉強したいと思いました。他の仏教宗派はお経のあげ方や仏典の読み方を大事にしますが、日本の禅でもっとも大切なのは、自分の本当の精神、生の本当の意味といった自分を見つめ、探して理解することなので、それを一生懸命考え、日常生活で体現しようとする感じはあったと思います。それで私は関心を持って、できるだけ座禅をしました。

近藤　先生の臨済宗への関心というのは、仏と対峙するというよりも、自分の内面と向き合う、自分を探究するところにあるということでしょうか。

コルカット　個人的な意味ばかりではなく、歴史の研究者としても、日本でどうして禅が広まっていったのかに興味がありました。中国から日本に禅が入って来て、鎌倉と京都に禅寺ができ、その後どうしてほかの宗派と並んで強くなっていったのか、そこに関心を持つようになりました。

近藤　今、外国でも日本の禅に関心のある方が増えていますけれども、当時から日本の禅、つまりキリスト教とは相当違う精神的な信念への関心はヨーロッパでもあったのでしょうか。また欧米の方々が日本の禅に関心を持ちはじめた背景には、どのような理由があるのでしょう。

コルカット　ヨーロッパでは一九六〇年代に、学生世代を中心に社会運動が巻き起こり、いろいろな立場の人が思想的な論争をするときに、「日本と禅」がテーマの一つになっていたように思うのですね。それで特に若い人の中には、日本に行けば本格的な禅の修行が可能となり、禅を深めることができると思ったのかもしれません。そういう傾向がありました。

アメリカ横断を実地検証

近藤　もっと禅のお話をうかがいたいところですが、今日のテーマ『米欧回覧実記』の英訳に関するお話に移りたいと思います。原書は岩波書店刊『特命全権大使 米欧回覧実記』全五巻です。第一巻がアメリカ、二巻以降がヨーロッパです。この第一巻をコルカット先生が翻訳されました。これには大変なご苦労があったかと思います。まず、この本を英訳しようと思われた経緯といいますか、きっかけは何でしたか。

コルカット　プリンストン大学では室町時代の歴史を教えていました。若い人が禅に関心を持つようになったあの時代に、私も自然と関心を持つようになったのです。また妻のアキコとの出会いもその当時のことです。その後、次第に明治の宗教政策、廃仏毀釈などに関心を持つようになりました。その頃出合ったのが、『米欧回覧実記』でした。「第一巻の英訳を担当していただけないでしょうか」という話があって、それで翻訳に着手したんですね。

近藤　ご夫婦による訳ということですが、実際にはどのような手順で訳されたのですか。

コルカット　四年ぐらいだと思いますけれども、かなり時間がかかりました。アキコが日本語版を声に出して読み、私がそれをメモして翻訳していくという流れで進めました。何度も聞き直したり、調べ直したりという調子で、一生懸命やりました。「この翻訳はどうですか」と常にアキコに批評してもらい、お互いに話し合いながら、岩倉使節団のアメリカでの経験を正確に調べようとしましたね。

近藤　原文はカタカナと漢字の文語体で書かれた名文です。奥様が読まれてそれを先生がメモを

サンフランシスコ到着直後の岩倉使節団。左から木戸孝允、山口尚芳、岩倉具視、伊藤博文、大久保利通

取られた。メモは英語で？

コルカット　英語です。日本語を聞きながら英語でメモをしていきます。地名は地図で確認するのですが、地図で見てもよく分からないところがあります。原書のカタカナ表記を、日本語や英語で近いものを類推するのですが、たとえば「アイヨア州ヂスモンス」など、分からないところは実際に行って確かめるしかない。それでアキコと二回、アメリカ横断旅行をしました。最初はアムトラックで。[※6]アムトラックの運行路線は、昔の岩倉使節団のときとは違いましたね。

近藤　使節団はまずサンフランシスコに上陸し、大歓迎を受け、一八六七（慶応三）年に開通したばかりの大陸横断鉄道で東海岸に向かった。その道程を検証されたわけですね。

コルカット　とにかくアムトラックで一度やって、その数年後、二回目は車を借りて、できるだけ使節団の行動と同じ道を探そうと思ってやってみました。それはなかなか面白かったですね。使節団の人たちが、鉄道の車窓から何を見たのか、アメリカはどういう国だと感じたのか、鹿などの動物が突然出てきたのが車窓から見えたのはどのあたりなのかなど、使節団が見たり感じたりしたことを追経験したかったのです。

近藤　車窓からこんな風景を見ていたんだろうと推量できたというわけですね。

コルカット　ネバダ州のバトル・マウンテン、原書の「バットルモンテン」では、こんな話がありました。その近くに住んでいる人たちは、できれば日本からの団体と話がしたかった、食事を出したかった、歓待したかった。けれども使節団はなるべく早くワシントンへ行きたかったわけですから、たぶん食事もとらずに村を去ったんですね。すると翌朝のその地方の新聞には「モンゴルの人たちが突然消えてしまった」という記事が出ました。私たちが小さな町の図書館でマイクロフィルムを見せてもらい、こういうエピソードがあったことを見つけたのです。モンゴル人への村の人たちの批判が、そこの図書館にはまだ残っています。

近藤　モンゴル人の一行だと思ったのですね。

コルカット　そうですね。日本は数百年間いわゆるクローズドカントリー、鎖国でした。そして明治維新。世界中の人たちは日本に大きな興味と関心を持っていたのです。だから岩倉使節団はどこへ行っても歓迎されたようです。ヨーロッパの国々は知りませんけれども、少なくともアメリカとイギリスは大歓迎だったんです。そして明治政府は外国の技術、世界中の国々について勉強したかった。教育制度や軍隊、軍人の制度、進んでいるテクノロジーや製造の工程などを勉強したかったんですね。そして受け入れたアメリカやイギリス、ヨーロッパの人たちは、その要求に理解を示してそれにふさわしいところへ案内しています。岩倉使節団の記録を読みますと、ほとんど毎日どこかへ行って見学しているんですね。そういう意味では非常に良い勉強になったと思います。そして、よく観察しています。ところどころにそういう記述が出てきます。たとえば、久米書記官はアメリカで、黒人のいわゆるスレイブ、奴隷のことに気がついて、「チャンスがあれば黒人も勉強したいはず。そうすれば社会は良くなる」などと書いています。

近藤　そうした洞察力は素晴らしいですね。黒人の社会進出についても予見している記述がある。

コルカット　「男性より女性を大事にした」という記述もありました。びっくりしたんでしょうね。女性を優先しなさい、と。そして口先だけではなく実際にそういう行動もとった。それも勉強になりました。

近藤　レディファーストの文化に戸惑いつつも、そのようにふるまいもしたわけですね。

使節団が各地で歓迎を受けた舞台裏

コルカット　一行には六〇名近い留学生がいました。使節団はアメリカからヨーロッパへ向かったわけですけれども、若い人たちのうち十数名はアメリカにとどまり、生活した人が多かったんですね。その人たちは、アメリカでどのように過ごし、どのような家で生活したのでしょうか。留学生の子どもたちはアメリカで勉強したい、生活したいと希望しており、そのためにはどこか住むところが必要です。新聞を読んで使節団のことを知った何組かの家族が、「私たちは喜んで子どもたちを受け入れます」と申し出たんですね。それで、その若い学生たちは、それぞれの家庭で数年間ほど生活することができました。そしてアメリカの一流大学で学ぶことができた。これは非常に良い経験だったと私は思います。

近藤　当時から外国の子どもたちをホームステイさせて面倒をみようという、そういうボランティア精神を持った方たちが存在したということですね。

コルカット　そうですね。子どもたちには温かい家庭が必要でしたが、幸いにもそれはすぐ見つかりました。というのは、大小さまざまな新聞にいろいろな記事が掲載されたからです。カリフォルニアだけではなくて、アメリカ各地の新聞が、使節団がサンフランシスコに着いてからずっと、どの土地に日本人の一行が到着したかという記事を掲載したので、各地の住民は使節団のことをみんな知っていたのですね。

近藤　だからホームステイをさせてもいい、という家庭も見つけやすかった。

コルカット　使節団が日本を発つ前から、アメリカのさまざまな新聞に予告の記事が出ていたので、みんな興味を持って、迎える気持ちで待っていたのです。

近藤　事前に報道されていたから、自然に好意的に受け入れられた。

コルカット　そうだと思います。一八七一（明治四）年の十二月十八日、使節団が日本を出発する前のサンフランシスコの新聞には「進歩的な日本の使節団がこれからアメリカとヨーロッパの国々に行きます」という記事が載りました。出発した後は、「日本の使節団が数日で着きます」というように。私は、一行が初めにアメリカに行き、それからヨーロッパへ渡ったことが大事だったと思っています。事前に、アジアからの一番大切な使節団がもうすぐ着きますよ、という前触れの記事が載りました。これはチャールズ・デロング[※7]の功績が大きいですね。デロング夫妻は、出身地であるサンフランシスコのお金持ちや有力者に働きかけて、歓迎委員会を組織していたのです。岩倉使節団を考えるときには、彼の影響は非常に大切です。彼は日本駐在のアメリカ公使を務めており、使節団と一緒にアメリカに一時帰国したほどです。彼の奥さんが、使節団の子どもたちの面倒を見たことでも重要でした。

近藤　デロングさんは、駐日公使で親日家だったのですね。

コルカット　そうです。日本と非常に縁が深い方です。

近藤　岩倉具視とも面識はあったのでしょうか。

コルカット　あったと思います。日本から西回りでフランスのマルセイユに上陸するのではなく、まずサンフランシスコへと日本政府に働きかけ、奥さんと一緒に案内役を買って出たのです。新聞報道の手配もして、開通間もない大陸横断鉄道で東海岸まで付き添いました。彼の働きかけがあって、一八七二（明治五）年一月十五日月曜日の朝刊に「サンフランシスコにもうすぐ使節団が着きます」、夕方の新聞に「今朝着きました」と報じられたのです。

近藤　アメリカは電信網も整備されたばかりで、新聞報道の影響は多大だったわけですね。

コルカット　いつも、かなり大きな記事で報道されました。当時のアメリカでは、情報は新聞から新聞へ、すぐに動いていたのです。ですからあるニュースがサンフランシスコの新聞に出ると、次の朝か夕方には、同じような情報がアメリカのあちらこちらの新聞に出ました。時々刻々と一行の動向が報道されたわけです。私が強調したいのは、使節団は世界中を周ったのですが、その良い影響は、日本のみならず使節団を受け入れた国々へもあったということです。使節団はどこへ行っても歓迎された。それは世界中が共有する経験だったのだと思います。特にアメリカとイギリスの場合、岩倉使節団は大きな歓迎を受けたといえますね。

近藤　その大歓迎の理由は「プログレッシブ・ジャパン」、日本は明治維新で大きく改革をした、そして天皇陛下の使節として、こんなに大きな使節団を派遣してきたということですね。

コルカット　使節団は世界に向けて、新しい日本をアピールすることができました。

近藤　アジアで大きな改革をした国から大事なミッションが来たということで、どこに行っても歓迎された。アメリカの田舎の方々は、初めて日本人を見てびっくりしたのでしょうか。そもそも使節団の一行は和服だったのか、それとも洋服を調達したのか。

コルカット　岩倉さんはずっと和服だったのではないですか、代表として。けれどもほかの使節団の人たちは、シカゴやワシントンに着いて、洋服を買うチャンスがあった。もちろん、できれば日本的な雰囲気を表したかったのでしょうが、同時にアメリカ風とかイギリス風の生活のパターンやしきたりを考えたのではないか、と私は思います。

近藤　アメリカの寝台車に乗って旅をして、ホテルに泊まるんですよね。一行は最初どんな感じだったのでしょうか。ベッドなんて知らなかったでしょうし、アメリカ生活の初体験に対する印象はどのようなものだったのでしょう。

コルカット　初めは難しかったと思います。分からないことはデロング夫妻に聞いたり、相談したり、毎日勉強しながら行動したのではないでしょうか。

近藤　靴は履いたままホテルに入ったのか、それとも入り口で脱いだのでしょうか。

コルカット　もしかすると旅の最初は、脱いだ方がいいんじゃないかと判断したかもしれませんね。脱いで入ってから、大丈夫ですよ、そのままで、という経験はあったと思います。

近藤　それで、見たこともない着物を着ている日本人に対して、率直に手厳しいというか意地悪というか、そういう記述はありましたか。

コルカット　個人的にはちょっと違うんじゃないか、という記事は時々出ているんですね。たとえば岩倉団長は、日本を代表する立場として着物姿でどうしても行きたかったから、彼はワシントンまで着物姿で行きました。乗り込んでいく、という感じですね。ほかの使節団のメンバーたちは、西洋式の方が無難だと考えてそのように行動したと。

近藤　大久保利通、木戸孝允らは背広を買い求めて行動した。そうした姿はアメリカの人にはどう映ったのでしょう。

コルカット　「日本人は変わりました」という新聞記事が確かあったと思います。

近藤　幕末明治期の記録には、礼儀正しいとか文化の素養が高いといった外国での評判がありますけれども、アメリカの地方新聞では実際にはどのような評価だったのでしょうか。

コルカット　新聞で知っている人たちは、とにかく日本の使節団を見たかったんですね。小さな町も大都市も、すべて日本の使節団に興味があったので見たかった。そして使節団は、できるだけ教育現場である学校を見て周りたかったんです。小さな町でも、時間があれば学校を見て周り、いろいろな質問をして、なぜこういうことをしているのですか、といったやりとりがあったと思います。一行がシカゴに着いたとき、大火事[※8]に遭遇しました。そして、その復興のためにすぐに五万ドルを寄付しました。このことはシカゴの新聞だけではなく、アメリカ中の新聞に、日本人は親切にも寄付をした、といった記事が出たんですね。

米国留学女学生。左から永井繁子（10）、上田貞子（16）、吉益亮子（16）、津田梅子（6）、山川捨松（11）

若い明治の日本の心意気

近藤　使節団には若い女性が五人、留学が目的で渡米しましたね。使節団が帰国するとき、一番幼かった津田梅子[※9]はまだ六歳で、その後十一年ほどアメリカに滞在しました。そして帰国後、教育界で活躍しました。

コルカット　幼かった梅子の面倒はデロング夫人が見てくれました。彼女は五人の若い女性たちに対して非常に親切に丁寧に接しました。新聞の記事を見ていると、デロング夫人は彼女たちに、「今私たちはどこにいます」「車窓からは何が見えますよ」「次の街はシカゴです」「シカゴでは何をしましょう」「大きな火事がありました」など、詳しく説明をしました。このような会話が毎日、確実にあったと思いますし、夫人は若い女性たちの心配を取り除こうとしていました。長い旅ではあったけれど、勉強しながらアメリカを周り、十分な準備をしてからアメリカの学校に入った。そこから長い間アメリカで勉強したことは、本当に素晴らしい体験だったと思いますね。梅子はとにかく非常に真面目で、レベルの高い学校で勉強してから日本に帰って来ました。学校はもちろんホームステイ先の家族たちからも良い影響を受けました。家族の一員として日常生活を体験したことは、とても良い経験になったと思います。

近藤　翻訳のご苦労を共にされ、さらに使節団追跡の旅をなさって各地の新聞報道を調査された奥様からも、一言感想をいただけますか。

アキコ　私が一番強く感じたのは、新聞が受け入れ側の歓待の態度を強調していたことです。岩倉使節団が最初にアメリカに着いたときのことですが「とても感謝している」という記事がありました。また、日本の留学生はイギリスに行くのが当然という風潮の中で、公家や大名の子息がよくもわざわざアメリカを選んでくれた、それが有難い、というような記事もありました。率直な気持ちのように思われました。

近藤　迎えるアメリカ側も南北戦争が終結して数年後、建国百年、ある意味では若々しい国だったわけです。岩倉具視をはじめとする政府の中枢が二年近くも日本を離れ、そして若い人たちも志を抱いて留学に望んだ。翻訳されている間、新しい時代をつくるんだという明治の人の意気込み、当時の若い人の心意気のようなものは感じられましたか。

コルカット　それは、日本とアメリカの双方にあったと感じます。アメリカ側も感謝していると報道し、もちろん使節団も感謝の意を表明しています。私たちは、記録をとっていた久米書記官にも大いに感謝しなければなりません。彼は毎日勉強し、書き出して確かめ、質問して直す。非常に丁寧な仕事ぶりだったと思います。

近藤 そうですね。そしてさらに私たちは、翻訳の労をとられたコルカット先生ご夫妻にも感謝したいと思います。ありがとうございました。

（二〇二〇〈令和二〉年二月二十一日収録）

1 一八二五～八三 明治維新で活躍した公家出身の政治家。明治政府の中心人物で、不平等条約改正の交渉のため、岩倉使節団の特命全権大使としてアメリカ、ヨーロッパを歴訪。

2 一八七八（明治十一）年刊行の岩倉使節団の公式報告書。一八七一（明治四）年から七三（明治六）年にかけて百名余に及ぶ大使節団がアメリカ、ヨーロッパを歴訪した日々を、随行の久米邦武書記官が逐一、詳細に記録したもの。一九七七（昭和五十二）年、解説付きで岩波文庫から全五巻で刊行。日誌に加え視察先の農業生産物の収穫量をはじめ、入手した資料や現地の調査結果や地図、絵図なども収載。二〇〇九（平成二十一）年ケンブリッジ大学出版局から英語版が刊行され明治初期の「西洋文明の見聞録」として話題に。

3 一八三九～一九三一 佐賀藩士の家に生まれ明治新政府に出仕、岩倉使節団に記録編纂係として随行。『特命全権大使米欧回覧実記』を編纂。後に歴史学者として早稲田大学等で教鞭をとり近代的実証史学、古文書学の分野を確立した。

4 一九一二～二〇〇四 イタリアの写真家、登山家、人類学者、東洋学者。フィレンツェ大学を卒業後、日本に留学。北海道大学に籍を置いてアイヌの人々と出会い、京都大学イタリア語科の教師となった。戦時下、名古屋で抑留されたあと、一九四五（昭和二十）年帰国。その後再来日し、能登をはじめ日本各地を巡って記録映画を撮影した。フィレンツェ大学に日本語・日本文学科を創設したほか、日本とイタリアの文化・学術交流に尽くした。『ミーティング・ウィズ・ジャパン』など随筆、写真集、人類学関連の著書多数。

5 曹洞宗・黄檗宗と共に日本三大禅宗の一つといわれる。鎌倉時代に栄西によって日本に伝えられ、武家社会を中心に広まった。「公案」という禅問答を手掛かりに悟りの境地を目指す。

6 アラスカとハワイをのぞくアメリカ全土で、主要都市間の旅客輸送を行っている全米鉄道旅客輸送公社National Railroad Passenger Corporationの通称。アムトラック（Amtrak）は、AmericanとTrackの二つの語から合成されたもの。

7　Charles E.De Long　駐日米公使。一八七一（明治四）年、岩倉使節団に同行して出身地のサンフランシスコへ家族とともに一時帰国。それに先立ち、同地の有力者を中心に使節団の受け入れ委員会を立ち上げ、歓迎のお膳立てをした。また留学生ら百人余の鉄道による東海岸までの旅に付き添った。夫人は女性留学生の世話役として貢献した。

8　シカゴ大火。一八七一（明治四）年十月八日、米イリノイ州シカゴ市内で発生した大規模火災のこと。死者二五〇人以上、市街地の建造物は軒並み全焼。被害額は当時にして約二億ドル、家を失った人は一〇万人に上った。被災後、市は木造住宅を禁止し、煉瓦、石造、鉄製を推奨したため、高層建築物の建設ラッシュが始まった。

9　一八六四～一九二九　父は幕臣で農学者となった津田仙。一八七一（明治四）年、開拓使が募集した女子留学生の一人として渡米。初等・中等教育を受け帰国。華族女学校教授になったが再び米国に留学し、ブリンマーカレッジの生物学選科生となる。再帰国後は華族女学校教授に復帰、のち女子高等師範学校教授を兼任。その後辞職し、女子英学塾、後の津田塾大学を創立して、英語教育や女子教育の先駆者となった。

海外から見た日本の魅力

グレン・S・フクシマ（米国先端政策研究所上級研究員）

Glen S. Fukushima
1949 年生まれ。米国の大手法律事務所に勤めたあと、米国大統領府通商代表部日本担当部長（1985 〜 88)、米国通商代表補代理（1988 〜 90）などを歴任。在日米国商工会議所会頭を２期務めた経歴を持つ。スタンフォード大学、ハーバード大学大学院、慶應義塾大学、東京大学にて学ぶ。1993 年、著書『日米経済摩擦の政治学』で第９回大平正芳記念賞受賞。

仕事と私生活と趣味

近藤　グレンさんは日米のみならず世界を駆けめぐり、お仕事の幅も非常に広く、各地に拠点をもって活躍しておられます。まず日本との接点からお話しいただけますか。

フクシマ　日本の文化について詳しい知識のある日本の専門家というわけではありません。ハーバード大学の大学院生のときには東アジア地域研究、社会学、経営学、法律の勉強をし、スタンフォード大学での学部の専攻は近代史と経済学でした。

近藤　スタンフォード大学在学中に日本に留学されていますね。

フクシマ　交換留学生として慶應義塾大学に一年間在籍し、石川忠雄先生、神谷不二先生、ジェラルド・カーティス先生のゼミを聴講しました。東京工業大学で教鞭をとっていた永井陽之助先生のゼミもです。その後、東京大学の三谷太一郎先生、佐藤誠三郎先生、齋藤誠先生のところで勉強して、その後はハーバード大学大学院で八年間過ごして、『孤独な群衆』を書いたデイヴィッド・リースマン教授とエドウィン・ライシャワー教授、そしてエズラ・ヴォーゲル教授の助手もしました。さらにフルブライト研究員として東京大学で法律の勉強をしました。これが日本との一つ目の接点です。二つ目の接点は、一九七二（昭和四十七）年に妻の咲江と結婚したことです。一九七〇(昭和四十五)年にスタンフォード大学で開催された第二十二回日米学生会議で知り合ったのですが、私がハーバード大学へ大学院生として行ってから、彼女はハーバード大学で日本語の先生をしながら教育学の修士を取得しました。その後、スタンフォード大学ビジネススクールで学び、今でもビジネスの世界で仕事をしています。三つ目の接点は仕事です。大学院の前に、

2015（平成27）年、ヒラリー・クリントン大統領候補との夕食会

日本の英字新聞で一年間仕事をし、一九七九（昭和五十四）年、大学院生の夏に広告会社で研修をしました。法律事務所でも働きました。アメリカに戻って弁護士をし、さらに米国通商代表部で五年間、日米の交渉、中国との交渉にも参加しました。ちょうど日米の貿易摩擦が盛んな一九八〇年代でした。

近藤　日本とアメリカ、両国のことが分かる官僚として通商政策の立案や実施に関わってこられたことを、『日米経済摩擦の政治学』という著書に書かれていますね。

フクシマ　その後一九九〇（平成二）年から二十二年間は東京で生活し、アメリカの企業四社、ヨーロッパの企業一社で仕事をして、在日米国商工会議所会頭、日本企業の社外取締役等も何社か務めました。二〇一二（平成二十四）年にはアメリカに戻り、現在は大きく分けて二つの活動をしています。一つは、米国先端政策研究所でアメリカとアジアの関係についての研究活動、もう一つは政治の世界におけるものです。通商代表部にいるときは官僚として通商政策の仕事をしていたのですが、たまに議会、議員たちと意見交換をするぐらいで、政治とは直接関係がありませんでした。しかし二〇一二（平成二十四）年に戻ってからは、議会や政府と意見交換や情報交換をする機会があって、「全米民主党委員会」「民主党上院議員選挙委員会」「民主党下院議員選挙委員会」等の組織の会議や年次総会、勉強会に頻繁に参加しています。二〇一六（平成二十八）年の大統領選挙ではヒラリー・クリントン候補を応援し彼女の外交問題委員会のメンバーに就任し、二〇二〇（令和二）年にはバイデン候補の委員会のメンバーも務めました。

近藤　ご趣味も国際的ですね。

フクシマ　趣味については大きく分けて三つあります。一つは音楽です。小さいときにヴァイオリンを弾いていましたので、今でもヴァイオリンが大好きで、東京に住んでいるときもしょっちゅう演奏会に行っていました。バッハ・コレギウム・ジャパンの音楽監督である鈴木雅明さんが設立したアメリカでの応援組織の支援理事もしています。ワシントンの住まいがケネディー・センターから歩いて十分くらいのところですから、よく音楽会に出かけます。二つ目の趣味は美術で、ワシントンの国立肖像画美術館の理事もしています。東京では森美術館の理事を務めていまして、サンフランシスコではアジア美術館と現代美術館の支援会に入り、世界各国の美術館巡りもしています。最後はワインです。私はカリフォルニアのワインが好きですが、フランス、イタリア、オーストラリア、ニュージーランド、最近は日本ワインも楽しんでいます。サンフランシスコに家を持っていることもあり、一〇〇軒以上ものカリフォルニア・フランス・ドイツ等のワイナリーの見学もしています。日米のワインの交流にもこれから少し貢献したいと思っています。

近藤　日米のみならず世界的にも広く活躍され、お仕事は社会科学の分野かもしれませんが、専門分野は自然科学にも及び、ご趣味は音楽、美術、ワインと完全にヒューマニティーズの分野であり、地理的にも、学問的な分類のエリアにおいても幅広く、全体をカバーしておられる方はそうたくさんいらっしゃらないと思います。ご経歴や趣味も含めて、グレンさんは日米の政財界、法曹界にとって重要な存在です。

フクシマ　仕事で日本とアメリカを行き来し、またヨーロッパの企業でも仕事をしていますので、それぞれの文化に触れる機会に恵まれ、楽しめるようになりました。

両極端の相違点と共通点

近藤　自らの体験に基づいていろいろと比較検討できるというのは、グレンさんの強みですね。貴重です。

フクシマ　私は、日系三世のアメリカ人として、「三つの異なる世界」で生きてくることができたのは幸運だと思っています。一つ目の世界はアメリカの政治、政府、経済、文化、教育界に関わる人々の世界。二つ目は慶應義塾大学、東京大学、米国通商代表部や二十二年間日本で過ごしたビジネス界での仕事を通じて多くの友人を得た日本という世界。三つ目は、日系人を含むアジア系アメリカ人の世界です。日本とアメリカに関わることの魅力の一つは、G7の先進工業国の中で、この二国は、さまざまな点で、どちらも「特殊」かつ「両極端」に位置していることです。次ページのリストは五五の観点で、両国が対照的であることを示したものです。数年前、日本に

THE UNITED STATES AND JAPAN

1. Individual	Group
2. Leader	Team
3. Self	Other
4. Universal	Particular
5. Similarities	Differences (from the outside world)
6. Heterogeneous	Homogeneous
7. Diversity	Uniformity
8. Creativity	Conformity
9. Transactions	Relationships
10. Unilateral	Reciprocal
11. Short term	Long term
12. Present/future	Past/history
13. New/fresh/untested	Old/traditional/tested
14. Logical/analytical/critical thinking	Reasonable
15. "Dry"	"Wet"
16. Explicit	Implicit/tacit
17. Conflict	Consensus
18. Confrontation	Harmony/saving face
19. Competition	Cooperation
20. Action	Deliberation
21. Self-confidence	Self-effacement
22. Self-promotion	Modesty
23. Active/aggressive	Responsive/reactive
24. Creating rules	Using rules
25. Choice/options	Given conditions
26. Approximate	Precise/exact/detailed
27. Wasteful	Frugal
28. Quantity	Quality
29. Spontaneous	Predictable/planned
30. Improvised	Orchestrated
31. Innovation	Continuity/precedence
32. Disruptive	Stable
33. Dynamic	Static
34. Chaotic	Organized/structured
35. Leapfrogging/breakthrough	Accumulation/incrementalism
36. Risk-taking	Cautious
37. Absolute	Relative
38. Black/white	Grey
39. Either/or	Both
40. Clarity	Ambiguity
41. Principles	Situation
42. Shareholders	Stakeholders
43. Market	Regulation
44. Private sector	Public sector
45. Civil society	Government
46. Inclusive	Exclusive
47. Open	Closed
48. Transparent	Opaque
49. Equality of opportunity	Equality of result
50. Capitalism	Socialism
51. Function	Form
52. Energetic	Experienced
53. Cross-organizational	Siloed/stove-piped
54. Garrulous	Silent
55. *Honne* [objective reality, empirical truth]	*Tatemae* [façade, principle]

「日米の違い」リスト

一年間留学予定のアメリカ人大学生に講演をして欲しいとの依頼をある大学から受けました。その大学は、学生が日本留学の一年間を有効活用できるように「オリエンテーション」をして欲しいとの意向だったのですが、前ページの「日米の違い」のリストはそのときに作成したものです。それは私自身が一九七〇年代初頭に慶應義塾大学留学のために学生として来日して以来五十年間の経験から学んだことの集大成といっても良いかと思います。その間に、日米間で、学生として、またジャーナリズム、法曹界、政府、ビジネス、大学、非営利団体等でさまざまな経験をすることができました。こうした幅広い経験ができたことで、異なった職業の人々のマインドセットや世界観を理解することができたと思っています。リストに挙げた五五の「違い」は、もちろん、社会学者のマックス・ウエーバーの言葉を借りれば「理念型（ideal types）」であり、誇張であり、必ずしも現実の正確な描写ではないと思います。しかし、日本の経験も知識もないアメリカ人からは、このリストは「日米の違いを理解するのに有益で大変役に立った」と言ってもらえています。五十年間の経験のうち、一九九〇（平成二）年から二〇一二（平成二十四）年まで二十二年間はビジネス界で過ごしましたが、その世界で学んだことは、いかに日本の伝統的組織が、米国の同様の組織と比較して、「継続性」「安定性」「予測可能性」「前例主義」を重要視するかということです。これだけ両極端の国同士が、戦後うまく付き合ってきたのは奇跡に近いかもしれません。日米両国の違いを理解することで、ほかのG7の国々を理解することが容易になります。なぜならば、ほかの国々は両極端に位置しているアメリカと日本の間の〝どこか〟に位置しているからです。たとえば、コーポレート・ガバナンス[※1]（企業統治）を例にとると、英国とカナダはアメリカに近いですが、アメリカほど極端な株主至上主義ではありませんし、ドイツ、フランス、イタリアは日本に近いですが、日本ほど極端ではありません。

近藤　両極端の日米の似ているところ、異なるところ、具体的にはどんなことでしょうか。

フクシマ　明確な例は、コーポレート・ガバナンスの領域だと思います。たとえば、取締役の構成を見ると、社内と社外の割合がアメリカと日本では両極端にあります。アメリカの大企業は社内が少なく、日本の伝統的企業は社外が少ない。また、取締役のジェンダーや国籍を考えても、多様な背景の人が多いアメリカと日本人男性中心の日本は両極端にあります。もう一つ例を挙げれば、銃規制です。日本は銃の保有に関してはもっとも規制が厳しく、アメリカはもっとも緩い。このように、アメリカと日本が両極端にある事例を挙げると、実に多い。これはほかのG7の国だけでなく、OECDの三八か国と比較しても、多いと思います。移民政策も同様です。

近藤　会社の雰囲気、社風というようなものは、リーダーの個人的スタイルと地域性が反映される気がします。アメリカの個人主義について、プラスの面とマイナスの面を含めてどうでしょうか。

フクシマ　家庭教育や学校教育、宗教が関係するかもしれませんが、リストに挙げたようにアメリカの場合はとにかく個人重視です。集団あるいはグループより個人を重視することでプラスの面もマイナスの面もあるのですが、アメリカほど個人主義だと社会的に弊害がある。しかし日本ほど集団を重視すると個人の権利が軽視されることもある。私は日本においてもアメリカにおいても、個人に対してどれだけ重点を置くかというのは、どちらも満足はしていないんですね。私は個人的には、実は中間の状態が居心地がいいんです。

近藤　中間がいい、中庸がいい、という考え方は日本人の間に浸透していますが、アメリカ人はあまり好まないのかと思っておりました。中庸は曖昧だ、共和党か民主党かどちらか、第三党なんてありえない、という風潮があるように思うのですが、いかがでしょう。

フクシマ　基本的にはそうですけれども、アメリカでもここまで民主党と共和党が対立するのは行き過ぎだ、お互いに妥協しなければということで、自己主張ばかりして相手の言うことを聞かないのはよくないと考える人も結構いるんですね。

近藤　そうだろうと思いますね。実体では互いに似ているところがあるのに、報道などの影響で違いを誇張している気がしないでもありません。そのあたりはどう埋めたらいいのでしょう。

フクシマ　ジャーナリズムのあり方は非常に難しい問題ですね。これはアメリカの社会そのものが分断されていることもあって、マスコミが一方でニューヨーク・タイムズ、ワシントン・ポスト、テレビのCNN、他方でブライト・バードやテレビではフォックス・ニュース、この二グループがそれぞれに提供する内容がまったく異なり、二つの別世界の報道がなされています。「事実」として報道されることも異なり、それがさらにSNSで拡散されます。SNSはその個人の関心のあるニュースしか提供しないビジネスモデルで成り立っているので、「事実」として信じることに偏りが生じ、ますます分断が進むという状況になっています。修復するのは非常に難しく、一八六〇年代の南北戦争以来これだけ分断したことはないという歴史家もいます。二〇二〇（令和二）年十一月の大統領選挙の結果、新しい政治体制になれば、真っ先に力を入れるのはこの分断をどう解消するかだと思います。たとえば、アメリカの貧富の格差、コロナ禍で明白になった黒人やヒスパニックの低所得層ほど死亡率が高いという現実、医療施設、肥満や健康状態などに現れる貧富の格差という諸問題に対処しなければなりません。バイデン政権になれば、彼がオバマ政権で副大統領を務めたときに議会を説得して法律にした医療保険制度を、さらに普及させて

1989（平成元）年に上司のクレイトン・K・ヤイター米国通商代表と

いく動きは必ず出てくると思います。今後重要なのは、そうした格差是正に向けての詳細な分析です。たとえば、先ほどの低所得層のコロナの感染率や死亡率の高さが、保険制度のカバーがなかったことと関連性があるのかということの分析です。いずれにしろ、アメリカの大きい分断を解消するには、格差に真っ向から立ち向かわなければならないと思います。

なぜそうなのか説得すること

近藤　ビジネスの場合、日本は目先の利益よりも、長い人間関係に基づいてお互いに長期的にプラスになることを目指したいところがあります。そのためには「三方良し[※2]」で、皆がそれぞれ利益を受けるのがいいとされ、今日本が導入を進めているコーポレート・ガバナンスは、シェアホルダー（株主）の利益に偏りすぎて、それはやはりおかしいという批判もあります。こういったことを考えるときにも、アメリカと日本の両極端を対比してみると、本当にいろいろなことが分かってきますね。

フクシマ　ご指摘のように、またリストにも挙げたように、日本はステークホールダー全体、取引関係、長期的視点を重視するのに対して、アメリカは株主、取引そのもの、短期志向だと思います。今後も重要なテーマになると思うのは、ルールづくりとルールの運用ですね。何もないところからルールをつくるのはアメリカは得意なんですね。日本は与えられたルールをいかに使うかに長けている。ただ、これからは日本もこの世界のルールづくりに積極的に参加する必要があるんじゃないかと思いますね。そして、おかしいなと思う部分を、なぜそうなのか、理論的にきちんと説得していけばいいのではないかと思います。

近藤　おっしゃるとおりで、それは私も貿易交渉に携わって強く感じた点です。日本がルールをつくって世界を説得していくべきだと。でもなかなかできないんですね。複雑な状況の中で単純化しなくてはいけない。それによって利害関係者の中に得をする人と損をする人が出てくる。ルールづくりのためにそれを押し切らねばならないが、それが不得手という日本の国民性というか体質は、これもなかなか変わっていないような気がします。

フクシマ　そうですね。でも京都議定書[※3]は、総力を挙げて不得意を克服した例でもあるのではないでしょうか。

近藤　得意分野はあると思いますね。たとえば、食文化や職人技の生きる産業とか。

フクシマ　日本の食文化は世界でも最高水準で質を重視しています。量と質については、アメリカは極端に行き過ぎていて、たとえばハサミや包丁等の日用品を買おうと思っても、普通の店には中国の安い輸入製品しかない。だから本当に質が高いものを買おうと思ったら、私は日本で買うんです。日本では単純なものでも、まだきちんと日本でつくっています。

近藤　そこは、日本は職人が活躍していますから得意分野ですね。

フクシマ　伝統産業が残っている一方で、日本では新しい企業が出てこないという議論があります。日本の場合は一度失敗すると将来が暗い。アメリカの場合は、何かやって失敗した人の方がしない人より高く評価されます。むしろ失敗から何を学ぶかを重視しますね。最近では日本の一流大学の卒業生の中にも直接ベンチャーに入社する人がいるようですし、イノベーション[※4]（技術革新）や企業創出など、ベンチャー的な活動環境づくりは日本でも進み始めているようです。

近藤　たとえば、アメリカは得点主義で失敗には目をつぶりますが、日本は減点主義で、失敗すると一生響くといったことは前からいわれています。アメリカは個人主義が強いため、個人の失敗に寛容なのかとも思います。日本で職人技を磨いている人には、努力を積み重ねながら、役に立ちたいという社会性を持っている人も多い。こうした日本の伝統工芸に特に典型的に見られる匠のスピリットについては、どのように思われますか。

フクシマ　外から見ていると非常に素晴らしい伝統と文化があり、海外でもそれを評価する人はある程度いますが、もっと海外に理解されるためには、それについての説明が必要でしょうね。美術品や工芸品は、その物が美しいかどうかだけではなく、その背景にある歴史や意味、どういった工程でつくるのかといった説明がなければ、その物だけで勝負するには限界があるのではないでしょうか。日本の伝統工芸を維持することは絶対必要ですし、そのためには後継者を探し、場合によっては補助金を出して継続していくことは大事だと思いますが、何より対外的に発信して理解してもらうことに意味があると考えます。たとえば、現代美術の話になりますが、日本はこれだけの経済大国なのに、香港、ロンドン、ニューヨークと比較すると、美術市場としては規模的にほとんど競争できない市場だといわれています。その理由の一つは、ディーラーやギャラリー、仲介役をする人など、説明や売り込みをサポートするインフラに問題があるからです。きちんと英語で説明して、国際的に活躍できる人が少ないですね。そうした人は少しずつ育ってはいますけれど。アメリカも以前は、美術品そのものが素晴らしければ評価されるという前提がありました。しかし最近では、それをどう説明し、どのように売り込み、どの有力な評論家たちに書いてもらうかというマーケティング的なことも重要だと美術業界ではいわれています。日本独自の物であればあるほど、海外に向けてしっかり説明をして伝えていくことにも力を入れる必要が大いにあると思います。

近藤　日本文化の良さを自分たちの口で伝えろということは、私が外務省に入った頃からいわれていることですが、日本人にはなかなかそれができない。言葉では言い尽くせないという思い込みがあるからでしょうか。それも事実ではあるけれど、この時代には合わない。たとえば伝統工芸の分野では、家元は弟子に言葉で説明しません。一子相伝[※5]。長男がいれば長男だけに技を伝える。それも言葉で伝えるのではなく俺の姿を見ていろ、と。それはなぜかと言うと、言葉にするとマニュアル化してひとり歩きしてしまい、精神が伝わらないという思いがあるからです。同じことが日本文化を海外に伝えるときにもあって、言葉で説明しようとしても無理だ、論理的にならない、英語にならない、だから物を見てもらうしかない、という思いが強いんですね。このギャップをどのように埋めるかというのが今の大きな課題です。どうすればいいでしょう。

フクシマ　単純なことですが、日本人だけで説明しようとせず、受け手である相手側を良く理解している海外の人の助けを借りるのも一案だと思います。単純な例として旅行業界の話があります。アメリカやヨーロッパから旅行者として来日する人たちは、日本の旅行会社がいいと思うところだけに行くわけではなく、日本人が気づかないような日本的なものに関心がある場合が多い。長年、日本で旅行の仕事をしているヨーロッパの人で、日本中をまわって写真を撮り、ウェブサイトに載せてアメリカやヨーロッパの観光客に日本の魅力を紹介している人がいます。実は彼のウェブサイトのヒットがもっとも多い。海外の人に協力を求める方法もあると思いますね。

近藤　同じような方が京都にもおられます。確かアメリカの方で、日本の美術に造詣が深く、この美術館にはこんなに素晴らしいものがあるとインターネットで配信していて、非常に受けがいいんですね。それはアメリカ人やイギリス人が、どう受け取るかを分かったうえで、日本の魅力を自分でこなして届けているからでしょうね。私たちは日本の伝統工芸、特に匠の世界の価値をもっと日本人自身が認識し、それを世界にも伝えていくことを目的の一つにしています。深く掘り下げる必要もありますが、グレンさんの提言を聞いていますと、もう少し手軽な方法、たとえばよく分かっている友だちや日本語以外で説明できる人を増やすなど、実用面でもできることがあると希望がわいてくる思いです。

若い世代に期待する

フクシマ　よくアメリカ人やフランス人、あるいはインド人の中には、日本人から見ると自信過剰に見える人がいます。日本人の美徳とされる「謙遜」と「自信」は使い分けが必要ですね。日本の違いを理解してもらうためには論理的に説明し、説得する必要があります。そのためには自信を持つことも大切です。もちろん基本的には内容が重要ですが、日本を知らない人に分かりやすく説明し理解してもらうことができる人を、もっと日本で育てていただきたいと思います。

近藤　人材育成に関連して、日本の若者は海外に出たがらない一方で、世代間のギャップが起こっています。メディアの発達で、若い人が伸びているのはいいのですが。最後になりますが、次世代への期待というのはどのようにお考えでしょうか。

フクシマ　アメリカにおいて、私は若者世代に非常に期待を持っています。なぜかというと、主に政治の面に限られているかもしれませんが、アメリカの若い世代の世論調査結果は、これまでのトランプ政権がやってきたことと真逆なんです。貿易に関してはもっと自由貿易主義的、移民政策においてはより緩和し社会の多様性を促進する、男性と女性はもっと平等に、銃規制や気候問題も含めて環境問題に関してもより積極的な対策を支持、貧富の格差についても、もっと積極的に是正すべき、という結果が出ています。二〇一八（平成三十）年の中間選挙では若者の約六九パーセントが民主党候補に投票したんですね。歴史の専門家でハーバード大学の学長だったドリュー・ファウストは、「今のハーバードの学生は、ウォール街や金融機関に行って大金持ちになる人ももちろんいるだろうけれど、一九六〇年代に自分が経験したベトナム戦争世代以来、もっとも社会的な責任意識を持って、世界に貢献しようとしているので、大いに期待している」と言っています。私もアメリカの若者については楽観視しています。日本のことはよく分からないのですが、海外留学する学生が激減したのは大きな問題だと思います。一九九七（平成九）年には四万七〇〇〇人ともっとも多くの日本人学生がアメリカに留学していたのに、二〇一八（平成三十）年には一万八〇〇〇人に激減し、今でも低い。トップだったのが今ではもう八番目くらいでベトナムに追いこされました。アメリカに限らず若者の海外経験は、今後必須だと思っています。

近藤　どこの国においても自国を出て見聞を広めることは大切です。人間として成長するための古典的かつ基本的な方法ですが、これに関してはまた議論をしていく必要があるでしょうね。グレンさんはアメリカと日本は両極端であるという話の中で、この特殊な国同士が戦後うまく付き合ってきたのは奇跡かもしれないとおっしゃいました。そして「これからお互いに努力しなければ、今までのように強い関係が維持できるかどうかわからないところがあるけれど、日米のそれぞれの繁栄と強い関係を私は期待している」とも指摘されました。私どもも、このことをしっかり念頭に置いて努力していきたいと思います。対談がささやかながらもその一助となったのであれば幸いです。グレンさんのおかげで良い対談ができたことに感謝しております。

（二〇二〇〈令和二〉年五月二十九日収録）

1　「会社は経営者のものではなく、資本を投下している株主のもの」という考え方に基づき、社外取締役や社外監査役など、社外管理者によって経営を監視し、企業の不祥事や暴走を防ぐ仕組みのこと。

2　「売り手良し」「買い手良し」「世間良し」の三つの良しは、売り手と買い手が共に満足し、また社会貢献もできるのが良い商売であるという、近江商人の心得を説いたもの。

3　一九九七（平成九）年、京都で採択された温室効果ガス排出量削減に関する国際的な取り決め。二〇〇八（平成二十）

年から二〇一二（平成二十四）年までに、先進国全体で、一九九〇（平成二）年と比較して五パーセント削減すると
し、目標達成を促進するため、他国から排出枠を購入できる仕組みを導入した。

4　モノや組織を改革して社会的に意義のある新たな価値を創造し、社会に大きな変化をもたらす活動全般を指す。

5　学問や技芸の奥義、秘法、本質を自分の子どもの中の一人にだけ伝え、ほかの者には秘密にすること。

ポストコロナ時代の欧州ファッションの行方

リシャール・コラス　（シャネル合同会社社会長）

Lucille Reyboz

Richard Collasse
1953年生まれ。1975年、パリ大学東洋語学部卒業。大学卒業後、1975年より2年間、在日フランス大使館儀典課に勤務。日本のオーディオメーカー、AKAIのフランスの代理店勤務を経て、1979年、ジバンシイに入社。1981年ジバンシイの日本法人会社設立に参加し、4年間代表取締役を務める。1985年シャネル株式会社に香水化粧品本部本部長として入社。1995年8月、シャネル株式会社代表取締役社長に就任。現在に至る。2006年レジオン・ドヌール勲章、2008年旭日重光章を受章。

鎖国時代に戻ってはいけない

近藤　初めて日本に来られたのはいつでしたか。

コラス　一九七二（昭和四十七）年、十九歳のときです。父親はエールフランスのパイロットで、頻繁に日本の土を踏んでいました。日本が好きで、「日本に行ってみるべきだ」とずっと私に言っていました。

近藤　日本の最初の印象はどうでしたか。

コラス　私は運良く父の旧友の日本人宅にホームステイすることができ、その家族の一員になりました。そこの次男が私より五歳ぐらい年上で、ちょうど大学を卒業したばかりの新米会社員でしたが、私の日本人の兄貴になってくれたこともあって、私はスムーズに日本の社会に溶け込むことができました。東京をベースにあちらこちら地方も周り、日本の文化や歴史の奥深さを目にして恋に落ちたんですね、日本に。それでもっと勉強をして外交官になろうとパリ大学東洋語学部に入りました。

近藤　そして日本の女性に恋することになった。奥様とはどこで出会われたのでしょう。

コラス　私は怠け者でしたから社内恋愛です。妻はわが社の薬剤師でした。

近藤　そうでしたか。コラスさんは鎌倉にお家を持っていらっしゃいますね。

コラス　妻は鎌倉出身なので、よく二人で鎌倉に行きました。鎌倉に住みたいと思っていたところ、幸いなことに良い物件を見つけることができ購入いたしました。日本家屋で大きな庭があり、茶室もつくりました。茶室というよりは離れ、という感じでしょうか。

近藤　いいですね。多忙を極めるビジネスマンとして日仏両国のために貢献されつつも、作家として執筆活動もされるご活躍の秘訣は、鎌倉の和室でのくつろぎにあったのではと拝察いたします。さて、現在、コラスさんはスイスにお住まいですが、新型コロナウイルスについて、ヨーロッパでは日本はどのように見られていますか。

コラス　日本にはヨーロッパのようなハグや握手、キスの習慣はありません。ソーシャルディスタンシング[※1]といいますか、距離を保つ伝統的な習慣があります。マスクも非常に自然ですね。ヨーロッパの人はマスクに慣れていません。また屋内で靴を脱ぐ習慣はヨーロッパにはありません。ヨーロッパに住んでいても、家では妻も私も子どもも靴を脱ぎます。友だちにもアドバイスしています。「屋内では靴を脱ぎなさい」と。この習慣が感染の拡大防止にどこまで役立っているかは分かりませんが。

近藤　ほかにヨーロッパとの違いはありますか。

コラス　日本は震災も多く、津波や豪雨といったさまざまな自然災害が起こる国ですから、日本人の哲学には運命論、宿命論といいますか、自然災害は仕方がないものだという諦めがあるのではないでしょうか。ヨーロッパにはその諦めも我慢もありません。私はどちらかというと日本的に受けとっています、これは自然の流れだと。

近藤　コロナウイルスの感染者が増えていくのも、自然なことであると。

コラス　そうですね。私は感染の拡大よりも世界各地で起こったロックダウンのほうがショックでした。国と国との間で会話がなくなり、みんな自分の国のことだけを考えるようになりました。世界が一体となって、この先どのようにコロナに対応するのかということを、全く考えていないことにショックを受けました。私たちの世界のリーダーに私は怒りを覚えます。ではどうすればいいのかというと、それは私にも分からないのですが。

近藤　困難に直面すると、人間の持っている負の側面が表面化するといわれます。世界中で何とか抑えてきた不満や不公平感に対する反発が噴き出ている気がしますね。良いところが追いやられて、協力ではなく、逆に分断の方が出てきてしまった感じです。

コラス　そうですね。人々は疲れていますね。つらいロックダウンを体験した人も多い。フランスでは大統領がロックダウンを発表したとき、パリから二〇〇万人の人が消えました。どこに消えたかというと、みんな自分の別荘に行ってしまったのです。その一方で、別荘を持っていない人たちは、どこへも逃げられない状態でロックダウンを経験しました。日本も最近は少し「鎖国時代」に戻りつつあるように感じています。外国人を歓迎しないということではなく、若者が海外に出たがらない。海外で勉強する日本人学生の数は、たとえば韓国の半分以下です。韓国の人口は日本の半分なのに。ですからコロナになって閉鎖的になり、さらに鎖国状態になっていくとすると、ちょっと悲しいですね。

近藤　コロナ後について、ヨーロッパではどのような世界になると考えているのでしょうか。コロナをどう捉えるかの裏返しですが、どういったニューノーマル[※2]が生まれてくるのでしょうね。

コラス　ニューノーマルというものを私は信じていません。ニューノーマルは、時間が経つことでノーマルになると思うからです。おそらく何年か先では、コロナに対する厳しいルールが私たちの日常生活に自然な状態で入っているでしょう。人間がそのために変わるということが起きるとは思いません。良いことか悪いことかわかりませんが、人間はノーマルな状態に戻るのが普通であり、それは人類がこれからも世界に存在するうえでの大きなファクターになるのではないでしょうか。

サステナビリティを尊重する

近藤　ビジネスをしている方々は、これからリカバーしていかなければいけない中で、コロナが及ぼす日常生活への影響を、新しいアイディアを出して、チャンスとして捉えていきたいという気持ちがあると思います。そこでうかがいたいのですが、フランスのファッション業界はどうなっていくのか。ファッション産業はどこまで変わるのか、そのあたりのことはいかがでしょう。

コラス　コロナによって変わるというより、数年前からのトレンドである地球環境に優しい方向に変わりつつあるのは間違いありません。たとえばシャネルは、三年前の二〇一八（平成三十）年にワニやトカゲの革をハンドバッグに使わないと決めました。いわゆるエキゾチックスキン[※3]を使用しない方向性を打ち出したのです。現在はサステナビリティ[※4]（持続可能性）が重要になっています。原材料はどこから来ているのか、地球に優しい形で育てているのか、トレーサビリティ[※5]（履歴管理）によって仕事のやり方、もののつくり方は変わります。シャネルは二〇一九（令和元）年からカーボンニュートラル[※6]になりました。

近藤　シャネルが将来的にエキゾチックスキンを使わない方向性を打ち出されたことは話題になりましたが、素材についてはもっと大きく変わるのでしょうか。

コラス　ハンドバッグは革でつくっていますが、革の代わりの革、化学的な革、革のプロパティ（特性）を守る研究をしています。たとえば人間は肉を食べますから、そのために残念ながら動物を殺さなければいけません。そこにはその殺し方が正しいかどうかのトレーサビリティが必要です。今我々がそこまで力を入れていることは事実です。素材によっては水をたくさん使用するものもあります。どうすれば水の量を減らすプロセスに変えられるのかという研究もしています。

近藤　今おっしゃったのは、ウォーターフットプリント[※7]ですね。水をどれだけ使ったかを測定して無駄を減らすことで環境汚染を減らしていく。改善策の一つとして実践しておられるわけですね。同じようにカーボンフットプリントについても、減らしていく大方針があるそうですね。

コラス　シャネルがカーボンニュートラルになったのは二〇一九（令和元）年ですが、十五年以上力を入れてやっと実現しました。時間がかかりましたね。なぜかというと、現地の工場がカーボンニュートラルであっても、日本に運ぶ際にどのようにカーボンフリーにするのか、販売するブティックはどうかなど、一つひとつ解決していかなくてはならないからです。これにはまだまだ時間がかかります。工場をカーボンフリーにするのはそれほど難しくありませんが、リテール（一般小売）のチェンジまでを含めたすべてをカーボンフリーにするのは非常に難しいことです。

近藤　シャネルのサプライヤーにも、カーボンニュートラルやサステナビリティを要請するわけですね。

コラス　当然ながらサプライヤー（仕入先）にいかに力を入れていくかが重要なところです。[※8]

コラス　少しずつですが、そのプロセスに力を入れることになっております。サステナビリティは非常に重要なことであり、進歩しています。自分たちでターゲットをつくり、たとえば二〇二五年までにはどこまでできるのかといった、かなり厳しい形での目標を掲げ、オーナーたちは日々そこを意識しながら取り組んでいます。

近藤　世界の中でもヨーロッパが一番サステナビリティやエコへの関心が高いと思いますが、ファッションの中心であるニューヨークやロンドンといった英語圏の方々はヨーロッパ大陸の方々ほど熱心ではなく、ビジネスが先行しているような気がしますが、いかがでしょう。

コラス　間違いないですね。アメリカはもっとも環境に対する意識が低いです。工業もこのままではこれから先は困ると思います。イギリスは国民の意識が高いですね。ヨーロッパ大陸と日本では、特に資本主義の考え方が違います。我々も資本主義の国ですが、ある意味で日本が持っている価値観、日本の人間を中心にしたキャピタリズム（資本主義）はヨーロッパと似ていると考えてきました。ですから以前、欧州ビジネス協会の会長として日本と欧州間の経済協定をプロモートさせていただいたとき、私はただ経済的な交流で効果を高めるだけではなく、日本とヨーロッパが近づくことが日本の資本主義を守ると考えていました。そのことでヨーロッパと日本と互いに共通する価値観を育て上げていければ良いと。

近藤　ヨーロッパと日本に共通するものとは、やはり歴史や伝統でしょうか。

コラス　そのとおりです。アメリカと違ってヨーロッパは歴史が長く、伝統があることが日本との共通点といえます。

自分の姿勢を守ること、根っこを守ること

近藤　これからのフランスのファッション業界は、どのような方向にいくとお考えですか。

コラス　分かりませんね。シャネルに関してですが、企業としてエコロジカルな方向性を打ち出すことによってスタイルが変わるとは思いません。消費者が注視しているのは、いかにブランドがオネスト（誠実）かという本質的なことです。静かにコツコツと、ダイバーシティ（多様性）を守ることのほうがリアルだと思います。消費者は真実と嘘をよく理解していますから、いかに企業として自分のオーセンティック（誠実）なところを守っているかが、これからはとても重要だと思います。

近藤　消費者も真贋を見きわめる目を持っていなくてはいけませんね。

コラス　消費者が求めているのは、先ほども申し上げましたように、常識があってオネストなブランドです。ブランドがいかに深いところで進化しているかを、これからの消費者は見ていきます。特に若い層、明日の消費者ですね。

近藤　目に見えないところの進化ということですね。では、良く見える部分というか、たとえば次シーズンのファッションについては、どういうプロセスがあるのでしょう。プロフェッショナルな人たちが哲学的に考えるのか、どのように次の色やデザインは決まるのでしょうか。

コラス　ほかのブランドはわかりませんが、ココ・シャネルはスカートの一番いい丈は膝丈と彼女自身が決めました。全部自分で決めていました。それはカール・ラガーフェルド[※9]もそうですし、カールの右腕として彼の側に三十年いた、新しいヘッドデザイナーのヴィルジニー・ヴィアールもしかりです。トレンドを決めるのは消費者ではなくて我々なのです。シャネルにはレボリューション（変革）がなくてエボリューション（進化）がある。今のヴィルジニーのコレクションは、サイクルとしてはもう一年以上経っていますが、非常にフェミニン（女性らしい）で、カールの時代に比べてカラフルでフレッシュになっています。そしてやはりシンプリシティを意識していることは間違いありません。それはスタジオの中で決めることであり、ヴィルジニーの中から出てくるものです。幸いなことに、お客さんも我々を信頼してフォローしてくださっています。

近藤　培われてきた素晴らしい自信がそこにあるから、ということですか。

コラス　自信とは少し違いますね。自分の姿勢を守るということです。自信がありすぎると、商品を見てくれ、と商品だけが物語るものになってしまいます。それは大きな間違いです。商品にはロマンがなければいけません。自分がつくったものには魂が入っている、魂が生きている。でも、それはパッと見ただけでは分からないから、物語がなければいけないのです。それがブランディングであり、そのうえで自分の姿勢を保持するということです。シャネルは以前からこのスタイルを貫いています。二十年前、ある日本人のお客様が私におっしゃいました。「シャネルのいいところは自分たちの姿勢をしっかり守っていることだ」と。そして、「だから安心してフォローできます」とね。

近藤　そのようにして、シャネルというブランドを確固たるものにしていくということですね。

コラス　ブランドの良いところ、絶対守るべきところ、変えてはいけないこと、それはすなわち「根っこ」です。残念ながら根っこを切ったら木は育ちません。自分の根っこが何であるかを知り、それを守りながら育てていくことが基準ですね。もちろん、目に見えないところで変わることもあります。一つの例ですが、百周年を迎える香水、N°5の瓶。この瓶は、アメリカ人女優のマリリン・モンローの時代の曲線美のイメージにあわせて一九五〇年代は少し角度を丸くしていま

N°5と5月のバラ
© CHANEL

した。でも六〇年代になって瓶が少しスタイリッシュになりました。なぜかというと、イタリアのデザインでシャープになったからです。でもボトルを並べてみなければ気がつかない変化です。変化は時代と共に、上手にみんなが気づかないようにやっているのですが、基準は変わらない。

近藤　ボトルの形の話ですが、中身はどうですか。

コラス　オリジナルのN°5は変わりません。香水には「五月のバラ」が用いられ、このバラを栽培している産地は限定されています。残念ながら五十年前から十年ほどの間に生産量が減少し、そのときシャネルは心配して、代わりに別の産地のバラを使ってみたのですがやはり違う。そこでシャネル社は唯一残った栽培農家に「あなたの家族の面倒をみますから、安心してこのままずっと育ててください」と買収したのです。ですから今も「五月のバラ」でつくっています。少し違う形でつくっていますが基準は変わりません。

近藤　植物栽培に関して、今は遺伝子組み換えや化学物質を混ぜて新しいものをつくるといったことがありますね。

コラス　不思議な話ですが、香水の中にはもともと化学的な香りが入っています。とはいっても

N°5の成分の中には自然由来のものが多く、「五月のバラ」だけではなく、たとえばマダガスカルのヴァニラなど、さまざまな国の畑から持ってくる成分があります。その一〇〇パーセントの安定を守るために、その国に投資をしています。これこそサステナビリティです。今はフランス全体がもっと自然に任せる傾向があり、逆にトレーサビリティのトレンドが大きくなっています。

キーワードは「ディープ・ジャパン」

近藤　日本のファッション業界、日本の文化についておうかがいします。ヨーロッパからご覧になって、どうすれば日本人の文化の良いところがより一層表面に出るのか、そのあたりのアドバイスをいただけないでしょうか。

コラス　まずヨーロッパはともかく、フランスのファッション業界は、お互いに競争相手であっても組合などの関係から一緒に動くことが多い。だからパリコレができるわけです。けれども日本の業界はみんな自分の暖簾[※10]のことしか考えていません。表面上は、皆一緒だよといっていますが、実際は自分のことしか考えていない。日本人は個人より集合体を大切にすると聞いていたのに、ばらばらです。でもそれは、日本の魅力の一つでもあると思います。少し掘り下げてみると実にいろいろな考え方があるということで、それはファッション業界も同じです。私は昔からパリコレがあってミラノコレがあって、その後にニューヨークコレができたのに東京コレがないと思っていました。三宅一生さんや山本寛斎さん、コムデギャルソンといった力のある方は大勢いるのに、なぜ東京コレがないのか不思議でしたが、日本の社会の中に入り、勉強していると分かってきました。「みんなで一緒に」ができないからです。もし自分の曖簾のことしか考えられず、「みんなで一緒に」ができないのであれば、自分で自分の命を考えるべきところを、国に任せきってしまった。それが日本のファッション業界の一番の失敗原因です。いまだに日本のファッション業界はそのことを理解していません。覚悟を持って自分でやるべきです。

近藤　そのためにはやはり人材が必要でしょうか。国際的な視野があり、自分でつくり上げていく人材、自分で決められる人材を育成していくということでしょうか。

コラス　間違いないですね。リーダーシップをとる人がいないと駄目ですね。日本にはかつて企業のトップリーダーがいて、ファッション業界の中には素晴らしいリーダーたちがいて、非常にパーソナリティの強い人がいました。しかし今は目立つ人がいない。良くも悪くも、皆自分の仕事をして終わっています。これは今の社会全体のトレンドともいえると思います。日本は最近ガッツがなくなっています。若い男性を見ていると、まるでお豆腐のようです。味はしないし、食べても食べなくてもどちらでもいいといった曖昧なイメージ。それに比べて女性のほうがパワーがあります。日本の社会構造は、このままでは次世代の担い手は女性になるのではないでしょうか。彼女たちが日本の救世主になるのではないかと思います。

近藤　世界が異なるとはいえ、同じ日本男児としては耳の痛いご指摘です。世界に進出して業界をリードしていく強い人材を育成するのは急務だと思います。専門知識や技能と同時にコミュニケーション能力があり、自分の哲学を持ち、教養のある人を育てていくためには、具体的にどういった点に注意していけば良いと思われますか。

コラス　日本の大学では日本の文化をもう一度しっかり教えるべきです。歴史的、文化的に日本は非常に深い国であるということを若者に教えてあげなければ、何も生まれてきません。こうした学びから日本の本当の良さが分かると思います。日本は自分の文化を忘れがちで、その価値をも分からなくなりつつあります。クール・ジャパン政策[※11]は自分たちで生み出したのではなく、外に目を向けたとき、外がこういったことをしているのをヒントに決めたものです。そうした観点からも国は自国の文化を浅く見ているところがあります。そして突然、観光客を増やそうと決めました。結果的に観光客は増えていますが、安っぽい観光客が増加して困った状況になっていきます。クール・ジャパンはジャパンを殺しつつあるといっても過言ではないでしょう。たとえば漫画は日本文化の一つですが、日本文化はもっと深いものなのです。イタリアのベニスでは、今、観光客を減らそうと考えています。オランダは観光プロモーションにはお金を使わないことにしました。スペイン、バルセロナの市民はもう観光客はいらないと戦っています。世界のトレンドが変わりつつあるのに、日本だけが逆行しているのが不思議です。日本は今までは質の高い観光に守られていたのに、自分のドアをワイドオープンにしたことによって、ものすごく価値を下げています。日本は観光に関する考え方を逆転させなければいけません。自国の文化への尊敬が必須だと思います。

近藤　まったく同感です。私も観光は量ではなく質だと思います。日本の文化の良いところをしっかり味わって、次は家族を連れて、子どもたちに日本の文化の深さを教えてくれる、そういう人たちをこれから呼ぶようにしなければいけない。そのためには我々自身が、自分の文化の深い、良いところを分かっていないと教えられないということですよね。

コラス　まさにそのとおりです。

近藤　クール・ジャパンについては私も苦々しく思ってきましたので、はっきりおっしゃっていただき、大変嬉しかったです。最後に、日本の文化を一言で表現すると、どのような言葉になりますか。

コラス　キーワードがあります。それは「ディープ・ジャパン」です。来日してから四十七年目になり、「そんなに長く日本にいて飽きないですか？」と聞かれることがありますが、飽きることがありません。掘れば掘るほど新しいことが出てきます。日本ほど深い国はないのです。私はいま、『日本についての百科事典』という少し大げさなタイトルではありますが、私が愛しているこの国のことを書いています。私のディープ・ジャパンをフランス人、ヨーロッパの人に勉強してもらい、日本に来るならディープなところを一生懸命学んで欲しいし、教えたいです。日本人には自分のディープ・ジャパンをもっとよく見つめて欲しいと思いますね。特に若い人たちに。

近藤　本当にそうですね。我々の気持ちを代弁してくださり、ありがとうございました。

コラス　私のオフィスにはココ・シャネルの大きなポートレートがあって、年末に会社が休みに入るとき、私はいつもその前に立って彼女に尋ねます。「我々がやったこと、あなたは誇りを持てますか」と。彼女との対話がいつも心の中にあるようにしなければならないなと思っております。

近藤　素敵なお話です。誇りを持って、日本文化を若い人たちに伝え教育にあたりたいと、再認識いたしました。世界中の人にディープ・ジャパンを知ってもらうためにも。

（二〇二〇〈令和二〉年六月三十日収録）

1　感染拡大を防ぐために、他人と物理的な距離をとること。人的接触距離の確保、社会的距離ともいう。ソーシャルディスタンスと同義語的に用いられるが、ソーシャルディスタンスは個人や集団の心理的な距離を指す。

2　新型コロナウイルスの感染拡大で社会の構造的変化が避けられず、元の社会へは戻れないという考えから、これまでの日常とは異なる新しい生活習慣、新たな常態や常識を指す。新しい生活様式とも。もともとは二〇〇八（平成二十）年のリーマンショックから生まれた言葉である。

3　牛、馬、羊、豚など家畜として飼育されている動物ではなく、希少動物から得られる皮革のこと。独特な模様が魅力とされるが、そのほとんどはワシントン条約により利用制限がある。ワニ、トカゲ、ヘビ、ダチョウ、ゾウ、サメなど。

4　自然環境や人間社会が多様性と生産性を失うことなく、長期的に継続できる能力を指す概念。もとは環境問題や資源開発において用いられてきたが、最近はビジネスの場でも多用されている。

5　商品の生産や流通過程を追跡し、その履歴を正確に記録・管理するシステムのこと。対象は商品に限らず、商品を構成している部品や原材料も含む。

6　二酸化炭素の排出量と吸収量のバランスがとれ、二酸化炭素の排出量が「プラスマイナスゼロ」の状態。実現に向けては、クリーンエネルギー（風力発電・太陽光発電・水素発電・バイオマス発電など）の導入が進められている。

7　水を利用しているあらゆる製品の材料栽培から生産、加工、輸送、流通、消費、廃棄、リサイクルまでの過程で使用される水の総量を測り、水環境への影響を評価するもの。

8　ヒトの活動から出る温室効果ガスを数値化したもの。主に製品の原材料の調達から生産、流通、販売、維持管理、廃棄、リサイクルを通して排出された温室効果ガスの排出量を合算し、それをCO_2に換算して表示している。

9　一九三三～二〇一九　デザイナー。世界的ブランドであるフェンディ、シャネルのデザイナーとして活躍。低迷していたシャネルを現代的なセンスで蘇らせ、「モード界の帝王」と呼ばれた。

10　商店の軒先にかけられた屋号や商品名を記した布から転じ、長年の経営によって培われてきた信用や名声を指す。

11　海外でクール（かっこいい）ととらえられている日本の商品・サービス・文化の総称。アニメ、漫画、ゲームからファッション、食、伝統工芸、きめ細やかな心配りのサービス業まで多岐にわたる。

日本古典と感染症

ロバート・キャンベル
（日本文学研究者・国文学研究資料館前館長）

Robert Campbell
ニューヨーク市生まれ。日本文学研究者。早稲田大学特命教授。早稲田大学国際文学館（村上春樹ライブラリー）顧問。国文学研究資料館前館長。近世・近代日本文学を専門とし、特に19世紀（江戸後期～明治前半）の漢文学と、それにつながる文芸ジャンル、芸術、メディア、思想などに関心を寄せている。編著に『日本古典と感染症』（角川ソフィア文庫）など。

日本の古典籍の特徴とは

近藤　キャンベル先生が館長をしておられました国文学研究資料館について、所蔵資料の素晴らしさと、それを最新のテクノロジーを使って共有するシステムに感銘を受けたのですが、この施設について、まずご紹介いただけますか。

キャンベル　国文学研究資料館、国文研は国の大学共同利用機関です。明治以前千三百年間の写本や木版本、つまり糸綴じの本や巻物など、全世界に残存するものを識別し、専門家が一点一点確認しながら詳しい書誌情報を記録して、大規模なデータの集積、整備、発信をしています。この数年来、新日本古典籍総合データベースという、高精細画像や書誌データなど検索する仕組みを用いて、さまざまな共同研究を行い、全世界に学術情報の発信をしているわけです。館内には数十万点の文芸や歴史史料があり、重要文化財なども複数保有していますので、毎年古い書物を中心とする展示もしています。また歴史と国文学に特化した図書館がありまして、原資料を見ることもできますし、研究情報、論文やさまざまな書物を余すところなくコピーしたり、調査したりできます。

近藤　われわれ利用者は、新日本古典籍総合データベースを用いて文献検索をしたり、画像を見たり、ダウンロードをしたりして使うことができるというわけですね。

キャンベル　十年間の大型フロンティア事業として採択されておりますので、プロジェクトとして三〇万タイトル、数百万冊の江戸時代以前の書物について、写真を撮ってさまざまな情報と一緒にデータベース化を進めています。

国文学研究資料館外観

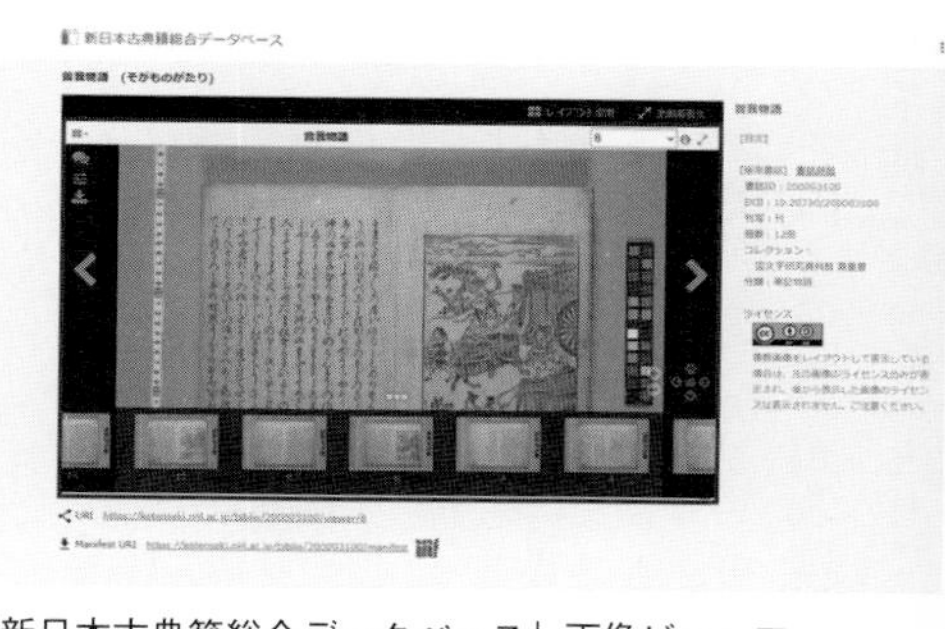

「新日本古典籍総合データベース」画像ビューア

国文学研究資料館書庫

近藤　まさに知の循環といった事業内容ですが、それが完全にオープンにされていることなど、これまで知る機会がなかったのですが、キャンベル先生が館長に就任されてから国文研は身近な存在になりました。これは先生の大きな功績の一つだと思います。

キャンベル　私たちは今、電子媒体によっておびただしい資料を文化資源として整備をしているわけですが、一方では現物、元の書物の形や書かれた佇まいを見ないと、情報として処理することができないという側面もあります。見て、積み上げて、感性を澄ませることによってそこから拾える数百年前の人々の知恵、知識、情感というものがそこにあるように思います。

近藤　そうした現場で、直に感じられる日本の書物の特徴のようなものはありますか。

キャンベル　日本の古典籍にはいくつか他の国や地域と異なる特徴があります。一つは分類法です。現在、図書館は十進法[※1]で分類整理されていますが、そのような分類法は江戸時代にはありません。俗にいう文系と理系は分類されることなく融合されているものとして、知識が積み上げられ継承され発展をしていった、という状況があります。たとえば、天保の大飢饉の最中に、知識人たちが知恵やお金を出し合ってつくったサバイバルマニュアルがあります。空き地に生えている雑草や樹木や葉について、どれが食べられるのか、どういうものは毒性が強いのか、あるいはどう調理すればあく抜きができるのか、といったことが挿絵つきで書かれています。植物学、昆虫学、文学、場合によっては喜多川歌麿が絵を描いていたりすると美術に分類されるかもしれません。絵と文字が、ジャンルミックス、メディアミックスされて、絵の割合が多いことが特徴の一つです。また、江戸時代の書物はその姿、形が内容を語る、内容を反映する、つまり外形と内容に非常に強い相関性があることも特徴です。士農工商という分際（ぶんざい）が社会の中に画然とあるのと同じように、身分に応じて着る着物や住居の門の間口が形として決まっているのと同じように、江戸時代には書物の形と中身が相関しています。つまりそれぞれ「書物の身分」というようなものがあることは、特徴として覚えていただけるとありがたいです。

近藤　日本の古典籍が文理融合というかジャンルを分けていないというのは、欧米の要素還元主義、[※2]分類主義といった学問のありかたと比較すると、全体をつかむホリスティック（全的）なアプローチといった傾向があったのかと思いますが、どうでしょう。

キャンベル　とても良いご指摘だと思います。まさにホリスティック、総合人間学的というべきものが、実際の生活の中でもあります。たとえば儒学者が中国の古い医学の書物を読み、薬効や治療法を学び、儒者であり医師でもある儒医という立場で活躍する。一人の人間がいくつものアイデンティティ、職能を持ち、それを当時の身分構造社会の中で発揮していく。それが書物に投影されていると思っています。ほかの分類や志向を排除することなく、融通無碍（ゆうずうむげ）というか、知識として循環していたということがいえると思いますね。

近藤　江戸時代の本に絵の割合が多いというのは、言葉では言い尽くせないことを絵で表現する感覚があった、言葉に対する依存度が低く、絵を使う傾向が強いと見てよろしいでしょうか。

キャンベル　ごく初期から絵と共にあった、とはいえると思います。八世紀、漢字が渡来して数世紀が経過した頃、音声を記号として表現する平仮名、カタカナができた。これは全くの象形文字で、視覚的な要素がたくさんあります。この感覚が千年以上続いてきた。なぜ日本でアニメや漫画が生まれたのか諸説ありますが、このことが絵との共存を呼びこむというか、誘いこむ、文化をつくってきたのかと思います。

近藤　なるほど。文字に視覚的な要素が強いというのは面白いと思いました。

共有されていく経験知

キャンベル　私は感染症という観点から日本の文化史、特に表現の歴史を考える研究をしております。国文研が閉館していた時期にガランとした広い書庫に入り、過去の書物には、社会が天災に遭遇したときに国民はどうしたのか、どう共同体を守り、いかにコミュニティを再生させたのか、という経験が記録されていることに気づきました。原始から古代、中世、近世、明治時代の日本列島における人々の生活や環境、心の記録を、感染症という一度も途絶えることのない事実をベクトルにして、列島の人々はどう向き合ってきたかを遅まきながら真剣に考え始め、いくつかの研究に今仲間と一緒に取り組んでいるところです。

近藤　その一端をお話しいただけるわけですね。

キャンベル　葛飾北斎[※3]が晩年に描いた絵に「須佐之男命厄神退治之図（すさのおのみことやくじんたいじのず）」[※4]があります。北斎はこの絵を向島の牛嶋神社に奉納した。須佐之男命は勇ましく力強く、病を退治してくださるというので信仰されているわけですね。それから一九二三（大正十二）年に関東大震災で焼失するまで、江戸、東京の人たちは北斎の肉筆の絵を見て、感染症から守って欲しいと祈る思いで手を合わせていました。この絵で興味深いのは、須佐之男命の下の方に低い姿勢の鬼が大変な形相で描かれていることです。鬼はいくつもいて、一つずつ十災の病を表現しています。感染症ばかりではなく、すべての病気です。これは戦後の研究によって、疱瘡（ほうそう）[※5]や麻疹（はしか）、マラリア、そして労咳（ろうがい）、今で

「須佐之男命厄神退治之図」推定復元図　すみだ北斎美術館
画像提供：すみだ北斎美術館 /DNPartcom

いう結核といったものが、一つひとつ擬人化というか鬼として描かれ、その絵はすべての鬼たちを承服、征服させているとシーンを描いたものといわれています。タイトルは「退治之図」とありますが、戦って打ちのめして撲滅しているわけではない。江戸時代の人たちには撲滅という感覚がありません。つまりやり過ごす、承服させる、あるいはおとなしくさせるという発想だったことがわかります。

近藤　鬼を退治するときも、撲滅しようとはしない。これは昔からで、節分もそうですね。「鬼は外」と言って外に出すだけで、やっつけはしないですね。

キャンベル　絵の画面の左下に、一人の鬼が巻物を広げたところに手の印、手の形を押しているところが描かれています。何をしているかというと、一つひとつの病気から、これ以上のさばらない、おとなしくするという証文をとっているわけです。証文、つまり江戸時代の連帯責任ですね。鬼の表情を見ていきますと、どことなく可愛らしく、打ちのめし、撲滅するような対象としては描かれていません。それぞれの辛さや痛みというものを一つひとつの病気が仕方なく背負っているのだという、病気の邪鬼[※6]に対する温情というか共感、そういうものが感じられます。この絵からは当時の人々の感染症に対する感覚が読み取れます。江戸時代の人たちは邪鬼を生き物だと思っているわけですから、自分の領域に入ってこないようにいろいろな仕掛けをします。風鈴を家の軒下にかけるのもその一つです。風鐸（ふうたく）という大きな風鈴を社殿の四隅にかけて、夜に邪鬼が入ってこないように祓うのも同じですね。追い払いはするけれど撲滅するものではないのです。

近藤　日本人は、都合の悪いものも完全には撲滅しようとしない。ウイルスも撲滅できないですよね。生態系の中で人間にとって都合の悪いことを時々するかもしれないけれど、それ以外のときは大事な役割を果たしてくれていて、共存することで生態系のバランスが保たれて生命体が守られてきた。そういうことを分かっていたから、とりあえず目の前から退いてくれればいい。まさに「ウィズコロナ」というのは、日本人の昔からの知恵だったような気がしますね。

キャンベル　晩年の北斎を描いた弟子のスケッチがあります。北斎の家は牛嶋神社のすぐ近くなので、お参りに来た人がひっきりなしに彼の家を訪ね、手にした扇にサインをねだるわけです。スケッチの細部を拡大しますと「画帖扇面（がじょうせんめん）の儀はかたくお断り申し候」という張り紙が見えます。描いているのを邪魔されたくない、北斎は信仰が篤く、法華宗、今でいう日蓮宗の非常に熱心な信者であり、さらに神道にも強くて、たくさんの感染症に関わる絵や絵馬を残しているんですね。

近藤　それにしても、巨大な収蔵庫の蔵書の中から、感染症に関わる資料、感染症のことが書かれている文献、物語や歌、いろいろな書物を探し出すのは大変な作業でしたね。

キャンベル　日本古典と感染症について、読み返したり探したり、私たちはどうコロナと向き合い、どう生きていけばいいのかを考えるきっかけになりましたね。十八世紀後半から十九世紀前半の江戸では、庶民は障子一枚、座布団一枚の隔たりで生活し、感染症とは隣合わせだったのです。感染症は周期的に流行して、その恐怖が人生で何度も繰り返されるということがありました。これが私たちの今回のコロナに比べた場合との一番顕著な違いだと思います。私たちが生きているこの時代は、ポリオもコレラやマラリアもまだ撲滅したわけではなく、結核はまだ一定数の発症者が毎年ありますが、しかしほとんど予防注射や治療薬によって抑えられている。パンデミックを経験することはなく、感染症の存在を忘れていたわけです。しかし、江戸時代は、それが定期的に波のように押し寄せるので、どう対応するかが継承されている。さまざまな歴史記録、文学作品を見ても、人々が非常に俊敏に行動を開始し、伝え、そして変容させていることが分かるのですね。

近藤　インターネットもテレビもないのに、どのようにして情報を入手したのでしょう。

キャンベル　たとえば、現代と同じように、いわゆる夜の街からさっと客が退いたりしたのではないでしょうか。都市部の人も地方の人も、感染症がどういうものか分かっているので、素早く自衛して、人がたくさんいるところには行かない。だから閑散とする。繊細な感覚と知識から人との距離をとる。現在の特措法は、要請、お願いベースでしかないですけれども、実はこれは、江戸時代からずっと続いている日本社会のクライシスとの一つの向き合い方と考えたいですね。つまりそれぞれの業界の中にガイドラインをつくり、支配層、統治者がそれぞれの業界と調整をして、業界の人たちは上意下達をして、自律的に取り締まりをする。これは江戸時代からずっと続いているものなのです。

笑いで浄化しつつ死から目をそらさない

近藤　お達しやお触れといった正式なものがない代わりに、人々は自らの経験を継承して自衛的に社会的距離をとっていったということですか。

キャンベル　一八〇三（享和三）年、江戸では二十数年ぶりに麻疹が流行します。麻疹が流行すると、東海道や奥州街道などいろいろな街道から地方へ、噂として入ってくる。次々に発症者が現れて、あれよあれよという間に広まるわけですけれども、一八〇三年には早くも式亭三馬[※7]という滑稽本作家が、『麻疹戯言（ましんきげん）』という小説を書いています。つまり、感染症にあてこんで、小説を書いているわけです。三馬は皆が右往左往している様子を社会風刺として捉え、この今の状況がどういうものか、読みやすく分かりやすい軽快な文体で書いています。そこには「うめきながら、彼らが飲むもの、食べるもの、まるで味がしない」とあり、怖いぐらいに今の状況に似ているのですが、「ひとりぼっちで体調が回復するまで十二日間を、指を折って布団の中で待つ以外ないのである」ともあります。つまり自宅隔離をして、症状が和らぐまで待つしかないと。「一番上の方は玉の御簾（みす）の内、その隙間から漢方薬の匂いが焚きこめられた伽羅（きゃら）[※8]の香りがぷんぷんと匂ってくる」、下々では馬の世話をする下男まで咳でハスキーな声で、「それは似合うといえば似合うけれど、止めても止まらない咳でだいぶ苦しんでいる様子」というように、ふざけているけれども、同時代のいろいろな真実の形をありのままに描写しています。江戸時代の人たちは感染症を笑い飛ばしたわけです。

近藤　これは身につまされるというか、切実な実感をともなう描写ですね。出版物や講談などを通じて情報を共有していったのですね。

キャンベル　結局、江戸時代の人たちは疫病というのは適当に付き合ってやり過ごさなければいけない、一緒に生きていくのは宿命のようなものだ、という暗黙の理解があったのだと思います。ずっと読んでいきますと、一つは情報として、江戸の町がどうなっているかということが、アクチュアルにリアルタイムに、かなり正確に伝えています。一つひとつの治療法やサバイバル法など、その当時のまさに「ウィズ麻疹」の中で、彼らがどのように共同体験を刻んでいるのかを確認することができるのですね。治療薬はないので、物理的な距離を保ちながら清潔にするしかないと分かっている。それでもかかる人たちはかかってしまう。緊張の糸が張りつめていると壊れてしまうことを知っているので、笑いで純化する、浄化する文化があったのだと思います。

近藤　笑いの浄化作用、笑いの効用ということですね。

キャンベル　そう思いますね。それは、笑いでごまかすということではない。真っ向から病や死と向き合う中でのことです。少し時代は下って、一八五〇年代にコレラが流行します。江戸では第一波、第二波と二度にわたって流行し、何万人も命を落としました。一八五八（安政五）年に書かれた『頃痢（ころり）流行記』[※9]は、平仮名で書かれていまして、実際に起きたいろいろなドラマやエピソードが並べられている非常にまじめな本です。この中に江戸の火葬場の風景が描かれた、美しい多色刷りの錦絵が口絵として入っているんですね。浮世絵と同じ手法で、混乱する火葬場が記録として残されている。これは今の私たちの感覚と対角的といいますか、違うところではないでしょうか。当時から、感染症は社会全体で乗り越えなければいけないという認識でした。感染症をリアルなものとして捉え、笑い飛ばそうとしつつも、死から目を背けず、きちんと冷静に見つ

安政午秋／頃痢流行記「荼毘室混雑の図」
国文学研究資料館所蔵 京都大学附属図書館 富士川文庫 コ /120

めていた、といえるのではないかと思います。

演劇は生きる力

近藤 疫病は来る時には来るから、あまり深刻にならずに一定の距離を置いてつき合っていたということでしょうか。疫病神という言葉があるくらいですから。

キャンベル 疫病神というのは、村にやってくるときには歓待されるんですね。村人がおもてなしをするわけですよ。「おもてなし」というのは私の持論で、待つところからホスピタリティが始まるというのが日本流だと思うんですね。街道から静々と歩を進めてくる疫病神。村に入ってくるととりあえず迎え、おもてなしをする。囃し立てるんですね。若い人たちは踊りを踊ったり歌を歌ったり、お酒を捧げる。しかし、疫病神が連泊をしないように、村の境の川へ連れて行って落とすのです。上手になだめながら、良い気持ちにさせながら連れて行って、流れて行ってもらうという感覚なんですね。疫病神エンターテインメントというのが江戸時代にはありました。ですから疫病神は、克服される対象ではないんですね。

近藤　感染症の流行にあまり関係なく、そういうエンターテインメントというかお楽しみごとが江戸の人たちは好きだったのですか。

キャンベル　劇場が密になりやすいというので、感染症が流行すると劇場や芝居小屋などが閉鎖されるということがありましたが、もともと、そういうところには自在に行けない人たちの間で、武士もそうですが、劇場以外でコミュニケーションがとられていました。劇場から遠く離れた場所で、江戸の人たちは素人芸を嗜み、磨き上げ、それを通してコミュニケーションをしていたのです。日本人はコミュニケーション下手だとか、お酒をのむと能弁になるけれど素面では無口だなどといわれますが、江戸時代の書物や浮世絵を見ますと、真昼間から体でいろいろな遊びをしながら、コミュニケーションをとっていたことが分かります。『腹筋逢夢石（はらすじおうむせき）』[※10]という本は逢夢石という有名な役者の名台詞を書きだして出版した書物なのですが、こういう座敷芸が流行していて、楽しんでいたようですね。

近藤　座敷芸ですか。江戸の人たちはみんな芝居好きだったということでしょうか。

キャンベル　観るのも演じるのも好きという意味では、そういう文化があったといえますね。茶番劇というものがあります。茶番というのは、お茶を飲む、ちょっとした間にやる即興寸劇のことで、俳優たちが、ご贔屓のお客筋たちを誘って料亭の大広間がある貸席に連れて行き、お能や狂言の一幕を衣裳も化粧もなしで演じることをいいました。客と演じる者の間に心の距離はなくて、人々の生活の中に地続きに演劇があったということなんですね。大勢で集まれないようなとき、たとえば感染症の流行期などに、人々を元気づけたり励ましたり、若い人たちのエネルギーを発散させたりする、非常に重要な役割があった、そうした文化があったのだ、と思います。

近藤　なるほど。江戸時代というのはなんとなく明治以前、開国前の封建時代という堅苦しい印象がありました。しかし、お話をうかがっていると町民や庶民は、いろいろ工夫を凝らして、それほどお金をかけずに毎日を楽しんでいたんですね。そして疫病さえも、恐ろしさを直視したうえで、笑いをもって距離をおき、伝えた。そういう繊細で大胆な庶民の知恵や賢さが随分あったんだなと感じました。

キャンベル　演劇というのは、実際に対面でやらないと成り立たない、伝わらない、コミュニケーションができない、成果が出せない、ということはあります。しかし、江戸時代の人たち、特に江戸という巨大都市で暮らす人々は、命の危機に直面したときでさえ、演劇を生きる力にしていたんですね。

ウイルスと共に生きていく

近藤　われわれの祖先は、勇敢にも感染症と共存していく賢い知恵を持っていた、そういう向き合い方をしていたというのは心強いですね。川柳などには、こうした辛い状況をちょっと斜に構えてというか、横にずらして表現するというのか、そういう傾向があり、それは今なお息づいているような気がします。コロナ禍の辛さ、厳しさを軽くかわしていこうとする血が、日本人にはまだ残っているように思いますね。

キャンベル　そうですね。川柳もそうですけれど、大口を開けて、ケラケラ笑う笑いじゃないんですね。一抹の、「ああ」という哀愁はあるわけです。これは日本のいろいろな表現を紐解いていきますと、なにか楽しいことの表現は、辛さであったり痛みであったりの裏返しなんですね。十八世紀、十九世紀くらい、特に産業革命以降の合理主義的な思想がイギリスからヨーロッパへ進展をしていく中で、私たちは不幸を消去することによって幸福は得られるのだと思うようになるわけです。ですから最大多数の最大幸福をもたらすことが政治の仕事であり、社会の最終目的だということが当時からいわれていたわけです。しかし、もともと日本人はそれを信じないんですね。不幸を打ち消して幸福を獲得するということはあり得ず、「禍福（かふく）は糾（あざな）える縄の如し」※11ではないですけれど、楽しいこと嬉しいこと、笑って済ませるようなことの中に、病も含め明日の辛さであったり不足であったり喪失であったり、そういうものの存在を既にどこかで認めているような幸福観、苦楽観が日本人にはあります。楽しみは「ウィズ・サッドネス」、ですね。

近藤　完璧な幸福などない、という感覚でしょうか。

キャンベル　一抹の哀愁、甘酸っぱさといいますか、そういったものが日本人の幸福感の特徴だといえると思います。

近藤　化学分野でノーベル賞をとられた野依良治先生は「ヒトの遺伝子を調べると、二〇パーセントから三〇パーセント、ウイルスの遺伝子あるいはそれに類したものが体内に入っていることが分かっているので、ウイルスと一緒に生きていくという説は科学的にも有力だ」とおっしゃっています。感染症と共存していく知恵を持ち、結果的に科学的根拠があることを実践していた「江戸時代の日本人はやはりすごかったなあと思う」と。

キャンベル　今のお話とは少しずれるかもしれませんが、江戸時代の書物そのものに遺伝子情報が入っているんです。たとえば、天保飢饉のとき、どうやって生き抜くかという非常に実践的なことが書かれた一八三〇年代に出版された書物があります。米がだんだん目減りしていくとカロリーが不足するので、代替食品をどうするかというようなことが具体的に書かれているのですが、江戸時代の人たちは本のページをめくるときに、多分若いときからいわれていると思うのですが、もう本当に全員、隅の狭いところをめくるんです。なぜそれが分かるかといいますと、隅のところに影ができている。おそらく何世代かの人たちがこのページをそれだけ読んだということが、手垢で分かるんですね。この書物の履歴、どういう場所で、どういう人たちによって読まれたかということを検証するのですが、実はこういう汚れが一つの指標になるわけです。国文研でも、他機関との共同でDNA解析をしておりまして、書物そのものの和紙の中に含まれている有機物を調べると、実は遺伝子だらけなんですね。書物というのは、いろいろな人が紙をすき返すときに、爪や髪の毛をつなぎとして入れたりすることがあるので、非常に豊饒な遺伝子情報が入っているのです。それともう一つは、こういう手垢のようなものを採取し、抽出して分析することができれば、どういうものを食べた、どういう特色を持った人がこれを扱っていたか、読者層がどういう人たちだったか分かるようになります。これは共同研究として立ち上げています。感染症が蔓延したことで起こったいろいろな社会変化を、どういうふうに江戸の画家や文学者たちが捉えて描き残していったか。それはどういう人たちに受け入れられ、読まれていったか。あらゆる方向から探っていきたいと思っています。

近藤　まさに知の融合といいますか、広いところからアプローチする研究構想は素晴らしいですね。キャンベル先生の日本の古典文学についての深いお話、もっとお聞きしたいです。

キャンベル　私たちは今、他者との物理的距離を保ちつつ連帯感を築くという二律背反に直面していますね。一人ひとりに合った社会的距離、真のソーシャル・ディスタンスを保持しながらも、連帯感にあふれる未来を迎えるためにはどうすればよいか、このコロナの経験から何を引き出していけばよいのか、皆で考えていきたいですね。

近藤　本当に、この対談が、そういったことを考える良い機会になればと思っております。

キャンベル　ぜひ、次は膝を突き合わせてお話しできるといいですね。

（二〇二〇〈令和二〉年九月三日収録）

1　一〇を基数とし、一〇倍ごとに上の位に上げていく表し方。日常生活でもっとも使われている表記法。

2　全体を構成する複雑な事象や概念を、いくつかの単純かつ小さな要素に分割し、それぞれの要素を理解することで、もとの複雑な事象を理解する考え方。

3　一七六〇〜一八四九　江戸時代後期化政文化を代表する浮世絵師。

4　北斎が八十六歳の時に描いた「須佐之男命厄神退治之図」は、肉筆画で、今の東京都墨田区にある牛嶋神社に奉納されたもの。須佐之男命とその従者の前に厄神がひざまずき、二度と悪さをしないように証文を書かされている様子が巨大な絵馬として描かれている。一九二三（大正十二）年の関東大震災で焼失。復元された作品は「すみだ北斎美術館」で常設展示されている。

5　天然痘ウイルスを病原体とする感染症の一つ。ヒトに対して非常に強い感染力を持ち、致死率は約二〇〜五〇％。人類史上初めて根絶に成功した感染症でもある。

6　人間に悪をばらまく鬼たちの総称の一つ。祟りをする神、物の怪、怨霊ともいう。

7　一七七六～一八二二　江戸時代後期の戯作者。滑稽本『浮世風呂』『浮世床』などで知られている。『麻疹戯言』という滑稽本は、一八〇三（享和三）年江戸を襲ったはしかを軽妙な筆致で描いた短編小説。

8　香木の一種。東南アジアで採れるジンチョウゲ科の沈香が土中に埋もれ、樹脂が浸出して香木となったもの。白檀と共に珍重され、香木中の至宝とされる。江戸時代には腹痛をなおし、精を増す薬ともされた。

9　一八五八（安政五）年にコレラが流行したときの江戸の様子を記録したもの。このときの流行では歌川広重など、当時の著名人が多数亡くなった。

10　一八一〇（文化七）年初版の山東京伝作の滑稽本。山東京伝は江戸後期を代表する大人気の浮世絵師で戯作者。鳥獣魚虫の身振りやものまねをしながら人間批評をしてみせる趣向が江戸の人々の遊び心をくすぐり、ものまねブームが起こったといわれている。

11　災いと幸福は、より合わせた縄のように交互にやってくる、という意味のことわざ。

医療現場から見た日本人論

堀江　重郎
（順天堂大学大学院医学研究科泌尿器外科学教授）

ほりえ・しげお
1960年生まれ。東京大学医学部卒業。日米で医師免許を取得し、泌尿器科学、腎臓学、分子生物学、臨床腫瘍学の研鑽を積む。2003年より帝京大学医学部主任教授、2012年より現職。手術ロボット・ダヴィンチを駆使した手術においては、国内トップクラスの執刀経験を有する。日本初の男性外来「メンズヘルス外来」を開設するなど、日本の泌尿器科を牽引している。

精度の高いロボットの活躍

近藤　堀江先生は日米両国の医師免許をお持ちで、泌尿器外科の分野では第一人者でいらっしゃいます。医師になろうと決意をされたのはいつ頃だったのでしょう。

堀江　子どもの頃は本好きで、漠然とジャーナリズムといった方面に進みたいと考えていたのですが、高校三年生のとき、医学部進学を決意するできごとがありました。母が、がんの専門病院で乳がんだと診断されたのですね。当時、がんは死を連想させる病気だったので、悩んだ母は、今でいうセカンドオピニオンで、近所にいたアメリカ帰りの先生に診てもらったのです。その先生は当時は珍しかった超音波検査をし、水が溜まっているだけでがんではないと診断され、すぐ水を抜く処置をしてくださった。そうしたら、深刻な雰囲気に包まれていた家の中が一気に明るくなったのです。僕はこれは素晴らしい仕事だと、医者になりたいと思いました。それに対して父親が一時の感傷で職業を決めるなと反対したものですから、かえって反発し、何が何でも医学部にと突き進んでしまったわけです。父親にとって、ちょっと親不孝だったかもしれないですが。

近藤　いや、それはむしろ、大変な道を歩もうとする息子さんを案じる、親心からの反対だったと思いますね。いろいろお聞きしたいのですが、まず自然と文明、あるいは自然科学との関係についてうかがいます。医学の分野では、長生きをしたい、病気を治したいとテクノロジーの進歩が進む。そうなると、何か人間として越えてはいけない一線を越えてしまうのではないか、不老不死に近づくかもしれないけれど、神ならぬ人間がそこまでして本当にいいのか、という意味で心配や懸念もあります。テクノロジーを原動力とする文明と自然の折り合いをどうつけるのか、

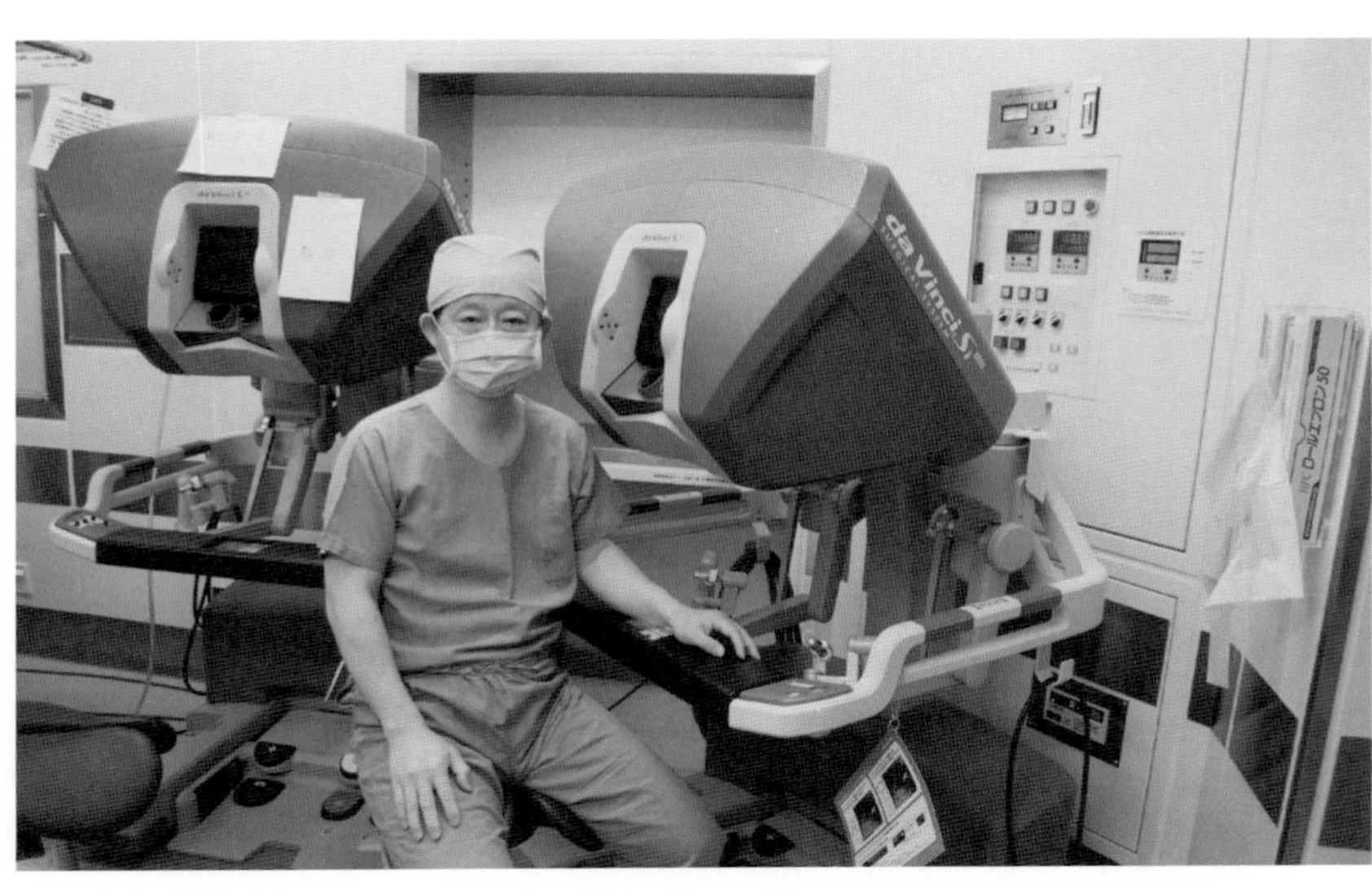

最先端の医学はこれからどこまでいくのか、いかがでしょう。

堀江　医療現場ではいろいろな技術が利用されていますが、現在、関心が高いのは遺伝子の編集技術だと思うのです。二〇二〇（令和二）年のノーベル賞を受賞した研究ですが、遺伝子の中の好きな部分を切り取る、あるいはそこに違うものを入れることが、かなり簡単にできる方法が開発されました。この技術が、たとえば、遺伝子の病気がある方の細胞を変化させる、あるいは臓器の機能を高めることが分かれば、比較的早く応用されるのではないかと思います。基本的には、先天的にその遺伝子に問題を抱えていることがはっきりしていて、遺伝子を編集することがその人にとってメリットになるケースに利用されることが考えられます。

近藤　先生のご本を拝読していて「ダ・ヴィンチ」[※1]というロボットが活躍していることを知ったのですが、どういうロボットでしょうか。

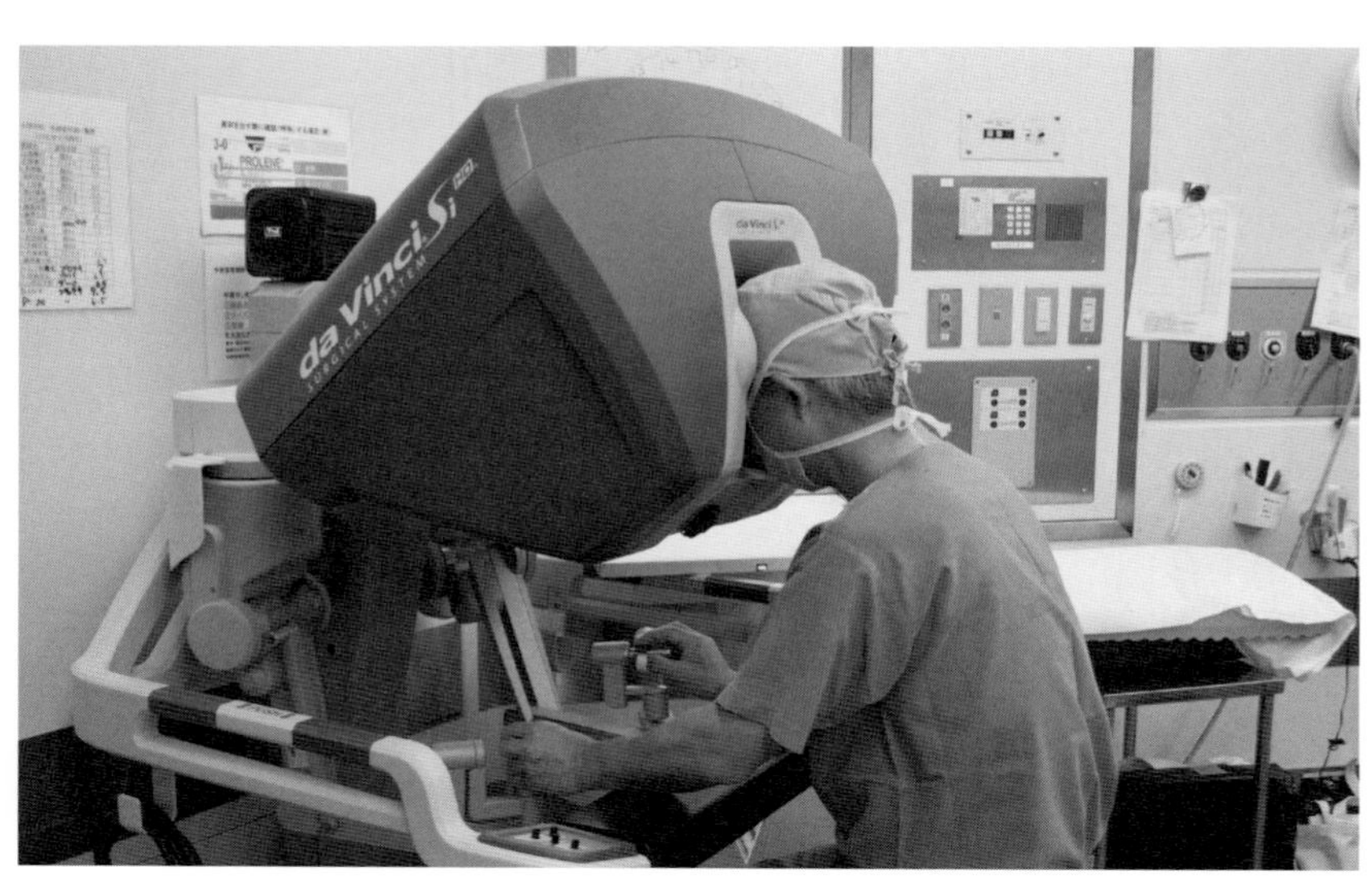

堀江　これはいわゆる手術支援ロボットです。ロボットというとオートメーションを思い浮かべるかもしれませんが、昔あったマジックハンドがぐっと精密になったと考えてくださっていいと思います。おなかの中を炭酸ガスでサーカスのテントのように膨らませ、そこに内視鏡を入れると拡大して見えます。ハサミや物をつかむものが中に入り、そこで手術ができる。つまり、おなかを切らないで手術できるのが現在の手術ロボットです。おなかだけではなく、脳や目、喉、関節といった、いろいろなところにも応用され、より手術の精度が高くなり、患者さんの負担が減ってきています。これはどんどん進歩しておりまして、あとは経済性との戦いというところです。

近藤　なるほど。一般的な診療ではまずは診察をして、どこが悪いのかを見つけ、必要ならば手術をする。術後の経過をみて、最終的に治療が終わったことを確認するという流れがありますね。今後さらにロボットが進歩したとして、そのうち自分でおなかを開いて患部を見つけ、取り出して縫うということができるようになるのでしょうか。

堀江　たとえば、現在の近視のレーシック手術[※2]は完全にオートメーション化されています。医者はボタンを押すだけ。これが一番シンプルな機械による手術です。若い医師はビデオなどいろいろなもので手術法を学ぶわけですが、現在、機械の上でトレーニングできないかという研究段階にあります。機械の動かし方が下手な人と上手い人がいますので、それをナビゲートする方法論ができつつあります。実際のナビゲーションとして、手術前にＣＴのデータを基に３ＤのＣＧをつくり勉強する、あるいは手術中もナビゲーションがあると安全性が高まるので、ＣＧと実際の映像を見て手術できます。ロボット手術が導入されますと、外科医自身の技術や経験の差がかなり小さくなり、医師としての経験年数があまり意味を持たなくなってきます。

近藤　なるほど。遠隔診断、遠隔治療もありますが、やがてロボットが自分で診断することができるようになりますか。

堀江　診断の部分ではほぼ実用化寸前だと思います。

免疫力をあげて寿命を延ばす

近藤　科学技術がどんどん進歩していくと、やはりどこかで生命倫理、あるいは人間の尊厳といったことにぶち当たると思うのですが、そのあたりの歯止めはどうすればよいのか、研究者、科学者の過熱化する先陣争いを食い止めるには、どうしたら良いのでしょうか。

堀江　歯止めというのはなかなか難しい問題です。たとえばｉＰＳ細胞[※3]は究極のアンチエイジング[※4]です。簡単にいうと、遺伝子の状態をもう一度最初の状態に戻す、つまり遺伝子をリセットするのですが、問題になるのは遺伝子が働いてきた時間はリセットされない、その人が生きてきた時間というものがありますから、遺伝子の破損は完全には元に戻らない、つまりゼロ歳児の遺伝子に戻るわけではないという点です。遺伝子の編集にしてみても、当然間違いが起こり得るわけです。もし間違いが起こった場合、どういう結果がもたらされるのか。この前中国で、国際的に禁止されている遺伝子編集を不妊治療でやってしまったという事例がありました。難しいのは、どこかでブレイクスルーするとなし崩しになってしまう可能性がある、ということですね。

近藤　アンチエイジングは先生のご専門分野ですが、人間は何歳まで生きられるのか、不老不死に向けてどこまでいくのか、そのあたりはどうなのでしょう。

堀江　生き物の寿命を表す指標があります。細胞が分裂する時、ＤＮＡの端にはテロメア[※5]という少し余分な領域があります。積極的な役割はまだ分かっていないのですが、一個の細胞のときが一番長く、分裂するにしたがって、消しゴムが使うたびに小さくなるように、だんだん短くなっていきます。この長さから細菌や哺乳類、爬虫類の生き物の寿命をおおよそ計算してみますと、人の寿命は百二十歳くらいといわれています。

近藤　テロメアが短くなる原因というのは？

堀江　短くする要因と長くする要因は分かっていまして、短くするものというのは、すなわち「心配」ですね。

近藤　心配、ストレスですね。

堀江　ストレスがあると短くなります。長くする要因として有名なのは「瞑想」です。

テロメアとは

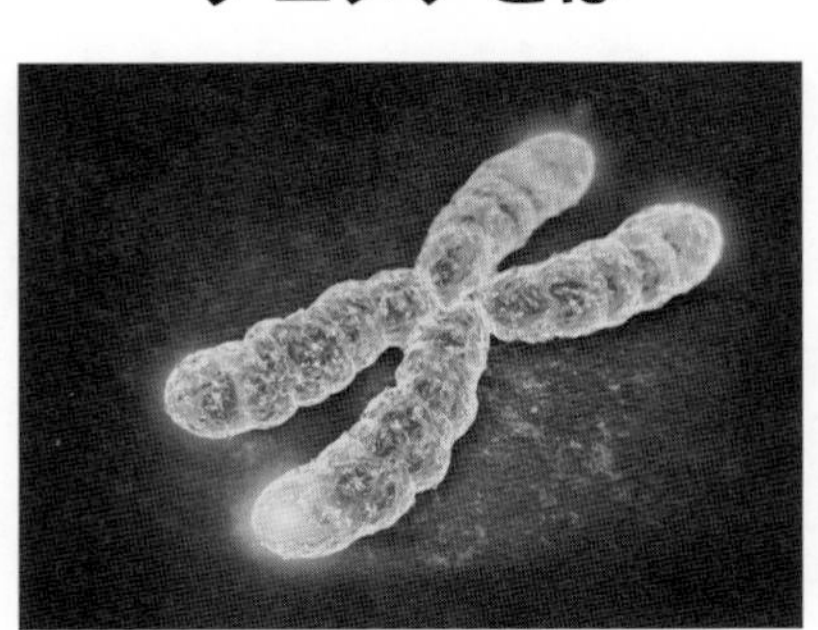

- 真核生物の**染色体の両末端部**にある構造
- 特徴的なDNA配列（TTAGGG）を繰り返し、遺伝子情報を保つDNAを保護し、染色体の安定化および細胞の寿命と関係する
- 1930年代に発見され、ギリシア語の「telos＝末端」と「meros＝部分」が由来

近藤　瞑想すると伸びるのですか。

堀江　正確にいうと、メンテナンスして伸ばそうとする酵素が増えるということです。だから縮みにくい。また、楽しい経験をしたり、親しい仲間と一緒にいたりすると、テロメアは縮まない傾向にあります。

近藤　仲間がいたほうがいいわけですね。とはいっても、喧嘩をしていては駄目ですね。

堀江　喧嘩は駄目です。コロナの時代は世界的にテロメアが短くなる可能性がありますね。このテロメアを伸ばす要素には、もうひとつホルモンがあります。親しい人たちと楽しい時間を過ごす、つまり「三密」であることがエネルギーの源泉、生きることの源泉ともいえるのですね。

近藤　昔から落語はがんに効くと言いますね。笑う、あるいは楽しいというのは、どういうメカニズムで効果があるのでしょうか。

堀江　ノーマン・カズンズという有名なジャーナリストが『笑いと治癒力』という本を書いています。笑っているほうがいい、免疫力が高まる、ということは知られているのですが、顔の筋肉が笑う形をすると脳に刺激がいくのか、声を出して笑ったときの脳の感じ方がいいのかといったことは、分かっていないんですよ。だから逆に、全然楽しくないけれど、無理に笑うのでも健康にいい、という考えもあります。

近藤　顔で笑って心で泣く、と言いますけれども。

堀江　顔で笑う分プラスかもしれません。似たような話で、胸を狭くしてうつむくより、胸を開いた姿勢の方がホルモンが出ることが分かっています。この場合はテストステロン[※6]というホルモンが関係していますけれど、筋肉の動かし方がどのように人間の体のさまざまな生理現象につながるのか、分かっているようで分かっていないのですね。ですから笑いに関しても、顔の筋肉を動かすことに意味があるかもしれないし、顔に電極を付けてピクピクさせると、免疫力がアップするかもしれないですね。

近藤　分かっているようで分からないといえば、たとえば、風邪とはいったいなんでしょうか。

堀江　基本的にはウイルスの感染症ですね。コロナウイルスも風邪を起こすウイルスで、ウイルスには非常にたくさんの種類があります。今回の新型コロナウイルスはその中の一つです。免疫系が弱っているときに、こうしたウイルスが体内に入って感染するということだと思います。

近藤　アルツハイマー病はどうでしょう。加齢が特殊な形で現れたものなのか、それとも単なる加齢現象の一部に過ぎないのか。

堀江　アルツハイマー病の原因は、脳の中にタウタンパクという余計なタンパク質が蓄積するからなのですね。簡単にいうと錆みたいなものがくっついてしまい、これは一度くっつくとなかなか取れない。今のところ、ありとあらゆる薬がうまくいっていません。ただ、八百屋や魚屋のおじさんがアルツハイマー型認知症になることはあまりないのですよ。要するに、人とのインタラクション（相互作用）が多い人というのは、アルツハイマー型認知症になる可能性は低い、とは言えますね。

近藤　そうすると、老後のひとり暮らしというのは良くないわけですね、いろいろな意味で。

堀江　おっしゃるとおりです。もう一つは、毎日決まったこと、ルーティンの仕事があるかないかは大きいですね。

近藤　ルーティンがあった方がいいのですか。通勤電車が混んでいても、寝不足で眠くても。

堀江　はい。だからコロナ感染症の拡大で「三密」を避ける現在の状態は、ちょっとつらい状況だといえるかもしれません。

情報過多とお節介医療

近藤　自分の体との関係の築き方というか、つき合い方は案外難しく、病院にかかるタイミングに悩むことがあります。

堀江　分かります。たとえば「よくこんなになるまで放っておきましたね」という医者のセリフがありますが患者さんにしてみれば、気にならないから放っておいたのですよね。以前、おなかの下腹から乳首あたりまである大きな腫瘍を手術で摘除したことがあります。その患者さんは、患部が何か重たいなくらいで気にならなかった。ところが、たとえば転移したがんの場合は、絶対そんな大きさにはなりません。それは診断治療によって気がついてしまうから。気がつくということは、絶えず心と体のインタラクションが起こる。ですから、病気の第一歩は、気がつく、気になるということが、実は大事だと思うのですね。無意識のときの人間の免疫状態、また意識のあるときはどうかというのは、まだ全く分かっていないのですが。

近藤　なまじ人間ドック[※7]に行って、ここがどうだ、あそこがどうだと訴えて、ポリープがあると言われると気にしてしまいます。

堀江　余計なことをしている気になりますね。でも気にしない人の方が薬剤が良く効くことはあります。変なたとえですけれども、治療法について詳しく知ろうともしない、またあまり気にされない方は、抗がん剤を投与してもケロッとしているのですね。逆に症状をネットで調べたり、闘病記を何冊も読んでいたりすると、抗ガン剤により吐き気がでてしまうということもあります。患者さんが病気についての情報をたくさん得ることが、果たして闘病するにあたってプラスに働くかどうかは分からないですね。

近藤　事前に説明したと言えるように、ずいぶん事細かな病状説明をお医者さんが患者さんにしたりしますが、逆効果になる場合もあり得るのですね。

堀江　そうですね。なかには、いくつかの治療法を説明して、好きな治療法を選んでくださいと患者さんに選択をゆだねる医者がいますが、僕はけしからんと思っています。なぜなら、十分説明して納得していただきましたよね、それであなたはこれを選びましたね、ですから後から文句言いっこなしですよ、と医者が責任回避しているからです。提示した治療法がすべてイコールということはあり得ない。具合が悪い、頭が痛い、おなかが痛いというのを医者の責任で何とかするのが医療の本質だと思うのですよ。

近藤　堀江先生のお母様を診察して、さっと治療してくださったお医者さんのように。

堀江　ところが今、こうしたアクティビティに携わる医者は全体の三割いるかいないかではないでしょうか。ほとんどはお節介で、○○が見つかりました、この状態が続くと良からぬことが起きるのでこういう手立てをやりましょう、という医者が多い。続くといっても一年かもしれないし、三十年かもしれない。たとえば、血圧が高いままで元気だという人はいくらでもいますよね。逆に言うと、その人の体にとって必要だから血圧が高くなっている場合もあるのですよ。もちろんその状態が二十年続くと悪いことが起こるだろうことは、一応エビデンス[※8]としてあって、国民もコンセンサスがあるので降圧薬を飲む。でも、九十五歳で血圧の高い方が、降圧薬を飲んで長生きするエビデンスはどこにもないのです。がんもそうです。がん患者が増えているといいます。がんで亡くなる方は確かに増えているのですが、亡くなる方に比べると、がんが見つかる方のほうがはるかに多い。では昔はどうだったんだというと、昔はがんで亡くなる人は少ない。がんが見つかった方のうち、ある程度の人は治っているのかもしれない。がんがありました、早く手術しないとという人が、昔は分からなかった、気がつかないで放っておいた、そして亡くなっていたという人があったかもしれないのですね。

近藤　落語を聞きに行ってそのまま亡くなったとか。

堀江　そういうことはゼロではないですよね。今の医療は基本「お節介」にできています。でも心臓が止まったときに、どの治療法でどうこうするというわけではない。そこにいる医者が最善のことをするだけです。ベスト・プラクティスと言いますけれど、それが病院の中だったら心臓を動かす機械を使う、機械のないところだったら拳固で叩くしかない。医者の方にも患者さんの方にも、救急という概念が薄まっていると思いますね。

近藤　お医者さんと患者さんの関係ですけれども、あとで何かあった場合を想定して、お医者さんは身の保全のために、必要以上にお節介になっているかもしれないということですね。患者さんとお医者さんは、エビデンスを越えた信頼関係があった方が総合的には良い結果に結びつく気もするのですが、心構えとして、両者の関係はどうあるべきだと思いますか。

堀江　これは医者と患者だけではなく、人間関係全体にいえることですが、「リラックスした関係」がいいですよね。スポーツでは体が緊張して縮こまっていると怪我をします。信頼というレベルも同じです。多くの場合はニュートラルだと思うのですけれど、なかには、しばらく話をしていると、いろいろなことが気に障る人っていますよね。そういう気の合わない医者はやめた方がいいです。こちらのテロメアが短くなる医者はやめた方がいい。セカンドオピニオンはかなり普及していますが、セカンドオピニオンを申し出たとき、不機嫌になる医者もやめた方がいいです。情報やデシジョン（決断）が基本ですけれど、やはりそれ以上に相性が大事ですね。

「ひたすら」励む

近藤　お医者さんと患者さんの関係のあり方としての「全人的ケア」について教えてくださいますか。先生は実践しておられるとうかがいました。

堀江　「全人的ケア」が意味することはいろいろあるのですが、医療の面では、領域別に分かれている「たこつぼ医療」を統合したいということがあります。全人的という場合には、その人の生活習慣、環境、価値観そういうもの全部を医療を行ううえで考慮しましょう、ということです。つまり、その人の置かれている状況、環境も含めて〝治療〟していくのが「全人的」の意味です。「ケア」は、その人の人間としての尊厳を尊重することで、たとえば、がんの終末期に何を優先するか、を考えていくことなんですね。

近藤　優先するのは治療ではなく、患者さんの人間としての尊厳、ということでしょうか。

堀江　私がよくお話する例があります。二十五年前、乳がんでほかの臓器に転移のある方が、その後生きる時間の平均値は十八か月でした。今はもちろん延びています。そういう方たち一〇〇人を半分に分け、一つのグループは病院に行って抗がん剤治療を受けると帰宅してもらった。この人たちの平均的な余命は十八か月でした。もう一方は、全く同じ抗がん剤治療をして、週一回、一時間集まってお喋りをしてもらいました。最初は医者の悪口や愚痴が話の中心でしたが、次第に自分の経験をほかの人にどうやって伝えようか、お互いの経験を話し合いながら副作用をどう乗り越えていこうかと前向きな話も出てきた。この方たちの平均余命、どのくらい長くなったと思われますか。

近藤　そうですね、二倍くらいに延びたのでしょうか。

堀江　正解です。三十六か月です。今のお話は、非常にきちんとした研究の結果で、レベルの高い論文集に出ている科学論文ですが、医学の教科書ではどこにも書かれていないのです。なぜかというと、薬も医者も関係ないからです。もう一つは、一週間に一時間集まってお喋りしただけで長生きした理由が分からないからです。だからこの論文はずっと無視されていたのですね。しかし最近その理由が分かったのです。

近藤　テロメアですか。

堀江　そうです。抗がん剤によって遺伝子のテロメアが減ってしまうからなんです。がん細胞をやっつけるけれど、自身のテロメアも短くなる。その折り合いがついたところが十八か月だった。ところが週一回お喋りしていた方はテロメアが短くならなかった。だったら、がん治療を受ける人はテロメアが短くならない治療を受けた方がいいよね、と僕は思っているわけです。一つの臓器だけをターゲットとする治療ではなく、人間としての価値を高めることを含め全方向で治療を考える、ということです。それが一つの全人的ケアですね。医療従事者にとって、治療手段が増えれば増えるほど、それに習熟するためには、非常に狭い領域に集中していかざるを得ない。そういうところから、もう一度、患者さんの人間性を回復させるというのが、全人的ケアではないでしょうか。結局は医療の根源的な問いにまで立ち返れるかどうかですよね。

近藤　なるほど。やはり全人的ケアはお医者さんと患者さんの理想的な協力関係のように思えますね。もっと、われわれも勉強していこうと思います。最後に、日本人の長寿社会の背景には、免疫力を高めるような生活文化があったのかどうか、テロメアを伸ばすような習慣があったのかどうか。最近よく聞くマインドフルネス[※9]と長寿との関連について、お聞きしたいです。

堀江　長寿というのは結局テロメアが長いということなので、煩悩[※10]を少なくしようという教育がどこかにあるのかもしれないですね。茶道や武道、日本の「道」には、マインドフルネス的な要素があるのではという気がします。それは、日本語で表現すると「ひたすら」だと、僕は思うのですよ。あっという間に時間が経ってしまうことがありますね。何かに没頭していて、気がついたら時間が経っていた。「ひたすら」はそれに通じるものがあると思うのですね。

近藤　「道」というのは伝統的な精神性のある行いであると同時に、体にも良いということですね。ひたすらや一心不乱という世界は確実に長寿につながっていく、薬を何種類も飲み分けるより、何も考えずに体を動かしている方が効果があるということでしょうか。

堀江　煩悩を少なくとか「道」とか、医者らしからぬ話をして、と思われたかもしれませんが……。

近藤　いえいえ、そこが堀江先生の堀江先生たるゆえんです。楽しく、また勉強になる話をありがとうございました。体を動かして、仲間と楽しく過ごし、おもしろそうな体験をして、治療を受けるときはおおいに笑って、テロメアを縮ませないようにしていきたいと思います。

（二〇二〇〈令和二〉年十月二十九日収録）

1　一九九〇年代にアメリカで開発された手術支援用ロボット。術者は患者の体にあけた小さな孔から内視鏡カメラとロボットアームを挿入し、モニター画面を見ながら操作して精緻な手術を行うことができる。

2　レーザーで角膜の形状を変えることで屈折率を変化させ、視力を回復させるもの。視力矯正法の一つとして注目され、近視、遠視、乱視の矯正に効果がある。

3　二〇〇六（平成十八）年、京都大学の山中伸弥教授らがマウスの胚性繊維芽細胞に四つの因子を導入することでES細胞のように分化多能性を持つ人工多能性幹細胞が樹立できることを発表。再生医療に大きく貢献することとなり、山中教授は二〇一二（平成二十四）年にノーベル生理学・医学賞を受賞。

4　抗老化、抗加齢を意味し、加齢による心身のおとろえに対抗して、いつまでも若さを保とうとする行為。

5　真核生物の末端を保護する役目を持つ。この部分を伸ばして細胞を若返らせ、がんを防ぐ可能性を追求する研究で、アメリカの分子生物学者ブラックバーン博士らがノーベル賞を受賞している。

6　コレステロールから合成されるホルモン。男性の性分化に必須な男性ホルモンのうちもっとも多く、精巣、副腎、筋肉、海馬で産生され、男性の生殖機能、造血、筋肉・骨の発達、代謝、認知機能に関わっている。

7 自覚症状の有無に関係なく、健康状態を総合的にチェックする健康診断の一つ。「ドック」は船を点検・修理するための「船舶ドック」から転用されたもの。

8 その治療法が選択されるときの、臨床結果など科学的根拠、臨床的な裏付けを指す。「エビデンスに基づく医療」は、科学的に検証された根拠のあるデータに基づいて医療実践する取り組みをいう。

9 仏教由来の瞑想法で、今、この瞬間の自身の精神状態に深く意識を向けるために行われる。ストレスの軽減や集中力の向上に役立つ心的技法とみなされ、二〇一〇年代から欧米を中心に流行している。

10 苦悩や心痛を意味する仏教用語。人間の心身を悩ませ、苦しめ、煩（わずら）わせる精神のはたらきをいう。

日本人にとっての生と死

玄侑　宗久（作家・臨済宗福聚寺住職）

撮影：藤田修平

げんゆう・そうきゅう
1956年生まれ。慶應義塾大学中国文学科卒業。さまざまな仕事を経て、京都天龍寺専門道場に入門。2008年より福聚寺第35世住職。2009年より京都・花園大学文学部仏教学科客員教授。2001年『中陰の花』で第125回芥川賞を受賞。2007年、柳澤桂子氏との往復書簡『般若心経 いのちの対話』で第68回文藝春秋読者賞を受賞。2014年、『光の山』にて第64回芸術選奨文部科学大臣賞を受賞。

自然発生する「け」の力

近藤　福島県三春町にある臨済宗福聚寺(ふくじゅうじ)のご住職、玄侑宗久さんのことは、お坊様としてではなく、むしろ芥川賞作家としてご存知の方が多いと思います。二〇二一（令和三）年は、東日本大震災から十年、そしてコロナ禍の渦中にあって、生きるとは何か、死とは何か、はかない生の中で幸せとは何かを考えざるを得ない毎日でした。本日お話をうかがえることは絶好の機会と感謝しております。早速ですが、お子さんの頃は何になりたいとお考えでしたか。

玄侑　最初は灯台守になりたいと思っていました。

近藤　灯台守ですか。それはどういうことで。

玄侑　灯台の機能もよく分かっていなかったんですけれども、海難事故を知らせるとか、何かの役に立つんじゃないかという気がしていました。

近藤　そのスピリットは現在まで続いているわけですね。人々に灯りを照らして人生の行方を示すという意味では、そのとおりのお仕事をなさっていると思います。灯台守に憧れる少年が、いつ頃から仏教の世界に入られることになったのでしょうか。

玄侑　反抗期が普通にありまして、物を書きたいと思うようになりました。お寺に生まれたものですから、住職に反抗しようと思うと宗教的なテーマにならざるを得ない。反抗するために勉強していたら、ミイラ取りがミイラになりまして、おもしろくなって書きたいテーマもより宗教的なものになってきた。私は剣道をやっていたので、物を書くか宗教者になるか、どちらか選ぶのが潔いと思っていたんです。でも考えてみれば、分類そのものが便宜的なものですから、両方あってもいいのではないかと思うようになりました。

近藤　なるほど。分類はある意味では人為的なものということですね。宗教の世界で、仏教、キリスト教、イスラム教の三大宗教というのは、歴史的な経緯は別として、宗教としての共通性と地域そのほかによる違いがはっきりしている気がいたしますが、日本人はその中で、その境をあまり意識しないというか、柔軟であるという感じがいたします。日本人の宗教心、死生観をどのように見ていらっしゃいますか。

玄侑　一番大きいのは、「自分の背後に生えている草は放っておいてもまた生えてくる」という感覚だと思うのです。『万葉集』に「死ぬ」という言葉は出てこない。「避ける」という字を書いて「避る」、「さる」と読んでいるのですね。どこかに行っちゃったという感覚です。ところが春になるとまた生えてくる。ですから死ぬと思っていない節がある気がします。

近藤　それは日本人が、ということでしょうか。

玄侑　日本人が、です。こういう感覚はほかの国にはちょっとないと思います。古代において「け」と言われたものが主に三種類あります。まずは髪の毛の「け」ですね。私の毛は剃っているだけで生えてくるわけですよ。それから山に生える木がありますよね。これも「け」です。そして気配の「け」ですね。これらは増えたり減ったりを制御できない。こういう自然発生するものを「け」と呼んで、その能力が涸れることを「けがれ」と言ったのですね。自己増殖できなくなったものが「けがれ」と呼ばれたわけです。

近藤　「気」というのは考えてみればいろいろな場面で使っておりました。気が滅入る、気を入れる、気がつかない……。

玄侑　気が抜けるとかね。

近藤　どういう理由から日本人は「気」という言葉をいろいろな局面で使うようになったのでしょうか。

玄侑　ギリシャではデモクリトス※1が原子（アトム）を考えました。それがどんどん細かい方に進んで、イデア※2というものが持ち込まれると、机には机のイデアがあると個別化されていくわけです。するとヒエラルキーができて序列ができます。でも、中国で考え出された「気」は、人間にも動物にも植物にも通じ合ってしまう共通のエレメントです。そこで東洋独特の命に対する見方ができてきたような気がしますね。

近藤　「気」は人間だけではない、動物や植物にも通じるわけですね。

玄侑　天地開闢（かいびゃく）のときに最初に生まれたとされる三人の神様、天御中主神（あめのみなかぬしのかみ）、高御産巣日神（たかみむすびのかみ）と神産巣日神（かみのむすびのかみ）、この三つの名前は、同じ存在で三つの見方を示しているのだと思います。相撲で勝つと軍配に向かって左・右・左と手刀を切りますね。あれはこの三神に対して拝礼しているのです。それから四番目の神が宇摩志阿斯訶備比古遅神（うましあしかびひこぢのかみ）、これは葦が自然に生えてくるという意味です。それから五番目の天之常立神（あめのとこたちのかみ）。この五人の神様を「独神（ひとりがみ）」と言いまして、一人で子どもがつくれるのです。すなわち自己増殖する。そこから「ひとりでに」という言葉ができるんですよ。根拠は分かりにくいのですけれども、このような在り方を尊んでいたので「独神」は尊い神のステイタスだったわけです。でも、われわれに直接繋がってくるのは、イザナギ、イザナミですよね。これは余っているものと、足りないものが誘いあって子づくりをした。非常に違うもの同士が組み合わさって子どもができるのは、「独神」ほど自在ではないけれども、それもまた立派なものでしょうとなり、対をなすことを大事にしてきたのではないでしょうか。

近藤　そうですね。風神、雷神もそうでしょうけれども、確かに対になることによって一プラス一が二ではなくて、三にも四にもなるような意識を持っている気がいたしますね。

対の思想で解決してきた

玄侑　一番大きいのは言葉だと思います。日本人は漢字という強烈なものが中国から入ってきたときに、呪力を感じたと思うのですね。文字の中に意味がこもっていると知ると恐ろしいくらいだった。しかし、使わざるを得ない。それで漢字が入る以前に音声言語として持っていた言葉をどうしても残したかった。だから漢字を取り入れながらも読み方としては仮名をふって、訓読みをつけた。これもやっぱり対ではないでしょうか。中国でいう「両行（りょうこう）」※3、両方認めること。これは『荘子』の中に出てくるデュアル・スタンダードですね。そういったものを好んで、文化的にも両方でいくことをやってきたと思います。仮名も平仮名とカタカナの両方を設けましたし。

近藤　両行という言葉について、二つの異なるものを対立や矛盾と捉えずに、かといって間をとって曖昧にすり抜けることでもない、もうちょっと建設的というか両方を併せのむ知恵のような気がいたします。両行についてもう少し教えていただけませんか。

玄侑　『日本書紀』には七か所「陰陽」という言葉が出てくるんですね。中国人はあらゆるものを陰と陽に分けて、陰陽がエネルギーを生み出す原理であると考えてきました。陰陽があるから神様はいらない。創造主という存在が不要だったわけです。両行というのはこの陰陽から始まるわけですけれども、陰も陽も「気」なんですね。そういった考え方が日本には『日本書紀』の時代にいろいろな面で入ってきました。たとえば働き方という意味では、朝鮮半島から部民（べのたみ）※4が来ましたね。矢をつくる専門部隊や、機織り専門の機織部（はたおりべ）、服部（はとりべ）など、専門的な人が集まった方が効率的という仕事のやり方でした。それに対して日本には「伴（とも）」といって、皆で忙しいところを手伝う。そういうやり方があったのです。効率優先の「部」という考え方と、和合優先の「伴」という考え方が両方あったわけですね。今はほとんど「部」だけになってしまいましたけれども。あるいはまた、日本の文化では「侘び」「寂び」がありますね。安心して侘びられるのは賑やかなものが一方にあるからで、伊達、バサラという対立する考え方がもう一方にあるわけです。同じように建物も、庵に住みたいというコンパクトな生活方針がある一方で、城郭建築という壮大なものも産み出した。また場所を例にとりますと、守るべき伝統が多いとそれを打ち破ろうとする革新の力が強くなる。だから京都という都市は伝統的であると同時に革新的なんですね。

近藤　そうですね。京都は政治的にもそういう傾向がありますね。

玄侑　片方がもう一方を産み出す原因になっていると思います。たとえば世界にも稀なものとしては、武家と公家が両方あって六百年以上権威を保ち続けたという歴史。ヨーロッパでは公家にあたる貴族はいますが、その貴族の家の子弟が騎士（武士）になるわけですから権力は二分しません。ですから日本の公家と武家は、あり得ないほどの両行なのです。

近藤　なるほど。武家と公家はあり得ないほどの両行ですか。

玄侑　鶴と亀というのも誤解されていて、長生きの象徴だと思っている方が多いですね。

近藤　長寿の象徴かと思っておりますが、違うのでしょうか。

玄侑　鶴と亀はあまりにも生活習慣が違う生き物ですね。当然考え方も違います。はっきりいって相手を理解できない。でも、理解できなくとも仲良くはできるでしょう、というのが道教的なシンボルとしての「鶴と亀」なんです。で、亀が陰で鶴が陽です。

近藤　陰と陽というのはどちらが良くてどちらが良くないということではなくて、右と左のようなものですか。

玄侑　そうですね。これは両方ないとエネルギーを産み出さないわけです。

近藤　西洋的な価値観から見ると、二つの異なるものはどちらかを選ばなければいけない。論理的に説得力のある方が勝ってそれが支配するという価値観からすると、矛盾ですよね。矛盾という言葉の盾と矛の話もこれは西洋人にいわせると明らかに矛盾で、どちらかが間違っているということになってしまいますが。

玄侑　アメリカの文化人類学者のルース・ベネディクトが『菊と刀』という本を書きましたね。内容的には間違いも多い本ですが、タイトルは秀逸だと思います。要するに、手間暇かけて菊を育てる優しさを持った人たちが、同時にそれを一刀両断にする刀にも敬愛を注ぐのはどういうことだと、これはコンフリクトだ、矛盾だと言っているんですね。両行という考え方を知らなかったのだと思います。

近藤　そうすると『菊と刀』というのは、両方を持った素晴らしい民族だというよりは、矛盾に満ちたわけの分からない民族だという気持ちで、このタイトルにしたのでしょうか。

玄侑　はい。冒頭に「これほど気心の知れない相手と戦ったことはない」ということが書かれてあります。敵に気心を知られることもないですけれどね。

近藤　両行は荘子とおっしゃいましたね。そうすると中国人にも同じ発想があり、そうであれば韓国にもありそうですが、少なくとも政界を見ているとそのようには思えないですね。なぜ、そこで日本と中韓の違いが出てしまったのでしょうか。

玄侑　もともと、中国における「両行」の代表的なものは儒教と道教だったわけです。儒教はヒエラルキーを大切にしますし、序列の中での礼儀作法も重んじます。道教はそうではなくて、個人の幸福をもっとも重視します。たとえば道教の一派は人間の最高の状態は満五歳くらいと考えていて、直観を非常に重視し、大人になればなるほど直観力は鈍っていく。年をとるとまたもう一回直観が蘇ってくるという考え方もあるようですけれども、子どもの方が偉いと思っていますから、道教的な考え方と儒教的な考え方は全く反対です。でもこれが両行してきたわけです。

近藤　両行していたこともあった、ということですね。

玄侑　ところが道教、いわゆる老荘思想[※5]というのは、効率を重視しませんから経済発展には全くそぐわない。効率の良さを目指すなんて恥ずかしいという考え方ですから。中国では今は儒教のような考え方、進歩思想一色になっています。そういったものは日本では全部古い時代に入ってきて、そして日本は保管庫のように何でもあるんですね。どうにでもなるわけです。そしてこれが仏教の観音思想[※6]にピタッとあった。いかようにも変化し対応するというのが観音様ですから、これが大人気になったわけです。

近藤　そうすると原理原則を貫くというよりは、状況に応じてうまく身を翻して柔軟に対応してベストを目指すのが日本の文化で、西洋の人はそれをいい加減だととらえる。われわれから見ると、西洋の人は黒白はっきりしすぎて割り切りすぎだ、という感じになるのかもしれませんね。

怨霊思想から抜け出したくて

玄侑　究極は幸福感の違いだと思うのです。日本人が使う「幸せ」という言葉は、奈良時代に発生したのですが、漢字であてはめたときに、最初は「為合せ」と書いたんですね。行為の為の主語は、神または天なんですよ。ですから神のなさることに合わせるしかない。ですから初めは「運命」と同じ意味だったんです。ところが室町時代に文字が変わりまして、「仕合せ」という字になります。この場合、主語が人になりますので、誰かがこうしたことに対して、私はこう仕合せたと、受け身の対応力なんですよ。それがうまくいったときに幸せだなと感じる。日本人は自然災害が多かったせいか、「仕合せ」という感覚を強く持ってきました。幸いという言葉も使いますが、幸いは、さきわいで、咲き賑わいの短縮形。だから一色に同じ花が咲いていても幸いではないのです。いろいろなものが混じり合っている状態を幸いと感じたのだと思います。

近藤　日本人は状況に合わせるのがうまい。アメリカ人は信念があったらチャレンジして貫き通す、といわれますが、そういった違いが欧米と日本にあるのですね。

玄侑　そうですね。ですからかなり幸福感が違うのではないでしょうか。

近藤　幸福感も違うと「あの世観」も違いますね。日本人のこの世とあの世の違い、神様や鬼、妖怪などをどういう心理で求めてきたのか、どのように見ておられますか。

玄侑　鬼という文字は中国から来たわけで、中国人が意味する鬼は死者のことです。亡くなった人のことを鬼と書いた。ですから魂という字にも鬼が入りますね。死者が出入りする先が北東、丑寅の方角で、これを鬼門といいます。この鬼門から出入りするのが死者なのですが、日本人は丑寅だからと、鬼に丑の角を生やして寅のパンツを履かせたんですね。

近藤　それで有名なあの姿になるんですね。

玄侑　鬼にしても妖怪にしても、仏教以前の日本には、恨みを持って死んでいった人たちが、そういう異形のものになるという御霊思想[※7]がありました。そしてそれらはあまり良くない方向に働きかけると、たとえば天然痘やマラリアが流行したときにも怨霊の仕業だと思うわけですよ。そしてこれらの妖怪は生き残っていく。たとえばもっと後世の話ですが、原因がわからず精神的に不調の人や無気力になっている人に対して「ヒダルガミが憑いた」などと解釈するわけです。この妖怪に取り憑かれると「ひだる」くなってしまう。現在の精神医学ですと自己責任の精神疾患と見るのでしょうが、そうではなくて外部から憑依したために、おかしくなってしまったと解釈する。だったら、それを祓ってあげれば元に戻るという考え方ができますよね。これは優しい人間観だと思います。たとえば現在の解離性同一性障害は、いろいろな人格が内部から出てきたと解釈しますが、昔の日本人は、外部から何かが取り憑いたのだから祓ってあげなければ、と考えます。治療のやりやすさで考えますと、憑依ととらえた方が有効だと思いますね。江戸時代に徳川家康が、医療は漢方の医者たちに任せて宗教者は手を引くようにと言いました。ただし狐憑きだけはこれまでどおりよろしく、と。それを「祓う」のは、今でも依頼があったりするんです。

近藤　「お祓い」というのはまさにそれですね。先生の著書『なりゆきを生きる』の冒頭に、「いろは歌」が出てきますね。死を説いたお経を訳したものだそうですが、日本人は自分の死をどのように考え、自分の死期が迫ったときにはどう受け入れてきたのでしょう。

玄侑　平安時代、『源氏物語』が書かれた頃の思想というと、先ほどの御霊思想、恨みを持って死ぬと怨霊になるという考え方が優勢だったんですね。その時代にできたのが、あの「いろは歌」です。作者はわからないのですが、もともと『涅槃経』というお経の中に、死を説いた短い「無常偈」という部分があり、漢字一六文字で示されています。「諸行無常 是生滅法 生滅滅已 寂滅為楽（諸行は無常なり　是れ生滅の法なり　生滅滅しおわって　寂滅を楽と為す）」というものですが、それを四七文字の平仮名を一度だけ使って、今様形式[※8]の歌に置き換えたわけです。歌の勘所は、聞き馴染みのある「諸行は無常」で、仏教の三法印の筆頭ですけれども、「いろはにほへと　ちりぬるを　わかよたれそ　つねならむ」です。「色が匂う」ところに平安時代の言葉づかいが残っています。「におう」というのは色が鮮やかなことで、香るわけではない。あんなに鮮やかに咲いていた花が散ってしまった。この世の中でいったい誰が常でいられるだろうか。これは外側から見た死ですから普通です。後半が、死者自身が見ている死で、「うゐのおくやまけふこえて　あさきゆめみし　ゑひもせす」です。「うゐのおくやま」というのはお経の原典にはなく、訳した人が考えた言葉ですが、人生を意味しています。ああしよう、こうしようと昨日より一歩でも高く、山を登るように進んできたけれども、気がついたらてっぺんを越えてしまったと。これはおそらく無為自然の状態に入ったことを示していると思うのですね。道教的な世界観です。そして、これまでの有為の世界を振り返ってみると、まるで浅い夢だったように思えるし、酔っぱらっていたような気もする。でも、今ははっきり見えているので、これからは夢は見ません、酔っぱらいもしませんよと、死者自身が宣言しているのです。これは、亡くなったあとの方が自由な世界だと思わせる歌でして、この時代にできたものとしては破格のすごい歌だと思います。怨霊思想から抜け出していく助けになったでしょうし、亡くなったあとの自由さというのも悪くないと思わせるものだったと思いますね。

直観を強くする瞑想

近藤　先ほどの「無為自然」についてですが、禅において、われわれの理解と欧米の人の理解にも食い違いがあるように思います。しかし最近欧米でも、マインドフルネスという言葉で、禅の瞑想に近い心の状態を精神統一など医療に使っているようです。欧米でもまた日本でも、禅に魅かれる人が増えているのはどうしてでしょうか。

玄侑　『仏教経済学』という本を読みまして、なかなかおもしろい考え方が出てきたと思いましたね。

近藤　地球資源を守りながら利用し、生態系と調和した人生をおくることで、繁栄を分かち合おうという、従来の西洋の合理主義とは異なる経済活動の考え方ですね。

玄侑　著者のクレア・ブラウンも仏教的なマインドフルネスを体験して、効率最優先の市場原理主義ではない仏教的な価値観に目覚めたのだと思います。坐禅や瞑想は身心の制御術といいますか、身心に安寧をもたらしてくれる方法として優れています。もともと心と体は二元的ではなく、合わせて「み」と言ったわけです。「み」から魂が抜けてしまった状態を、空っぽという言葉から「からだ」と呼びました。江戸初期にできた日本語とポルトガル語の日葡辞書で「からだ」をひいてみますと、死体のことです。魂が抜けたものを体と言っていたのですが、当時流行りだした卑語(ひご)[※9]として普通の身体のことも言うようになったと。身体の扱い方で、脳は無駄なエネルギーを出し

福聚寺境内の紅しだれ桜。推定樹齢およそ450年

ているわけです。出しているというか使っているというか、ああでもないこうでもない、結果的に何の役にも立たなかったようなことを常に考えているわけです。瞑想というのは、言葉を思い浮かべないでおこうとする技術です。ということは思考をしないことであり、覚醒していながら無思考の時間を意図的につくれるわけですよ。その技術は『天台小止観』[※10]あるいは『魔訶止観』[※11]といって、禅以前に「止観」という言葉で表現されたんですね。これは瞑想法の一つで、「止」というのはキリスト教の瞑想と同じで、バイブルのフレーズを頭の中に念じ続けていく方法。禅問答も実はこの方法で、問答というと答えを探すように聞こえるかもしれませんが、答えなんかありようもない問題なんです。たとえば富士山を荒縄で縛って持ってこいとか、千尋の底にある一つ石を体を濡らさずに拾ってこいとか。不可能な言葉を抱え続けていると、意識の集中の限界をこえたときにある種のスパー

クが起こる。これを期待してする瞑想が「止」（＝サマタ）。もう一つの「観」（＝ヴィパッサナー）は、変化し続けているものに意識を乗せて、ものを考えないようにするやり方です。たとえば呼吸は変化し続けていますから、それをずっと追いかけるようにして意識を乗せると自然にものを考えなくなるわけです。この方法を発展させたのがマインドフルネスです。仏教的な瞑想の一種を取り出して一つのトレーニング法にしたわけです。これはやっぱり脳の省エネ化というか、本当に直観が強化されると思うのですね。

近藤　禅の瞑想法から宗教的要素を取り除いて、身心、特に脳に応用したのがマインドフルネス瞑想ということですね。

玄侑　禅の場合、繰り返し行なうことで無意識にできるようになって身についたことは第二の自然だと思っているわけです。だから自然は拡張できると思っています。

近藤　そこが従来の西洋合理主義的な自然観とは全く違うものだったんですね。

玄侑　日本人は直観をすごく重視しますよね。なぜかというと、先ほどの「両行」で価値判断を一律に決めていないので、たとえば「善は急げ」と言う一方で「急がば回れ」とも言う。「芸は身の仇」だけど「芸は身を助ける」とも言う。「嘘も方便」だけど「嘘つきは泥棒のはじまり」とも言う。この場合どうするのか。直観で決めるわけです。いろんな諺には常に反対のものがありますから、直観がなかったら決められず苦しい状態になります。両極端を含みこんだゆったりした価値観を持っていた方が、人に優しくできるということなんですね。「仕合せ」のために、最適な場所に着地するには、直観しかないということなのです。

近藤　確かに、「人を見たら泥棒と思え」と「渡る世間に鬼はない」と両方あり、状況に応じてとっさに直観で決めていく。なるほど。

繰り返しは無駄ではない

玄侑　両行の価値を認めていると、直観が働かない場合どうなるのか。いわゆる「やさし」という状態になります。「やさしい」という和語は、痩せてしまいそうだという意味です。痩せると同じ語源。相手に寄り添おうとすると判断がつかなくなって身が痩せてしまいそうなんですよ。だからそこで直観が働かないと、優柔不断といわれるしかないいんです。

近藤　儒教と道教両方あった中国は、効率性の方を優先して儒教が主流になった。これは西洋の影響なのでしょうか。

玄侑　というよりも、むしろ儒教は君子というものを目指しましたね。君子は模範的な公務員ですよ。ですから国の在り方に直結するのだと思いますね。

近藤　統治の効率性を求めたのでしょうか。

玄侑　そうかもしれませんね。文革の時代には両方とも虐げられましたが、儒教はなんとか息を吹き返しました。

近藤　日本は明治維新以降、効率性を求めてきましたので、それがすっかり身についていますが、心の奥には両行、対を重んじる思想が残っているはずですね。

玄侑　なかなか難しいでしょうね。『荘子』の中に孔子の弟子と老人の対話が出てきます。ある老人が、土手の下の川までバケツで水を汲みに行っては上ってくる。弟子がそんなことをしないでも、撥ね釣瓶という便利な道具があるよ、と言う。すると老人は、そういう効率のいいものがあるのは知っているが恥ずかしくて使えない、便利なものを使うと「機心」が生ずるから、と答える。機心とは、うまくやってやろうという心。効率を拒絶して守るべきものはやはりあるのではないかという気がしますが、「機心」を持たないように心がけるのは、なかなか難しいことだと思います。

近藤　それはある意味で、職人気質のような、効率性や経済性といった価値観に対する抵抗といいましょうか、そういう考え方ですね。

玄侑　そうですね。法然上人は念仏を一晩で七万回唱えたと言います。繰り返すことで何が生まれてくるのか。職人の世界でもそうでしょうけれど無意識でできるというのは身についた、ということですよね。さらに直観が働くようになる。新しい創造も無意識の中から生まれてくる気がしますし、繰り返すことは無駄ではないと思うのです。コンピュータを生活に取り入れることで、確かに単純作業が省略できるようになり、効率は上がりましたが、だからといってコンピュータに念仏をやれといっても無理です。対機説法[※12]というのが大事だと思いますね。医療でも介護でも、最終的には人が目配りしていかなければなりません。

近藤　効率が良くなくてもいい、繰り返しは無駄ではない。うつろう自然、変わりゆく身辺状況を見つめながら、それぞれの人や状況に適した対応をして、与えられた生を生き抜くこと。「なりゆきを生きる」ことの意味を知り「しあわせ」です。ありがとうございました。

（二〇二〇〈令和二〉年十二月四日収録）

1 前四六〇～三七〇年頃　古代ギリシャの哲学者で、あらゆる物質は最小の単位、原子から構成されているという考え方を唱えた。

2 理念。プラトンの哲学の根本用語。

3 中国の『荘子』に由来する考え方で、両極端の双方を肯定するもの。禅はこの考え方を取り込んで二元論を越えようとした。

4 もともと中国、朝鮮などに存在した社会制度で、その影響を受け成立したもの。大化改新以前、朝廷に隷属し、労役や生産物を貢納した人々の集団をいう。

5 中国の老子と荘子を合わせた名称で中国の伝統思想。老荘を折衷して一つにまとめられた思想としての意味も強く、三世紀頃、老荘の思想は無為自然の生き方を主張、貴族たちはその清談の中で老荘の語を好んで用い、時に権力に対する抵抗のよりどころともしたが、やがて宗教や芸術との関わりの中でも生かされ仏教を受け入れる思想的基盤をつくっていった。

6 観音を信仰して、救済されたり現世利益を得ようとしたりする信仰。聖徳太子の救世観音（法隆寺）以後、広く信仰されるようになった。

7 人々を脅かす天災や疫病の発生を、怨みを持って死んだり非業の死を遂げた人間の「怨霊」のしわざと見なして畏怖したり、これを鎮めて「御霊」とすることにより祟りを免れ、平穏と繁栄を実現しようとする日本の信仰のこと。

8 日本の歌曲の形式で、今様とは「現代風、現代的」という意味であり、当時の「現代流行歌」という意味。

9 公式には使われない世俗の言葉。

10 天台智顗が説き、弟子の慧辨が記録した、坐禅の一種（止観）についての説明書。

11 天台智顗が説き、弟子の章安灌頂が記録した坐禅の一種（止観）についての説明書。

12 相手の素質・能力に従って法を説くこと。

建築と文明 ―ポストコロナの建築を問う

隈　研吾（建築家）

くま・けんご
1954年生まれ。東京大学大学院建築学専攻修了。1964年の東京オリンピック時に見た丹下健三の代々木競技場に衝撃を受け、幼少期より建築家を目指す。1990年、隈研吾建築都市設計事務所設立。これまで20か国を超す国々で建築を設計し、日本建築学会賞、フィンランドより国際木の建築賞、イタリアより国際石の建築賞ほか、国内外でさまざまな賞を受けている。東京大学教授を経て、現在は東京大学特別教授・名誉教授。

どこで戦い、どこで折り合うか、建築家の匙加減

近藤 小さい頃は獣医になりたかったそうですね。猫好きともうかがいました。

隈 ピアノの先生が獣医の奥様だったので、お稽古に行くと犬や猫がいっぱいいて、そういう生活が羨ましかったんですね。小学校四年生まで獣医になりたいと思っていました。

近藤 その動物好きの優しい小学生は、前の東京オリンピック（一九六四〈昭和三十九〉年）のとき、折からの建築ブームではありましたが、将来の希望を建築家に変更することになったわけですね。

隈 きっかけは丹下健三（たんげけんぞう）[※1]が設計した代々木競技場の体育館に親父に連れていかれて、カッコいいなあ、すごいなあ、と思ったこと。「誰がやったの」と聞いたら、「建築家が設計して建てた」と教えられました。

近藤 そのときの衝撃を著書の中で、「垂直と出会った」と書いておられます。今もっとも多忙な、日本を代表する建築家でいらっしゃいますが、そもそも広い意味のアートの中に「建築」をどう位置づけていらっしゃるのか。また、建築家の使命といったものについて、まずうかがいたいと思います。

隈 建築家もアーティストも、こういう社会をつくりたいというイメージがなきゃいけないと思うんですね。それをどう表現し伝えるのか。建築家の場合は、こういう家に皆が住む社会になって欲しい、皆がこういうワーキングスペースで働く社会になって欲しいなど、メッセージをストレートに形にすることができる。その意味では直接、社会に働きかけるポテンシャルがあるよう

ですが、こんなところでは働きたくない、こんなところには住みたくないという人に出会ったら、自分の社会像、未来像に「ぼろ」が出てしまう。建築家は直接性はあるけれど、すぐ「ぼろ」が見えやすいところがあると思います。

近藤　「ぼろ」ですか。建築を構想されるとき、依頼をしてくる人と隈さんご自身の哲学に生じるずれやギャップはどうやって調整されるのでしょう。

隈　そういうギャップはたくさんあります。たとえば、この人とは気が合いそうだなと家の設計を始めたら、まったく違う住居観を持っているなど、人間各々持っている考えなど違うということを思い知らされる毎日です。でもその違いが、僕自身を変えるチャンスにもなり得る。自分とは全く違う価値観や美意識をバーンとぶつけられたときには、一瞬たじろぎますが、異なる価値観、美意識にちょっと挑戦してみようかなと思うんですよ。その結果、自分のテイストが変わったことを何度も体験しているので、違いやずれは、自分が変わるチャンスだと受け止めるようにしています。

近藤　たとえば大きな公共施設や企業の建物の場合は、通常コンペがありますね。そのときのオファーに対してプランをお出しになりコンペで勝った場合、隈さんのモデルと施主側の好みと、実際に進行するまで、かなりやり取りがあるものなのですか。

隈　一般の方には想像もできないような大変で複雑なやり取りがあります。コンペで選ばれた案は、ただ選ばれただけということで、実際につくるときは変更の要請が山ほどくるし、実際にも変更をたくさんします。そういう考え方もありだなと受け入れて変えることもあるし、これだけは譲れない、戦わなきゃいけないということもある。どこの部分を受け入れて、どこで戦うか。

これは匙加減が大事で、僕は柔軟な方だと思うけれど、それでも戦うときは戦うという感じですね。

近藤　クライアントからの注文に学びを見出すというのは素晴らしいと思います。特に欧米のアーティストは自己主張が強いですし、そもそも建築は自己プレゼンテーションの力が強いジャンルだと思っておりましたが、隈さんのお話をうかがっていますと、クライアントの希望に耳を傾けられ、かつ自分のアイデアに拘泥(こうでい)しない柔軟性がいいなと思いますね。

隈　時代や世代の問題もあると思います。建築と社会との関係性も変わってきた気がしますね。高度経済成長の時代は、建築や土木が経済成長を支え、社会を引っ張っていたので、「文句は言うな」という感じがあった。ところが一九九〇年代に経済がガタガタになったとき、税金の無駄遣いである公共建築は良くない、また環境破壊の問題も一気に出てきて、価値観の逆転が起こったんですね。九〇年代に建築は社会に迷惑をかけているといった流れになり始めた。繊細な建築家もやはりそういうことを敏感に感じ始めていたと思いますね。

近藤　隈さんはまさにその繊細さを持っておられたわけです。日本経済新聞に隈さんの記事がありまして、「周囲を圧倒しない建物」というタイトルになっています。これは「隈イズム」というか、懐の深い隈さんの最大の特徴を表していると思います。周囲を睥睨(へいげい)する自己顕示の強いものではなく、むしろ周囲を圧倒しない建物、『負ける建築』というタイトルの本も書いていらっしゃいますが、隈さんはそういうものを目指しておられる、と考えてよろしいのでしょうか。

隈　建築事務所を始めた頃はバブル経済の真っ盛り、建築は迷惑だという考えが始まる前ですが、その頃すでに、僕より前の世代の先輩建築家たちの「偉そうな建築」に対する違和感を持っていました。自分にはこういう自己主張の強い建物を設計するのは無理だな、と。そうこうするうちに景気が悪くなり、実際に東京での仕事がゼロになって、十年間、東京で何にもできなくなったとき、やはり自分の道は「負ける建築」だと考えるようになりました。東京での仕事を全部キャンセルされたのですが、幸いにも地方で小さな仕事がいくつかあったものですから、田舎を旅する生活をしました。ある種の逆境の中で、地方の方たちと寄り添い、皆でつくり上げるようなやり方で建築の仕事をしたい、という考え方を強くしたのです。

コロナはハコ化からの折り返し地点

近藤　田舎を周られて日本の古い町並み、神社仏閣、自然と一体化した建築物をご覧になって、日本的なるものへの理解というか、いとおしさも深まったということでしょうか。

隈　そうですね。そういう伝統的な建築物を見る時間もたっぷりあったし、プロジェクトをやるときに、現場の職人さんたちとコラボできて、大工さんから木の刻み方を教わったり、左官屋さんから土の材料について習ったり、そういうことを現場で習得するチャンスがあった。日本の匠はすごいなあと、一九九〇年代の旅の時代につくづく実感しましたね。

近藤　そうだったのですね。隈さんは著書の中で「建築家に求められているのはソリューションだ」という表現をしていらっしゃいます。自己表現ではなく、社会問題の解決に結びつくアイデアを示すことだ、という趣旨のことをおっしゃっていますね。

隈　地方を周っていたときにそう感じました。実は以前から、建築とは、自分がこういう世の中であったらいいなというものを見せられるチャンスであり、それがソリューションにつながるのだと思っていたのです。自分の特性は、「物を通じてそれを具体的に見せる能力」にあると思っていました。

近藤　建築を通してソリューションを示すということですね。これからのポストコロナの時代について、隈さんとしてはどのような方向を見つめていらっしゃるのでしょう。

隈　僕はコロナは「転換点」だと思うのです。人類の長い建築史における転換点といってもいい。ゴシックやルネッサンスと様式の流れはいろいろありますが、もっと俯瞰的に単純化すれば、「ハコ化」への流れからの折り返し地点に来ていると思っているのです。「ハコ」つまり建築物を大きく高くすることを「ハコ化」と僕は言うのですが、その流れは有史以来、一貫して超高層が立ち並ぶ風景に最終的にはなってしまいました。その環境が、ある意味でコロナを招いたともいえる。そういう大都市を抜け出して自然のもとに戻らないと、自分たちは生存も危ういということを突き付けられたような気がしています。

近藤　今はハコ化の流れからの折り返し地点にいるということですね。それが大きく変わる節目に来つつある。

隈　そうですね。変わるし、変えなきゃいけないと感じています。

近藤　この動きというのは、コロナがなければ起こらず、まだまだハコ化が進んでいったのか、それとも限界点まで達して、何かきっかけを求めていたところにコロナが来て、大きく変化の方へ加速したのか、いずれだとお考えでしょう。

隈　まさに後者の限界点に気づき始めていたと思いますね。たとえば地球温暖化もハコ化の結末だったわけですし、いろいろな環境問題がハコ化の結果によってもたらされたわけです。このまま続けるのは無理だと感じていた。実際にハコから逃げ出す技術もすでにできていたと思っています。最新の科学技術、ＩＴテクノロジーを使えば、気持ちのいいところに自分のリビングのような小屋をつくり、その中で仕事ができるようになっていた。にも関わらず、惰性のままにハコ化へ突き進んできたことが問われている気がしますね。

近藤　なるほど。それは建築の世界だけではなく、人類の文明全体についてもあてはまるような気がいたしますが、いかがでしょう。

隈　そうだと思います。建築は人類の文明を象徴するような存在で、建築を見るとその時代の人たちが何を考えていたか、何を理想としていたかが分かります。中世の建築も、ルネッサンス期の建築も、彼らが何を理想にしていたか、どんな社会をつくりたかったか、一目瞭然で分かりますよね。

近藤　モダニズム[※2]やポストモダニズム[※3]もやはり建築の世界で始まり、建築が文明思想というか人類の思想をリードしてきた、単に思想の象徴という以上に人類を引っ張って来たと感じます。そもそもモダニズムとは何が原因でそう呼ばれるようになったのか。そこで建築の果たした役割は何だったのか、少しそのあたりについても教えていただきたい。

隈　モダニズムはそれ以前の装飾的な建築を否定する倫理的な美学だといわれていたのですが、僕は、ちょっとそれは褒めすぎという気がしています。考えてみれば、二十世紀に工業化社会が本格化し、その時に一番フィットした建築様式、一番大量につくりやすい建築様式がモダニズムだった。それが、どんどん人口が減って、少子高齢化が進んだ時代に、建築は必然的にモダニズムの先にいかなきゃいけない、ということだと思います。

近藤　ポストモダンというとカッコいいけれど、モダニズムの否定だけで、正面からはなかなか定義ができなくて、明確なコンセプトになっていない気がするのですが。

隈　そうですね、モダニズムのままじゃいけないと感じたときに、ポストモダニズムという言葉を一番先に使ったのが建築業界のようです。一九八〇年代に建築の世界でポストモダニズムが出てきたとき、ハコ化に対する問題意識はまだ弱かった気がします。何かの危機を感じてはいたのだろうけれども、形にする段階において、またハコをつくってしまった。ポストモダニズムは、むしろ一九八〇年代のニューヨークの超高層ブームと連動して、さらに大きなハコをつくった時代で、歴史の逆説のようなものを感じます。

近藤　そう考えるならば、今起ころうとしていることは桁違いに大きい、ハコ化を否定する大きな運動になりつつあるということでしょうか。

隈　そう思いますね。ポストモダニズムは時間軸でいうと、数十年単位の流行みたいな感じがしますが、今起ころうとしているのは、数千年単位の逆転かもしれないと思っています。

周りになじむ建築を　歌舞伎座と競技場

近藤　国立競技場と歌舞伎座という日本を代表する二つの建物をどう理解し、後世に伝えたらいいのか。設計者としてお話しいただければ有難いのですが。

隈　まず歌舞伎座のお話をしますと、前の歌舞伎座は、明治から数えると四代目、設計は吉田五十八(いそや)先生※4という尊敬する和の巨匠で、歌舞伎ファンから歌舞伎役者さんまで、皆大好きな建物だったんですね。それを建て直すとき、何かを付け加えて僕の味が出せればいいかな、という思いもあったのですが、設計を始めて歌舞伎役者さんと話をしたりするうちに、そういう欲を出すこと自体が浅はかに感じられてきました。それで基本的には吉田先生のスタイルを第五代でも踏襲したいということになりました。ただ歌舞伎座と都市との関係においては、新しいことができるのではと思いました。

近藤　基本的に伝統を踏襲しつつも、歌舞伎座と社会との関係を変えてみようとチャレンジされた。

隈　歌舞伎座の横側面の木挽(こびき)町通りは、いろいろな制約があって通りというよりは、間口の小さな壁の連続だったのです。僕らはその細い通りを、江戸時代の芝居街みたいな感じで賑わう通りにしたいと思いました。少し劇場の中の様子が感じられるように、地下鉄の出口をあけて。そうやって建築を通して都市に対するソリューションを提案できると思い、通り沿いの空間を綿密にデザインしました。さらに屋根の上にちょっとした屋上庭園をつくり、無料で上って遊べるようにするなど、歌舞伎座と街をつなげようと思いました。そういう街と一体化した楽しい劇場をつくりたいんだと気づいてからは、隈研吾テイストを加えることを考えなくなり、自分を〝卒業〟することができたような気がしますね。

近藤　周りの街と一体化して考えて芝居街にするという、その開かれた発想が、ある意味、隈イズムではないのでしょうか。

隈　そういっていただけると嬉しい。そういう建築と都市の接点にこそ個人の考えや哲学は反映するわけで、形で自分のブランドを歌舞伎座に張り付けるような表層的方法は違うかなという感じがします。

近藤　歌舞伎座の場合、反対運動のようなものはなかったのですか。

隈　皆さん吉田先生の歌舞伎座が外観もインテリアも含めて大好きなので、建て替えが本当に大丈夫かと心配される方が多く、それはプレッシャーでした。

近藤　予定よりも完成までに工期が長引いたのは、この部分を保存しろといった要望が原因だったのですか。

隈　いいえ、行政の許可をとるのが大変だったんです。最初から僕は吉田先生をリスペクトしたデザインを提出していたので、反対運動は起こりませんでした。

近藤　国立競技場はいかがでしたでしょうか。

隈　国立競技場もある意味では似たような状況だったんですね。最初のコンペで選ばれた案が非常に個性的な形態で、神宮外苑の杜の景観に合うのかどうかで反対運動が起きました。それからコストの問題も起きて最初の案がキャンセルになって、二回目のコンペが開かれることになり、僕は設計チームから誘われてデザインを担当することで参加したわけです。まず環境になじむ材料を使いたいと思いました。外苑の杜に一番なじむ材料として、木をたっぷり使おう、高さもなるべく低くしよう、という案だったので共感が得られたと思います。高さについては徹底して低く抑え、ただ一点、風通しを良くすることにこだわりました。風を庇(ひさし)で受け、庇の下に流れていく形態にして「風通し建築」にしようと考えたのです。

近藤　密から風通しへという、先ほどのハコ化から「広場化」といえばいいのか、「隙間化」といえばいいのか、そういった流れに沿っているわけですね。

隈　そうですね。その流れを予見できるものになれたと思います。手前味噌ですけれど、結果として、僕らが提案した国立競技場の案は、密にして空調すればいいという二十世紀的考えから脱却し、これから大きく変わっていくコロナ後の時代を予感できるデザインだという気がします。

建築も関係性も風通し良く

近藤　たくさんある隈さんの作品は、基本的にはその土地の自然の材料を使って、自然にマッチするように風通しを良く、という要素があると考えてよろしいでしょうか。

隈　そうですね。風通しは日本の伝統的な建築の重要なデザインコンセプトでした。世界の建築がハコ化に向かって一目散に走ってきた中で、風通しを大事にする日本の建築は、ちょっと違う流れをつくってきた気がします。日本の建築は風通しを重んじたり、低層の方がカッコいいという考えがあったり、日本だけは環境に対してある種ひねくれたというか、独特の考え方を持っていた気がしますね。コロナ後を考えるとき、参考にすべき例が、伝統建築の中にたくさんあると思います。

近藤　世界の流れがハコ化のときに、日本は風通しを重視して自然との一体感を重んじてきた。それは、日本人の自然観というか人生観といったものから出てきたことなのでしょうか。

隈　災害の多い環境の中で、自然と戦っても勝てないという自然観を日本人は持っていたと思いますね。〝ハコの人〟は自然と戦えるという考え方ですから。日本人は、自然はうまく利用するしかない、戦う対象じゃないという感覚が昔からしみついていたように思いますね。

近藤　日本の庭園であれ、建築であれ、全体に通底しているのは「自然との一体感」だと思います。日本人は季節の移ろいや自然との関係を肌で感じて表現してきた。それが欧米とかなり異なる点と見てよろしいでしょうか。

隈　ヨーロッパ人でありながら、それを敏感に感じ取って日本の美に魅かれたブルーノ・タウト[※5]という建築家がいます。ちょっとその話をしましょうか。

近藤　京都の桂離宮[※6]に魅せられて、すっかり日本びいきになった建築家ですね。

隈　実は親父がタウトの作品だという木の箱を持っていて、いつも「すごい建築家がつくったものだ」と自慢していたのです。子どもの頃からカッコいいなと思っていまして、今は、僕の事務所に大事に保管してあります。

近藤　タウトが自ら彫った木彫品ですか。

隈　職人と一緒につくったものです。一九三三（昭和八）年に、ナチスを逃れてシベリア鉄道で日本に来て、タウトは三年間、日本に滞在しています。その間、建築は二つつくるのですが、ほかに椅子や照明器具といった小物をいっぱいつくりました。それを、タウトを支援する人が開いた銀座の「ミラテス」という店で売っていたんですね。それを僕の父親が買って、自分の宝物にしていたというわけです。

近藤　桂離宮に魅せられる一方で、そういった生活のための小物をつくっていたのですね。

隈　その後いろいろ調べ、支援者の井上房一郎という人の孫に会って話を聞いたりするうちに、当時のタウトが日本に及ぼした影響の大きさのようなものが分かってきました。タウトは自分が桂離宮の発見者だと自認しています。桂離宮には、タウトが訪ねたとき、感激して泣き出したという有名なエピソードを持つ垣根があるのですが、この垣根は僕も見たときショックを受けましたね。

近藤　生きた竹を編み込んで垣根にしている「桂垣（かつらがき）」という有名な垣根ですね。

隈　裏を見ると、生きている竹をグッと強引に曲げて垣根にしており、原始的ともいえるのですが、自然に対する愛情のようなものが表れていると思います。タウトは、桂離宮の自然との関係に惚れ込んだのではないか、という気がするんですよ。

近藤　桂離宮は特に洗練された形で自然を愛おしむ気持ちが表れているということですね。タウトという人がかなり繊細な方だったからそう感じたのでしょうか。

隈　そうですね。タウトは月見台という竹の縁側も気に入りました。形態としては何の変哲もないものですが、縁側と自然との関係性が素晴らしいんですよね。タウトは「桂離宮とは関係性のデザインだ」と書き残しているので、僕は、自分のやろうとしていることはまさにそういうことかと思うことがよくあります。

近藤　なるほど。相互の関係の中で、一つの実体が実体たり得るという関係性を、日本人は自然との関係において築いてきたことをタウトは発見した。

隈　そこに気づいたタウトはすごい。実は関係性なんだと瞬時に見抜いたタウトは、やはりある種、ものを見る天才だったという気がしますね。

近藤　今、タウトが生きていたら、やはり我が意を得たりという感じになるのでしょうか。ある意味では、このポストコロナの流れに関して、先見の明があったということですから。

隈　僕はそう思いますね。

中国「竹の家」
撮影：淺川　敏

野外へ、屋外へ、広々とした空間へ

近藤　桂垣といえば、中国の万里の長城近くで、竹を使った大きなお仕事をされていますね。

隈　はい。中国で最初にできた「竹の家」と呼んでいるもので、僕にとっては大きな転機になった作品です。最初にその敷地を訪れた二〇〇〇（平成十二）年当時、北京も上海も奇妙な形の高層ビルをバンバン建てている時代でしたから、自然に調和した地元の素材でつくるものが受け入れられる自信がなく、おそるおそる案を出してみたら、意外にも皆いいねと言ってくれたんですね。水盤の中に、竹でできた茶室が浮いていて、建築の中にまた小さな建築があるという入れ子構造になっています。二〇〇八（平成二十）年の北京オリンピックの開会式でその映像が流れ、中国ではちょっと有名な作品になってしまいましたね。それ以降、こういう温かい感じのものを建ててと、中国中から依頼がくるようになったのです。

近藤　大成功ですよね。日本でも同じような「竹の家」はたくさんあるのですか。

隈　日本でも最近、竹を使った建築物をつくっています。大分県竹田市は名前のとおり竹の産地でもあるので、最近そこに竹を使った歴史文化館・由学館(ゆうがっかん)をつくりました。竹はインテリアの一部に使うことはあっても、それで建築物ができるとは皆考えていなかったので、僕の中国の「竹の家」はショッキングだったんですね。僕が今やりたいのは「素材の革命」です。コンクリートと鉄でつくっていた二十世紀の建築に代えて、新しい地元の素材で地元の職人がつくる、という革命です。「竹の家」はその第一号といってもいいかもしれないですね。

近藤　いいですね。素材としては竹、木、あとはコンクリートに近いかもしれませんが、石も日本庭園には必ず必要ですし、石で建築というのはどうでしょうか。

隈　人工物の極致としての石の建築ではなくて、庭の自然石のようなもので建築ができないかと思っていました。そして最近、埼玉県所沢市に角川武蔵野ミュージアムをつくりました。石というものに初めて本格的にチャレンジした建築ですね。自然石の荒さにどこまで近づけるか、ということをやって、僕としては二十世紀流のペラペラな石ではない新しい質感のある石の使い方ができたと思っています。

近藤　木を中心とするときとは耐震対応など、相当変わってくるものでしょうか。

隈　思い切り表面を荒れた表現にするために、厚い石を張り付けているので、普通の石よりも倍以上の荷重になっているんですね。それを支えるための構造を考え、今までしたことのない苦労

角川武蔵野ミュージアム
株式会社エスエス 島尾　望

をたくさんした建築です。建築に対する考え方が根本的に変わりました。

近藤　これから大きく転換するであろう建築の流れからすると、建物そのものが新しい時代の理念を反映する設計は、どのような方向にいくのでしょうか。野外という方向にいくのかどうか。

隈　野外の音楽ホールや野外の劇場というのは注目されると思いますね。僕が一番好きな音楽ホールは、ボストン郊外タングルウッドにある野外音楽堂です。ボストン交響楽団が夏に演奏会をする野外音楽堂で、小澤征爾さんも大好きだった場所。凝っておらず、周りの自然とのバランスがとれていてすごくいい。

近藤　今、日本の建築が世界をリードしている状況ですから、隈さんには世の中の変革を促すその先鞭をつけていただきたいのですが、今後どうしたら良いとお考えでしょうか。

隈　日本人は、システムをつくるのはあまり得意じゃない気がするんですよね。でも建築のように、目の前にある材料を使って、その材料の可能性を突き詰めて、何かの形にする建築やプロダクトの世界は、日本人はすごくうまいですね。そうした特長を通じて、ポストコロナの社会像を見せることをもっとやったらいいと思うのです。僕ら日本人はものと関わって何かを生み出す民族だと思うので、それを持ってポストコロナの世界に貢献していきたいと思いますね。

近藤　そのことを、特に若い世代の人に伝えていかなくてはと思いますね。最近よく、物を持たない、定住拠点を持たないなど、私どもの世代の価値観とはかなり違う新しい価値観が若い人たちの間に生まれつつあるようです。

隈　そういうシェアハウスという住み方が好きな連中は多くて、僕自身、小さなシェアハウスを経営することにしたんですよ。そうすると集まってくる人が面白くて。日本人だけじゃなくていろいろな国の、いろいろな職業の人が集まって、小さな部屋で楽しく過ごしているのを見ていると元気づけられるんです。自分まで楽しくなりますよ、シェアハウス。あと、もう一つ希望があるのは、都市を脱出して、田舎で小さな家を借りて生活を始めた友だちが何人もいることです。ハコをつくり続けるより、脱出するほうが楽しい、と気がつきましたね。

近藤　楽しそうですね。シェアハウスはその一つかもしれませんが、隈さんには風通しが良くて、皆が楽しく集まれる建築物をどんどん建てていただければと思います。最後に、国内で隈さんが一番お好きな建築物は何でしょうか。

隈　おおらかで伸びやかで、しかも細部を見ると非常に細かい計算がされている奈良のお寺は大好きですし、江戸時代の侘び寂び建築の美学に憧れもするわけですが、本当はね、自分が疲れたときは木造の和風の温泉旅館に行って、ゆっくり露天風呂に入るのが一番癒されます。そういったゆるい建物が一番好きです。

近藤　そのような建物もたくさん手がけていただき、多くの日本人をぜひゆっくり癒していただければと思います。

（二〇二〇〈令和二〉年十二月十四日収録）

1　一九一三〜二〇〇五　建築家。第二次世界大戦後の日本の建築界を代表する一人。広島平和記念資料館・国立代々木競技場体育館・東京都庁舎などを設計。

2　二十世紀初頭に起こった芸術運動で、伝統的な枠組にとらわれず、反伝統主義の立場にたった表現を追求した。近代主義。

3　モダニズムの行き詰まりを打開しようと、二十世紀中頃から後半にかけて流行した。脱近代主義ともいわれる。

4　一八九四～一九七四　建築家。平安期の数寄屋建築を近代建築に取り入れ、数多くの近代和風建築を手がける。死後、その功績を記念して吉田五十八賞が設けられた。日本芸術院会館、五島美術館、大和文華館、成田山新勝寺本堂などを設計。

5　一八八〇～一九三八　ドイツの建築家。ナチスの迫害から逃れ、一九三三（昭和八）年に来日。桂離宮や伊勢神宮など日本の伝統的な建築の美を讃え、海外に紹介した。

6　京都市西京区にある、江戸時代初期に建てられた八条宮（桂宮（かつらのみや））家の別荘（離宮）。数寄屋造の書院、『源氏物語』になぞらえた回遊式の庭園は日本庭園の傑作とされる。創建以来火災に遭うこともなく、ほぼ完全に当時の姿を今に伝えている。

日本人とキリスト教

前田　万葉
（カトリック大阪教区大司教・枢機卿）

まえだ・まんよう
1949年生まれ。2014年に大阪教区大司教に着座。2018年より枢機卿親任。専門はカトリック教会宣教・司牧。長崎、東京、広島、大阪で宣教司牧活動を行っている。著書に『烏賊墨の一筋垂れて冬の弥撒』ほか。

神父の道を志し枢機卿に

近藤　大司教は長崎県のご出身で、現在はカトリック大阪教区で大司教[※1]を務められ、そして枢機卿[※2]という大変枢要な立場に就いておられます。そもそも枢機卿は世界で何人くらいいらっしゃるのでしょうか。

前田　枢機卿の身分は終身です。八十歳までの枢機卿が教皇を選ぶ選挙権を持っているのですが、その身分の方が一二〇人くらい。ほかに八十歳以上の枢機卿が一〇〇人ほどおります。

近藤　日本ではもちろん前田大司教だけですね。

前田　今はそうですね。日本人としては私が六人目になります。

近藤　まずお子様の頃は何になりたいとお考えでしたか。その頃から枢機卿になりたいと思われたことはないと思いますけれど（笑）。

前田　五島列島の生まれですから、遊びから仕事、家の手伝いまで、すべてが漁業とは切り離せませんでしたので、漁師になると思っていました。同時に、学校で先生から「将来何になりたいですか」と聞かれると、ほとんど男の子は「神父様になります」と答える土地柄でしたので、私も神父になることがもう一つの夢でしたね。

近藤　さすが五島、長崎ですね。普通は野球選手や宇宙飛行士と言いますけれども（笑）。神父様になられたきっかけは何かございましたか。

前田　父は神学生でした。でも神父になることができず、誰か子どもを自分の代わりに神父にしたいという思いがありました。そこで長男の私を神学校に送り出したのですね。小学校卒業はま

旧野首教会
Ⓒ長崎観光連盟

だ十二歳ですから、自分で真剣に神父になると考えたことはなかったですが、ただ夢として将来、神父様になりたいというくらいの気持ちでした。

近藤　神父様になるにはどういう道を歩むことになるのでしょうか。

前田　私の場合は長崎にあります南山中学校というカトリック系の中学校の入学試験を受けました。同時に、長崎公教神学校の入試も受けました。この神学校から南山中・高校に通学したのです。神学校には同級生二一人が入学し、高校三年生までを含めると当時は一〇〇人くらいおりました。

近藤　そのすべての生徒たちが神父になるわけではありませんよね。

前田　神父になるのは一〇人に一人か二人でした。長崎南山中・高には、一般学生もたくさん通学していました。あわせて全校で一〇〇〇人ぐらいでしょうか。その中に神学生は一学年一〇人から二〇人ぐらいでしたね。

近藤　ローマとの関係で、大切なお役目が枢機卿にあるようにうかがったのですが。

前田　今のフランシスコ教皇の顧問として、特に私の場合は、日本カトリック教会についてのさまざまな問題を相談される立場にありますね。

近藤　カトリックの世界では教皇に次ぐ立場を極められたわけですが、神学生になりたての頃は悩まれたと、ご著書『烏賊墨の一筋垂れて冬の弥撒』の中で書かれていますね。

前田　そうでした。少年の頃は「なぜ信者にしたのか」と、神学生の頃は「なぜ神学校に入れたのか」と親への恨みを口にしたことがありました。しかし今は、信者であってよかった、神父になってよかった、すべては親からの最高の贈り物と感謝の思いでいっぱいです。

近藤　それは前田家の歴史にも関係しているようですね。

前田　はい、潜伏キリシタンですね。明治初期、私の父方の祖母・紙村ヨノの父・年松は、二十一歳の時、母・ヨネと四人の兄弟、四人の妹ともども五島列島の久賀島（ひさかじま）の牢に入れられました。そして、三人の妹、十九歳のマダリナ・ノイ、九歳のカチリナ・ソメ、五歳のナヨは牢死しています。また、五島列島の一つ野崎島・野首（のくび）の母方の曾祖父・岩助は、平戸牢での責め苦で、手首には綱痕が死ぬまで残っていたという話などが、私の信仰の大きなエネルギーになっています。

カーディナルの俳句

近藤　前田大司教といえば俳句の名手、俳人としても知られております。手元に『前田万葉句集』

がありますけれど、カーディナル（枢機卿）で俳句をされる方は、おそらく世界でもいらっしゃらないかと。

前田　そうですね、外国のカーディナルでは知りませんね。

近藤　そもそも俳句をつくるきっかけは、どういうことからでしょう。

前田　親元を離れて神学校で勉強していた私には、父親からの手紙が一番の楽しみでした。手紙には父のつくった俳句や短歌があって、それに興味を覚えたのが俳句の入り口です。

近藤　万葉というお名前はご本名だそうですね。

前田　はい。子どもの頃は名前のことで友達にからかわれたこともありましたが、今となっては、これも有難いことだと思っています。

近藤　二〇二一（令和三）年一月十六日土曜日の日本経済新聞の俳壇に、前田大司教の俳句がトップに挙がっておりました。黒田杏子（ももこ）先生の選ですね。「道のあり　夢のあり　七草の粥」。七草粥のときに詠まれたと思うのですが、ご説明いただけますでしょうか。

前田　私はそれほどこだわりはないのですけれども、俳句をつくるのに季語に何を選ぶかは重要です。やはりお正月ですから、新年にふさわしい七草の粥を題材にしました。句をつくったときにちょうど読売新聞の「道あり」というコーナーに七回の連載をしていました。自分の今までの道、これからの道と夢を追いかけながら生きてきたことを振り返るという内容です。もちろんまだこれからも夢はありま

す。夢を追いかけるときにまず大事なのが健康です。それには食事が大切ですし、栄養もつけないといけない。特に野菜は健康に欠かせません。そうしたことを思いながらつくった句です。

近藤　大変思いのこもった句ですね。ほかにも「句集」を拝読していておうかがいしたい作品があります。一つは「難民の　如し鵯（ひよどり）　樹に群るる」です。鵯が木にたくさん群らがっているのを、難民のごとしと形容されたのは、どういう背景や状況があったのでしょう。

前田　私は一九七五（昭和五十）年に神父になりました。一九八〇年前後だったと思うのですが、ベトナム難民のニュースがテレビで盛んに報道されておりまして、本当に壊れそうな船に大勢の人が、それこそ蜂の巣のような感じでね。

近藤　ボートピープル[※3]と言われていましたね。

前田　ええ、ボートピープル。そのことを思い出したものです。ある朝、車で出かけたときに、街路樹にちょうど赤い実、モチノキの実がいっぱい実っている。それに鵯がたかっていて、まるで蜂の巣をつついたような感じで木の実を食べているんですね。よほど山に木の実がないのかと思わせるほどで、山からエサを求めて逃れてきたような感じでした。それが難民の姿と重なりまして、それで思わずこの句が出てきたという感じです。

近藤　やはりキリスト者として弱い者、虐げられた者への思いが常におありになるから、鵯の群れをご覧になってもそういう発想につながったのでしょうね。それからもう一句。「空の鳥　野の花見よと　春が来る」。これは「野の花を見よ」という、聖書のマタイの福音書の言葉だと思いますが。

前田　はい。聖書の中で、神様を信頼しなさい、思い悩むなという箇所ですね。ですから、野の花を見なさい。そこには栄華を極めたソロモンよりももっと綺麗な野の花が咲いています。だからそんなことで思い悩むな、あるいは辛いことがあっても神様を信頼しなさい、と。そういう神様への信頼や賛美を、野の花、空の鳥、気持ちの良い大自然の美しさに重ね合わせています。

近藤　そして「一粒の　踏まれし麦や　キリスト忌」。この一粒の麦とは何を指しているのですか。

前田　一粒の麦がもし畑に蒔かれなかったら、麦は実りません。蒔かれたから育って穂が出て実を結びます。イエスキリストは神の子でありながら、人間となってくださった。地に落ちるように人間世界に降りて来てくださった。そして人間に仕えながら人間のために苦しみ死んでくださった。その生きざま、死に方、それらは今すべての人の救いにつながっていく。十字架にかけられたキリストは、もし神の子ならばその十字架から降りてみよとなじられました。それでも降りなかった。降りることはできたのに、降りずに死を選んだ。自分がすべてを背負い命をかけて、自分の死を捧げたわけです。それが多くの人たちの救いにつながり、多くの実を結んだ。キリストの死を説明するために、この句は良く使いますね。

近藤　最後に一句、「泣き笑ふ　童のほっぺや　花の舞」を紹介したいと思います。句集に大司教ご自身の解説で「天国に入るには子どものようになれ」と書かれています。子どものようになれというのは、どういうことでしょうか。

前田　これも聖書のマタイの福音書一八章にある「心を入れ替えて子どものようにならなければ、決して天の国に入ることはできない」という言葉からきています。この後に、「自分を低くして子どものようになる人が、天の国で一番偉いのだ」と続きます。一番偉いというのは、自分を低くして子どものように素直な、素朴な生き方が尊いのだと。この句をつくったのは、私の司祭館が幼稚園のすぐそばに建っていまして、毎日毎日子どもの笑い声や泣き声を聞きながら過ごすわけです。夏休みが終わると、突然、今まで蝉の声に包まれていたのが子どもの声に変わってしまう。その中で喧嘩が始まったり、かと思うとその喧嘩した子ども同士が仲良く遊んでいたり。本当に泣き笑い。桜の木がたくさんありますので、春は子どもの頭上に花びらが舞い落ち、とても素晴らしい風景です。

近藤　とても微笑ましくて優しい。子どものように純粋無垢な心をいつまでも保ちたい、保って欲しいという願いがこもっているようで、これも素敵な句です。解説をうかがうとさらに味わいが深まります。

傲慢な人間を戒めるコロナウイルス

近藤　聖書からマタイのお話をいただきましたけれど、私がよく講演などで使うのは「バベルの塔」や「ノアの箱舟」の洪水ですね。この話は人間に対する神様の罰というかお咎めということで使うのですが、神様はどういうことを咎めておられるのでしょう。どういうご注文をされていると解釈したらよろしいのでしょうか。現代の人類ということも念頭に置きながら、是非お話をいただければと思うのですが。

前田　今のご質問は創世記の話ですけれど、創世記の最初のところに、神の天地創造、人類創造の箇所があります。エデンの園の中央にある善悪の知識の木の実は取って食べるなという話と関連しています。人間が神様と同等だという傲慢さ、それが人間の滅びの原因です。これはなにも神様と人間の関係ばかりではなくて、人間社会の間でも傲慢になると結局はその人を潰してしまう。ＮＨＫの大河ドラマ『麒麟がくる』では、織田信長が天まで届くほどの安土城をつくろうとする。そういう天をも恐れない信長の行動は自分自身の滅びへとつながっていく。そうしたことと結びついているなと思いながら、今ドラマを見ています。

近藤　神様はせっかく人間をつくられたのに、どうも人間は傲慢になってきたということでお怒りになった。これは先ほどの子どもにならなければ天国に入れないということと関連があるのでしょうか。

前田　ええ、やはりつながっていますね。

近藤　人は純真無垢であれということですね。ノアの箱舟の話もしかりで。

前田　これもやはりつながっておりますね。ノアの箱舟の話はもっと直接に天地創造とつながっています。神様はいろいろなものをおつくりになって、そして最後に人間をつくられた。人間に支配せよと言った。その支配せよという意味は、神様のお望みのように支配するようにということ。それは自然と調和しながら、自然を大切にしながら支配していくということです。ですから第二の天地創造というか、神様がその後はあなたたちに任せるからお互いに協力せよということですね。人類は、神様の天地創造の協力者として選ばれたのです。

近藤　そういうことなのですね。最近、文明がかなり乱暴になってきて、自然を随分壊しています。また野生動物をたくさん絶滅させました。そして地球に対して、あるいは自然に対してひどいことをやった。その仕返しや反動が温暖化であったり、コロナウイルス感染症であったりということで、まさに人間の傲慢さ、思い上がりが文明という力を借りて自然を壊しています。それ

「コロナウイルスから人類への手紙」
作者：ヴィヴィアン R. リーチ
翻訳：上野景文（元バチカン特命全権大使）

地球は囁いたけれどあなたには聞こえなかった。

地球は話したけれどあなたは聞かなかった。

地球は叫んだけれど、あなたは聞くことを拒んだ。

それで私は生まれた。

私はあなたを罰するために生まれたのではない。

私はあなたの目を覚ますために生まれた。

地球は助けを求めて叫んだ。

大規模な洪水。でもあなたは聞かなかった。

厳酷な火災。でもあなたは聞かなかった。

猛烈なハリケーン。でもあなたは聞かなかった。

恐ろしい竜巻。でもあなたは聞かなかった。

海の生き物が、水中の汚染物資によって死んでいっている。

異常な速さで溶けていっている氷河。

厳しい干ばつ。

それでもまだあなたは地球の声を聞こうとしない。

どれだけ地球がひどい扱いを受けているのか、
あなたは聞こうとしなかった。

次々と続く戦争。次々と続く貪欲。

あなたはただ自分の生活を続けるだけだった。

どれだけ憎しみがあろうが……

毎日どれだけ殺害があろうが……

地球があなたに伝えようとしていることを心配するより、
最新の iPhone を手に入れることの方がもっと大事だった。

だけど今ここに、私がいる。

そして私は世界を一気にストップさせた。

やっと私はあなたに耳を傾けさせた。

私はあなたに庇護を求めさせた。

私はあなたが物質本位に考えるのをやめさせた。

今、あなたは地球のようになっている。

あなたはただ自分が生き残れるか心配しているだけだ。

どう感じますか。

私はあなたに熱を与える。

地球で起きる火災のように。

私はあなたに呼吸器障害を与える。

地球の大気汚染のように。

私はあなたに衰弱を与える。

地球が日に日に衰弱していっているように。

私はあなたの安楽を奪った。

あなたの外出。

あなたが使う地球のことや、地球が感じている痛みのことを
忘れさせるような物。

そして私は世界をストップさせた。

そして今……。

中国の大気質が改善した。

工場が地球の大気に汚染を吐き出さなくなったことにより、空が澄んだ青色だ。

ベニスの水が澄んでイルカが見られる。

水を汚染するゴンドラを使っていないからだ。

あなたは時間をとって自分の人生で何が大切なのか深く考えなければならなくなっている。

もう一度言う。私はあなたを罰しているのではない。

私はあなたの目を覚まさせるために来たのだ。

これが全て終わり、私がいなくなったら……

どうかこれらの時を忘れないように。

地球の声を聞きなさい。

あなたの魂の声を聞きなさい。

地球を汚染するのをやめなさい。

闘ぎ合いをやめなさい。

物質的なものに関心を持つのをやめなさい。

そして、あなたの隣人を愛し始めなさい。

地球と、その全ての生き物を大切にし始めなさい。

創造神を信じ始めなさい。

なぜなら次の時には、私はもっと強力になって帰ってくるかもしれないから。

コロナウイルスより

に対して、神様は地を従わせよと言われた、人間よ、お前が支配者だと神様はおっしゃったのだから、人間は何をしてもいいんだと解釈している人がいます。でも神様は決してそんなことをお話しになられたわけではない。自分が希望するようにちゃんとやってくれよとおっしゃったに過ぎないのに、それを、俺は任されたのだから何をやってもいいんだということで、傲慢になったということでしょうか。そしてそれに神様が早いうちに気づかれたということでしょうか。

前田　教皇フランシスコが「ラウダート・シ」という回勅（かいちょく）※4を出されています。訳し方はいろいろあるのですけれども、「ともに暮らす家を大切に」です。自分たちが住むのだから、その家を大切にしないと結局自分たちが滅びてしまうと。特に環境破壊は人類の滅亡にもつながっていくとおっしゃっています。

近藤　「ラウダート・シ」には、統合知、いろいろな知識、自然科学から社会科学、人文系まで、すべての総合的な人間の叡智を糾合（きゅうごう）してことにあたれ、という意味の言葉が出てきたかと思います。経済成長や政治統治というものは、豊かな心、安らかな社会をつくるという目的のための手段であるのに、いつの間にか自己目的化してしまっているので、それに対する戒めであるというように読みました。

前田　二〇二〇（令和二）年の四月頃でしたでしょうか、「コロナウイルスから人類への手紙」が私のところにも届きました。あれはまさに、人類に対するコロナからの警告という手紙になっていますね。教皇様の「ラウダート・シ」にも通じている。コロナウイルスの視点に立って書かれた手紙ですが、自分の今の生き方を改め、自然を大切にするように、人間が改心するようにと、警告のような感じで読みました。非常に印象的でしたね。

近藤　それはどなたが書かれたのでしょうか。

前田　ヴィヴィアン・リーチという方が英語で書かれ、日本語に訳されています。

近藤　イタリア人のパオロ・ジョルダーノという若い作家が『コロナの時代の僕ら』というエッセイ集を、昨年（二〇二〇年）の四月に出しています。先ほどの手紙と同じように、このコロナの問題は一時的や偶然のものではなく、根が深いんだと。その根にあるのは人間の自然破壊であり、めちゃくちゃな消費行動が自然破壊につながっている、そのことを忘れてはいけないんだという内容です。「コロナウイルスから人類への手紙」も同じ意図ではないでしょうか。

前田　そう思いますね。

近藤　日本人の宗教に対する考え方でよく言われているのは、日本には神道があり仏教があり、その中もいろいろな宗派に分かれていることです。そこにキリスト教が入り、イスラム教も入った。人は生まれた時と七五三は神道で、結婚式はキリスト教、お葬式は仏教と、人生の節目ごとに異なった宗教を平気で取り入れている。無神経な民族だという見方があるのかもしれませんが、他方、非常に柔軟性があって、それぞれの教えの良いところを取り上げているという考え方もあるかもしれません。大司教からご覧になって、日本人の宗教心、信仰心、あるいはモラル観をどのように見ていらっしゃいますか。

前田　島国である日本は、独自の文化を築いてきました。ですから押し付けられることはあまり好まないといいますか、むしろ自分なりに良いところを取り上げていくという、そういう生き方を歴史的にも、宗教だけではなく政治制度にしても取り入れてきました。それはそれで同じ日本人として私も誇りに思っています。宗教的にいろいろなものを取り上げているのは、そこに宗教心があるからともいえます。「日本教」のような日本人の宗教観を感じますね。キリスト教に対しても同じようなものが見えます。カトリックの面からいえば、一神教か多神教の違いがあるのかなと。どちらかといえば、日本人は多神教的な民族だと思います。七五三や結婚式、厄払いにしても、キリスト教にも同じような行事があるんですよ。四十九日も五十日祭や七年忌など、そうしたものともつながってきます。

近藤　教会で七五三をするのですか。

前田　やりますね。成人式のときには成人を集めて祝福式をしますし、あるいは還暦の人たちの祝福式もあります。日本流にいうならば厄年の人の厄払いみたいなこともします。そういうところは神社・仏閣と通じるところがありますね。

近藤　このコロナの禍（わざわい）についても、お説教やミサでやはりお触れになるのでしょうか。

前田　それは世界が願う同じ心だと思います。日本人、神社・仏閣やキリスト教に関わらず、コロナが一日でも早く終息しますように、差別や誹謗中傷をしないように、助け合いましょうということは、皆同じだと思うんですね。自分の宗教としてどういった方面から説明するのかというのが違っているだけで、その目的は同じではないかと思います。

一神教のキリスト教、多神教の日本

近藤　一神教と多神教の違いはどこから来たのでしょうか。

前田　日本人は多神教的な傾向がありますから、一神教、神様を絶対者として天地創造・全知全能・永遠の神はお一方しかいないんだという、そういう絶対的なものを受け入れることに少し抵抗があるのだと思います。キリシタン伝来時代にも大名たちが多数、キリスト教に改宗しましたけれど、たとえば時の権力者の豊臣秀吉、徳川家康などは絶対者というものに対して拒絶反応があったために、キリスト教を排斥し、そこに迫害も起きてきた。

近藤　絶対者は風土や気候、あるいは社会の成り立ちから、強いリーダーが引っ張らなければ皆で生きられないため、強いリーダーを求める文化から生まれました。まるで人間がつくったみたいな言い方ですけれども（笑）。日本は温暖で、わりと多様性があり、強いリーダーに引っ張ってもらわなくても、それぞれの地域で生きていけた。そのようなことも一神教、多神教の違いの要因の一つかなと思います。いかがでしょうか。

前田　確かに人間社会の中では、リーダーという存在は認められると思いますけれど、キリスト教の世界ではやはり神と人とのつながりの中で絶対者は一つと考えています。人間社会の中でのリーダーシップとはまた違うと思うんですね。エジプトから約束の地まで導かれるときに、モーゼというリーダーがいましたが、そのモーゼも神様から選ばれたリーダーです。絶対的なリーダーの神様がいて、神様からモーゼという人が使わされて民を導いた。ですから、教皇様にしても、もちろん枢機卿、大司教、司教にしても、聖書の時代からそうですけれども、役割というのは神から選ばれたものである、そういう考え、受け入れ方なんですね。教皇を選ぶ時には枢機卿たちがコンクラーベで選びますが、それは神様が選んだということなのです。そしてまた、われわれ司教、司祭にしても、神様から選ばれた者の中からまた選ばれるという、そうした流れ、システム、つながりになっています。これを専門的には位階制といいますが、こうした宗教的な特徴がカトリックの組織の中にはあるのですね。

近藤　先ほど日本人は島国なので、外から入ってきたものをそのまま丸のみにはしないで、取捨選択して、消化しやすいものを消化する、そういう一種のローカライズすると言いましょうか、そうした性格のシステムであるという意味のことをおっしゃったと思います。しかし、キリスト教というのは一神教という側面が非常に強いので、それが、日本にはあまりクリスチャンが多くいないということにつながるのかもしれません。日本におけるキリスト教の在り方というのは、ほかの分野であるような、日本化する、ローカライズするといったものはあまり見られないのでしょうか。もちろん七五三をなさるというのは、地域の習慣をなるべく取り込んで、地域にとけ込むということかと思いますが。キリスト教そのものを少し修正、というのは言葉が強すぎますが、日本的に解釈するということはあまりされないのでしょうか。

前田　いくらか日本的に土着化的になった部分はあります。御ミサの言葉はこれまでずっとラテン語でしたが、一九六五（昭和四十）年の第二バチカン公会議後あたりから、各国の言葉で御ミサをするようになりました。今、日本では日本語でミサをしていますし、日本人の習慣にあわせて典礼の所作も改めています。言葉はラテン語、所作は西洋式で跪いていたんですね。また、平和の挨拶も会釈するだけでいいなど、日本流に改定されてきているところもありますね。

二百五十年間守り続けた信仰

近藤　先ほどのお話で、豊臣秀吉や徳川家康によるキリスト教への弾圧があった。にも関わらず、いわゆる「隠れキリシタン」今は「潜伏キリシタン」というのが正式かもしれませんが、禁教令が出た後、教会も神父様もなしで、二百年以上にもわたって教えを守り続けたというのは、本当に感動的な、人類の歴史において大いに意義のあることだと思います。それだけの強い信仰心というのを、当時の長崎、五島を中心とした方々が持っておられた。これにはどういった背景があったのでしょうか。

前田　よく聞かれる質問です。およそ二百五十年間神父がいなかった。その間、ひとりの神父もいない中で、よく信仰を守り通したと思います。その理由は何ですかとよく問われます。「信徒のしっかりした組織」ができていたからとか、人によってさまざまな意見がありますが、私自身はその一番の理由は「バスチャンの予言」にあると思います。「バスチャンの予言」とは七代のちに海の向こうから告解を聞くパードレ（神父）が必ずやってくる。そのパードレが本物かどうかを確認するためには、まずローマの教皇とつながっているかどうかを調べなさい。「マリヤ」（マリアのこと）様を信じているかどうかを調べなさい。結婚しているかどうかを調べなさい、といったことが伝承的に残されています。実際、明治になって禁教令が解けた時に宣教師が入ってくるのですが、やはりあちこちで調べているんですね。奥さんはいるのか、家族はあるのかと。一八六五（慶応元）年の「信徒発見」のときに、その発見をしたのはフランス人のプチジャン神父ですが、そのプチジャン神父に信者たちは「マリヤ様の御像はどこ」と聞くんですね。そしてプチジャン神父にマリヤ様の御像に案内されて、「ああマリヤ様を信じている」と。そして神父に「家族は」と聞くと、「私は一人ですよ」「家族はいません」といった対話の中で、このパードレはローマのパパ（教皇）様とつながっている、ローマのパパ様から使わされて来たということを信者たちは確認するのです。

近藤　信徒発見は世界、東洋の奇跡といわれます。この「バスチャンの予言」はずっと昔から伝わっていたものですか。

前田　私の田舎もそうですけれど、五島列島ではずっと昔から「沖に見えるはパーパの舟よ、丸に〈ヤ〉の字の帆が見える」という都々逸（どどいつ）の歌を聞かされていました。特に私の父は宴席でいつも歌っていた。私たちは子どもの頃からこの歌を覚えました。「沖に見えるはパーパの舟よ」というのは、あの大きな船にもしかするとパパ様から使わされたパードレが乗っているんじゃないか。「丸に〈ヤ〉の字の帆が見える」は、マリヤ様と言うのがまだ危険な時代ですから、「丸に〈ヤ〉の字」で「マリヤ」様を意味していたのですね。ですからローマから使わされたパーパの舟が来る。それにはパードレがマリヤ様を乗せてくる、とそういう歌をずっと歌い続けて伝承し、今か今かと二百五十年間、パードレが来て御ミサに与れるということを待ち続け、信じ続けていた。それが一番ではないかと私は思いますね。

近藤　しかも幕府の弾圧の中で、洞穴に隠れたり、納戸にマリア観音を飾ったりと、いろいろな工夫をして本当に長い間、信仰を守ったというのは、まさに感動的なストーリーですね。私は長崎が教会群の世界遺産登録を目指しているとき、文化庁長官になる直前でしたが、五島列島を中心にすべての対象になっている教会群、それからもともとの集落というのでしょうか、隠れの方々がマリア観音など、いろいろな工夫で信仰を保ってこられたその跡をずっと見て回ったことがあります。この度、立派な『潜伏キリシタン図譜』が刊行されました。五、六年かかったようですけれども、これは大変貴重な資料で、当時の潜伏の方々のご苦労がいろいろな形で集大成されており、改めて感動した次第です。ところで「潜伏キリシタン」と「隠れキリシタン」、言葉の使い方では厳密に違いがあるのでしょうか。

前田　明治の初めに迫害が解け、宣教師たちが入ってきて再宣教が始まりました。そのときにカトリックに戻った人たちと戻らなかった人たちがいました。迫害時代にずっと潜伏して信仰を守ったのは同じですが、信仰の自由ができて、後にカトリック教会に戻らなかった人を「隠れキリシタン」と呼んでいます。

近藤　「隠れ」の方というのは今もいらっしゃるのですか。

前田　だいぶ少なくなりましたけれど、今もおりますね。

近藤　やはり五島などに多いのでしょうか。

前田　五島や生月島（いきつきしま）は有名ですね。平戸の根獅子（ねしこ）や春日などの小さな集落には今でも存在しています。

今は乗り越えるためのチャンスのとき

近藤　この先新しい生活様式、ＩＴがどんどん広がって、人工知能、ＡＩが人間の仕事に取って代わる時代になるといわれています。ＡＩが人間以上にできる仕事もあるでしょうが、しかし、絶対ＡＩにはできない仕事もあると推察されます。やはり神父様というのはＡＩにはできないかと思いますが、いかがでしょうか。

前田　カトリックは信仰的にいうと、司祭（神父）はもちろん神様から選ばれた者であり、そして特に、御ミサの中で司祭の口を通して語られる言葉は神様の言葉である、そういう信仰なのですね。司祭は神様の代理者であり、司祭が御ミサの中の説教で語る言葉は神様の言葉として受けます。ですからそもそもＡＩでは代わりはできないということです。もちろん、いろいろな知識や説教をするための準備で、今であればインターネットで調べて情報を利用して説教をするといった利用の仕方はあると思います。あるいは日本語で説教して、英語やイタリア語に翻訳してもらう、そうした役割はあるかと思います。

近藤　今コロナに苦しんでおられる方々、医療従事者の方も含めていわゆるエッセンシャルワーカーといわれている方々、クリスチャンではない方もいらっしゃるかもしれませんけれど、または明日を担う子どもたちに何か一言、お言葉をいただけると大変ありがたいのですが。

前田　クリスマスや新年のメッセージとして自分の教区民あてに、私は福音句を詠んでいます。クリスマスには「ウィズコロナ　ピンチはチャンス　クリスマス」と詠みました。新年の挨拶では「ウィズコロナ　ピンチはチャンス　去年今年（こぞことし）」と。そうしましたら、ある人からこのコロナでこんなに苦しんでいるのに何がチャンスかというお叱りをいただいた。実はこれはこういう気持ちなんですと説明し、納得してもらいました。たとえばクリスマスというのはインマヌエル、神様が共にいてくださる、これがクリスマスなんですね。神の子が人間となってくださり、喜びも悲しみも共にしてくださる。共に泣き、共に喜んでくださると。人間がどんなに苦しい中にあっても、神様だけは一緒に寄り添ってくださる。「ウィズコロナ　ピンチはチャンス」。そういう苦しみの中にも神様がいてくださる。このことが分かれば、これは乗り越えるためのチャンスではないかと。聖書の中にも苦難は忍耐を生み、忍耐は鍛錬（たんれん）を生み、鍛錬は希望を生むという言葉があります。ですから苦しめば苦しむほど忍耐力も強くなる。そしてその忍耐が強くなればなるほど自分で鍛錬ができて、そして力が湧いて希望につながっていく。結局それだけの試練を与えられるということは、それだけ神様からまたその試練を乗り越えるための力も与えられるのだから、それを有難いチャンスとみる。また、人間同士がいがみ合ったり、非難したり、差別したり、誹謗中傷したり……、そうではなくて、そういう人にこそ寄り添っていかなければいけないと。それを神様が示してくれたのだと。本当にこの苦難を忍耐に変え、この忍耐から必ず自分が成長していくんだ、鍛錬ができ、そして希望につながっていく。希望は決して私たちを裏切らない。欺くことはないと。だからそういう生き方をして欲しいし、またそうしましょうと、皆さんにお話ししたいと思います。

近藤　優しくて前向きな、大司教ならではの素晴らしいお話をありがとうございました。まさに「神の言葉」を聞かせていただいた気がします。

（二〇二一〈令和三〉年一月二十一日収録）

1　カトリック教会における聖職の一つで、ローマ教皇、枢機卿に次ぐ地位。カトリック教会では重要教区を大司教区、そこを任される司教を大司教という。日本では東京・大阪・長崎がそれにあたる。

2　ローマ教皇に次ぐ高位聖職者。教皇の最高顧問として教皇の補佐にあたり、教皇選出選挙の選挙権を持つ。現在日本人の枢機卿は前田万葉大司教のみ。

3　紛争・圧政から逃れるため、小型船に乗り難民となって国外へ逃げ出した人々。

4　ローマ教皇から全世界の司教や信者にあてて送られる書簡のこと。「ラウダート・シ」は二〇一五（平成二十七）年に教皇フランシスコによって発表された回勅で、環境問題やそれに関わる社会問題が取りあげられている。

美しき日本の再生について

アレックス・カー
（東洋文化研究者）

Alex Arthur Kerr
エール大学で日本学、オックスフォード大学で中国学について研究。1973 年から徳島県・祖谷で茅葺民家「ちいおり」を購入。アジアの美術品の蒐集をはじめ、地域再生コンサルタント・執筆・講演など、多方面にて活躍。1994 年、『美しき日本の残像』で新潮学芸賞受賞。主な著書:『犬と鬼』『ニッポン景観論』『ニッポン巡礼』など。

祖谷渓の古民家との出会い

近藤　アレックス・カーさんのご専門は東洋文化研究で、近年はタイのバンコクにも拠点を置かれ、アジア各地で精力的に活動していらっしゃいます。古民家再生の先駆者として各地の魅力再発掘に取り組みながら、日本にいらっしゃるときは隠れ家のような素敵なご自宅で執筆やコンサルティングなどに勤しんでおられます。今日は直接、日本で出会った自然や人について、詳しいお話が聞けるので楽しみです。まずは生い立ちからうかがいます。アレックスさんはアメリカ生まれ、初来日は十二歳だったとか。

カー　一九六四（昭和三十九）年、前の東京オリンピックのときに来日しました。父が軍属の弁護士だったので、小学校時代を横浜で過ごし、修学旅行では日光にも行きました。

近藤　その頃の日本は、今の日本とずいぶん違っていたでしょうが、どんな印象でしたか。

カー　近藤さんと私はだいたい同世代かと思いますが、子どもの頃の日本は、発展途上国という感じで、舗装されていない道路がまだたくさんありましたし、下水道や電気の整備も充実していませんでした。その頃のことは、かなりはっきり覚えていて、大人になった今、また日本巡礼の旅をするのは、結局、子どもの頃に見た風景をもう一度見たい、純粋な「美」をまた見てみたい、という気持ちがあるからかもしれません。

近藤　子どもの頃の記憶というのは不思議ですよね。撮影したり記録したりしていなくても、鮮明な印象として残っていることがあります。アレックスさんは横浜で過ごされたあと、帰国してエール大学に進学、奨学金を得て留学生として再度来日されました。学生時代はずいぶん国内を

祖谷の山里

旅行されたようですね。

カー　ヒッチハイクで北海道から九州まで日本を一周しました。そのとき、徳島県の秘境、祖谷渓※1に行きました。本物の秘境で、日本のグランドキャニオンともいわれ、険しい山ばかりで稲作はできず、あわやきびを育てていた。まだ電気も通じていなかったと思います。強烈に魅かれました。そして一九七三（昭和四十八）年、もう五十年近く前になりますが、十七年間、誰も住んでいなかった築三百年の茅葺き屋根の古民家を購入しました。小さい庵という意味の「ちいおり」、漢字で「篪庵」と名付け、後の古民家再生プロジェクトのきっかけになりました。

近藤　古民家再生、リノベーションの先駆的事例ですね。私は実際に行ったことはなく、写真で見るだけですが、古い茅葺き屋根の建物が、ここまで素敵になるのかと感動します。祖谷渓のことをもう少し詳しくうかがえますか。

カー　祖谷渓に初めてたどり着いたとき、本当にびっくりしたんです。こんな大自然にかこまれた静かな村落があるんだと。

近藤　懐かしさや郷愁といったものは、ぼんやりとした雰囲気的なものではなく、もっと原始的な感覚なんでしょうか。きっと祖谷渓との出会いに、強烈なインスピレーションがわいたんですね。

カー　ここには見逃すことのできない日本の真髄、本当の姿がある、と直感しました。だからこの茅葺き屋根を残したい、この家を住めるようにしたいと思ったのです。

近藤　留学先の慶應義塾大学では「授業はほとんどさぼって、しょっちゅう祖谷へ遊びに行った」と、『美しき日本の残像』[※2]で告白していらっしゃいます。恋に落ちたような感覚でしょうか。そっくりこのまま残したい、再生したい、蘇生させたい、と一大決心をしてその古い家を購入された。後の壮大な事業の出発点ですね。

カー　文化財の復元改修は再生と保存が目的ですが、私がめざすのは、それを実際に蘇らせることと。つまり、古い家を現代でも快適に住める家にすることです。祖谷渓から始まり、現在では徳島県内で四〇軒ほどの再生を手がけています。

近藤　古い家の良さをしっかりと残しながらリノベーションするというのは、しかしながら「言うは易し行うは難し」で実際には大変なご苦労だったと思います。

カー　そうですね。本当に難しい。パズルを解いていくようなものでしょうか。古いものを現代風にして、古くも新しくもあるという折衷案を探るのは、手間も時間もかかる。建築基準法やさまざまな法律の縛りの中、地元や県の担当課と相談をしたり交渉をしたり、一方現場では、日本の古い家は襖と障子で壁がないけれど、宿泊できるようにプライバシーを考えた間取りにしなければならないなど、ほかにも、クリアしなければならない大きなこと、小さなことが次から次へ

囲炉裏をテーブルとして再生し、ソファーと組み合わせた空間

と出てきます。

近藤 改修は新築より難しいといいますね。工事を請け負う人も、よっぽど新築の方が楽だと。

カー たとえば、囲炉裏のまわりでソファーに座りたくても、そのまま置いては違和感があります。そこで周囲の床を下げ、囲炉裏を囲いながらソファーに座れるようにしました。このような工夫をすることで居心地の良さを追求していきます。

近藤 現代人にとっても居心地よく、快適に過ごせる工夫が必要ということですね。

カー その点が一番苦労しますね。でもうまくいけば、今度は観光の目玉になる。地方の茅葺きの古民家は観光財産になります。「ちいおり」とは別の、東祖谷のほぼ中央には高低差三九〇メートルの急傾斜地に村落があり、茅葺き屋根の古民家が点在しています。その光景はまさに素晴らしく、かくれた美しい場所です。二〇一〇年代から茅葺き古民家の一棟貸プロジェクトをはじめ、今や祖谷渓はミシュランの星までもらって、海外でも有名な宿泊施設になっています。

近藤　単なる復元ではなく、そこに暮らしていた人々の息吹が感じられる住まいにする。そして実際に「暮らすように泊まれる」経験は、ほかではできない大きな魅力となっていくわけです。感嘆します。

宝物のようなかくれ里での発見

カー　朽ち果てていくのをどうすることもできずにいたものが、今度は観光の目玉になる。全国には人の住まなくなった古い家が約八〇〇万軒あるといい、空き家問題は大きな課題です。行政にとって負の遺産、お荷物扱い、社会問題ともなっています。けれども実際は素晴らしい遺産で、残すべき価値のある民家を残すことは大事な事業だと思い、古民家再生に取り組んできました。京都の町家からはじめたプロジェクトを、今は全国で進めています。古民家修復、地域振興は公共事業ですから、私は公共事業の工事業者なんですよ(笑)。昔はこうしたものに予算はつかなかったけれど、今は予算がついていますから。

近藤　環境破壊の元凶であるかのような「公共工事」について、憤慨するだけではなく中身を変えていこうという、アレックスさんの再生プロジェクトの真骨頂にお話が近づいてきました。東洋文化の研究者であるアレックスさんを、ここまで駆り立てるものはなんでしょうか。

カー　一つは、日本各地を歩いた旅人として、世界遺産や観光地もいいけれど、なにげないところの魅力、何もないところの素晴らしさを広く知って欲しいと思っていることです。もう一つは景観の問題です。日本には美しい国土があった。過去形です。

近藤　はい、過去形ですね。かつて日本には美しい国土があった。

カー　でも公共事業をはじめとするさまざまな事業、道路などの建設工事、不要な森林伐採工事、氾濫する看板などで景観は損なわれつつあります。そこで私は、景観という視点からも考えるようになったのです。きっかけは晩年の白洲正子[※3]さんとの出会いです。白洲さんのお考えに共鳴し、随筆『かくれ里』を読んで感銘を受け、本に出てくるところをいろいろと歩いてみました。白洲さんのいう、かくれ里、わすれ里というのは、秘境ではないけれど、地方の忘れられた、なにげない場所のこと、しみじみとした美しさを湛えている場所のことです。白洲さんの旅は、それほど有名ではない、観光地でもない、山奥のかくれ里を歩いて日本の美について思考を巡らせる、巡礼のようなものでしたね。

近藤　なにげない美しい景観を求める、日本再巡礼ですね。そういった場所はご自分でも探されたのですか。

カー　そうです。今、日本にいるときは京都府亀岡市[※4]に住んでいますが、住み始めてまず最初に、それまで近いのに行ったことがなかった琵琶湖畔の日吉大社[※5]を訪れてみました。境内に三角屋根のようなものがのった不思議な形の鳥居があって、「山王鳥居（さんのう）」と呼ばれていますが、これを見つけたときはまさに「発見」という感じでしたね。

近藤　まずは「ご近所巡礼」ですね。

カー　日吉大社の奥宮には巨石がご神体として祀られていて、石段を登って参詣します。日本は

白米千枚田
写真提供：輪島市

「木の文化」といわれますが、「石の文化」でもあると思い知りました。この近辺では牛尾宮（うしおぐう）、石仏、石灯篭など、神秘的な別世界へいざなってくれる石と出合えます。そして「ご近所巡礼」は石探究の巡礼となって、最後にはその名も石山寺、石の山の寺にたどり着きます。

近藤　白洲さんが「一番美しい多宝塔がある」と書いておられた石山寺ですね。ではご近所から離れて、鳥取県智頭町（ちづちょう）※6や八頭町（やずちょう）とは、どのようにして出合われたのですか。

カー　「食」をテーマにしたイベントで訪ね、魅了されました。予備知識なしに訪れたので余計驚いたのかもしれません。智頭町の石谷家（いしたにけ）住宅は、神社でも寺院でもない普通の住居ですが、私は「住宅の東大寺」と呼んでいます。屋根の梁（はり）が素晴らしい。この家は町に寄贈されるまでご家族が暮らしておられたので、幸いなことに美しい状態が保たれていました。

別の集落は、緑の中に古民家が点在し、心安らぐ景観でした。廃れた集落にこそ魅力があるんですね。これこそが本来の姿なのではないかという気がします。

近藤　石や木、土という自然の素材は、自然に溶け込みやすいのでしょうね。廃れるのも自然に還るということなのでしょうか。

カー　自然に溶け込んだ景観ということでは、田んぼ、とくに棚田が好きです。棚田は日本だけではなくタイ、インドネシアなどアジア各地にも見られますが、石川県輪島にある白米(しろよね)千枚田[※7]は、日本海に面して小さな田が重なり海岸まで続く絶景です。自然の地形に添った棚田には趣があります。

近藤　屋根、田んぼといったなにげないものに、これほどまでに魅かれるのはなぜでしょうね。

カー　たとえば、山口県萩市[※8]の白壁です。断面を見ると、一般的な土壁はまっすぐ垂直な長方形か、やや傾きのついた台形になっています。萩の白壁断面は地面から上部の屋根に向かって緩やかな曲線を描きながら広がっていて、三味線のバチのような形をしています。城下町の情緒が感じられ、地域の独自性があってエレガントです。土や石、木、壁を見て飽きないのは、なぜなのかと。手つかずの大自然は確かに素晴らしいですが、こうした土塀の細部のデザインにも魅了されてしまいますね。

近藤　自然と人間との出合いの妙でしょうか。人間の手仕事によってこそ自然のものが生かされるということなのかもしれません。人と自然との良好な関係が導き出した美だからかもしれませんね。

誰にも教えないでそっとしておこう

カー　人との出会いは私にとって大きいです。土方巽[※9]という前衛舞踏家、現代の日本でどれほど知られているのか分かりませんが、彼の記念館である鎌鼬美術館[※10]が、秋田県羽後町田代にあります。ここは暗黒舞踏のメッカともいうべきところで、世界中の現代舞踏家が「田代詣」として、一度は訪れたいところです。美術館の周辺には茅葺きの古民家が点在し、一棟貸切の古民家民宿や文化財住宅を改装したカフェや民宿など、土方の世界観が偲ばれる独特の雰囲気を醸し出しています。

近藤　古民家再生は建物だけではなく、その一帯に住む人にも訪れる人にも意味のあるものへと蘇っていくことなんですね。お話をうかがうだけで、いつか行ってみたいという気持ちになります。旅愁というのでしょうか。

カー　そうですね。でも、そう思うだけで、実際に行かなくてもいいんですよ。今お話ししたような場所は、どうしても行かなくてはならないところではありません。私は、『ニッポン巡礼』[※11]の本のはじめに「ここで紹介する場所にはぜひとも行かぬよう、最初に心からのお願いを申し上げておきます」と記しました。今もそう思っていますね。講演会などでお話しする機会があると、必ず最後に「どうぞあなたの住む近くで素晴らしいものを見つけてください。そして、もし、そういうところを見つけたら、誰にも知らせず、親しい人と共にそっとしておきましょう」と申し上げます。

近藤　そのとおりですね。どんなかくれ里も秘境も、現在の日本の状況では一瞬で全世界に暴かれてしまいます。かくれ里をかくれ里のままにしておくために「誰にも知らせずそっとしておきましょう」というメッセージは大切です。アレックスさんの旅行観ですね。

カー　私は旅行に行こうとする人に、「旅の目的について自問してください」と言いたい。まず、そこに安らぎはあるのか、二つめ、そこに今の自分に必要なものがあるのかどうか、この二つです。

近藤　旅は心の安らぎをもたらしてくれるもの、そして、その安らぎを求めるからこそ旅をする。話題の観光スポットだからという理由で人が押し寄せるところには、安らぎがないどころか、われもわれもという焦りや競争心しかない気がしますね。

カー　そうなんです。私は白洲正子さんの本に触発されて『ニッポン巡礼』を書きましたが、この本は、旅行案内でもガイドブックでもない。この文化財がいいから行きましょう、ここは撮影ポイントだから見ましょう、ということではありません。「見る場所」ではなく「見る目」について書きたかった。重要な文化財だから見なくてはならないということはない。そうではなく、屋根の梁を見ましょう、遠くから町並みを見ましょう、田んぼや石や木を見ましょう、美しいものを発見しましょう、と五十年前に私が白洲さんから教えてもらったこと、「旅の仕方」を分かりやすく伝えたかったのです。そして必ず、そこに本当に行きたいのか、本当に見たいのか、求めている景観なのか、といった自問が必要です。

近藤　真髄を見る目を養うということですね。本物と出合うために。

カー　史跡巡りや名刹のツアーもいいですが、先ほどの、石を巡る旅や古木を訪ねる旅などもいいと思いますよ。美しい並木や枝ぶりの立派な木は各地にあります。たとえば行政の指定にそってきちんと保存されているものもありますが、自然の木や雑木林などは枝を切られたり伐採されたりするので、景観が変わってしまうことがあります。前に訪ねたときは立派に茂っていた桜の木が、残ってはいるけれど周りの木が切られて砂利道になっていたり、本来の美しい木の佇まいというものがなくなったり、ということがよくあります。そうした消えゆくものに会っておくことは大事です。

近藤　失われる前に美しい景観を見て、目に焼き付けておくということですね。

カー　日本の山奥や離島にはまだ美しく素朴な自然が残っていますが、その美しさは、無分別な公共工事や、景観に無頓着な地方行政の開発によって、いつ崩されても不思議ではない儚く脆いものです。失われていくものの価値に私たちは気づくべきだと思っています。だから、敢えて「誰にも教えないで」とメッセージを発しなくてはならない。こんなに素晴らしいのだから大事にしましょう、とアピールすることも必要だと感じています。

近藤　日本の公共工事は予算のために、また管轄が違うと連携もなく、景観や自然環境に関係なく、進んでいくところがありますからね。

カー　とめどなく進む破壊に対して恐怖がよぎりますね。たとえば奄美大島[※12]で気づいたのですが、人工林がほとんどなく、大半が原生林なので日本元来の柔らかさがあります。植林が悪いということではありませんが、数百年手つかずの古木の森は日本では珍しく、貴重な景観です。その奄美の美しい浜辺でも、海岸の浸食を防ぐためという名目で、不必要な護岸工事の計画があります。浜辺を守る人たちが工事反対の活動をしていますが、まもなく美しい海岸線は消失するかもしれないと思うと心配ですし、どうなることかと、はらはらします。

近藤　歴史的に日本は乱開発してきた過去がありますが、自然環境を守ろうということも進んできたはずです。最大の問題は、今どこにあるのでしょうか。

カー　意識の問題だと思います。意識改革が必要です。予算がおりたから不要でも工事をしよう、という悪循環を打破し、「公共工事」の定義を広げていくべきです。不必要な公共工事の予算を古民家再生に振り替えるなど、必要な工事にしていく。ダム、道路、護岸工事で必要のないものは、もっと日本を美しくする工事に替えていこう、となればいいのですが……。無関心なのがいけないと思います。気づいた人がはたらきかけていかないと。

観光立国であるための覚悟

近藤　人が技を磨いてきたもの、長い間かけてつくってきたものには、心が込められています。自然物にも心が入っているから保存されてきた、ということでしょうか。

カー　それが「本物」ですよ。ピカピカの大理石、金色に輝く柱など、そこにそぐわなければ気が通わない邪魔なものになってしまいます。

近藤　われわれ日本人は常に受け身で来たため、主体的に何かを探していくことができなくなっているのかもしれません。じっくり本物の価値を味わうというより、パッと目立つものに魅かれてしまいがちなんですね。

カー　残念ながら、それは日本だけではなくタイやイタリア、韓国もそうです。『ニッポン巡礼』のような、見逃されているところを紹介する各国の本を書きたいと思っています。外国人の方が本物の価値を見出しやすいかもしれません。外国人が発見したものでも、提供されていなかったから知らなかっただけで、実は日本人の中にも「かくれ里」や「わすれ里」はいいものだな、と気づき始めた人が増えていると思うのです。古民家の暮らしぶりなどに興味を持ち、自分たちも実はこういうものを望んでいる、と自覚する若者も増えていますね。なんとなくいいものだ、と感覚的に分かる人たちが増えていると思います。

近藤　若い人ですか。そういうのもかっこいいな、という感覚でしょうか。

カー　それが実はいろいろな年代層です。年齢を問わずなんですよ。古民家再生のこと、消失するかもしれない景観のこと、知らなかっただけで、知ると賛同してくれる人は確実に増えています。

近藤　それは心強いですね。アレックスさんが日本各地で成功させているプロジェクトについて、観光客や移住者を増やして地域再生を目指したい各地の行政も関心を寄せています。最近話題になった大分県竹田市[※13]のことを教えていただけますか。

カー　竹田は高齢化、過疎化をなんとかしようと市が非常に力を入れていて、空き家を積極的にアーティストや職人に提供しています。古い蔵を直して安く貸すことで、数百人の若い人たちが家族連れで市に転居してきたと聞いています。類は友を呼ぶといいますが、若い人が増えるとコミュニティができ、レストランやカフェも開店し、遊ぶところが増える。それにつれて住む楽しみも増える。竹田は魅力的な街になっています。九州にいらっしゃるときはぜひ足を運んでください。きっと気に入ると思いますよ。

近藤　市民が賢い選択をして、公共工事から地域再生へ重点を移したわけですね。

カー　私の住む亀岡も成功例といえると思います。広々とした農地に魅かれて農業に取り組むために転居して来る人もいますし、基本はアートや工芸が中心ですからアーティストも移住して来ます。竹や簾といった伝統工芸もさかんで、移住者も行政も地域再生に積極的です。ダム、道路、護岸、公共工事を見直して、不要なものは勇気を出してやめる。仕組みを切り替えていくことが大事です。

近藤　ただ、災害に備える公共工事は強引なところがあります。

カー　もちろん災害に備えて公共的なインフラをつくる必要はありますが、それを公共工事の言い訳にしてはいけないと思っています。自然災害があるとパニックになり、オーバーに反応しがちで、自然が敵になってしまうのは問題です。

近藤　予算を消化するためではなく、本当に必要かどうかの議論が前提だということですね。

カー　コロナ禍で外国からの観光客がほとんどいない今は、チャンスです。あと数年かかるかもしれないけれど、いずれまた大波のように観光客が押し寄せてくる。そのときに向けて「汚くなったお座敷をきれいにしよう」「お掃除してお客様を迎える準備をしよう」という、今は準備のときですね。そのためには公共的な資金が必要です。観光客を集めるのではなく、管理をするのです。事前予約制にして、ゆっくり見学できるようなマネージメントシステムを構築することが求められます。

近藤　どっと人が来るツーリズムと、景観を守るバランスが必要なんですね。博物館や美術館でもソーシャルディスタンスを保つために予約システムを取り入れたところがあります。せっかくできたものを元に戻さないようにしてもらいたいです。

カー　お役所は制限を嫌うでしょうが、観光名所や寺院、仏閣は、ある程度制限しないといけない。できるだけフェアにする努力はもちろん必要です。人気の場所はクジにしてもいいし、やりかたを工夫すればいいんですよ。その動きは見られます。岐阜県白川郷[※14]のライトアップは予約制になりましたね。白川郷はそもそも入村料を取ってもいいと思っています。多くの観光客はタダだから行く、金を取られるなら行かない、それでいいんです。事前予約にするといいことがあります。中途半端な客は来ない、興味がある人、どうしても見たい人だけが来る。

近藤　観光客がレベルアップしますからね。それは大事ですよね。

カー　管理制限のメリットは、入れない人たちが別のところへ行ってくれること。オーバーフローが広がり、人の動きが分散して、別のメリットが生じる可能性が出てきます。

近藤　そして観光客を受け入れる側は、本質を忘れず、かくありたいというプライドと、本来の矜持を持って管理していくことでしょうか。

カー　管理について考えるとき、大きな問題の一つが看板です。神社仏閣では、金属製の板に真っ赤な字で書かれた看板が乱立しています。これがいわゆる「視覚汚染」を引き起こし、美しい境内を汚しています。その点、伊勢神宮[※15]は素晴らしい。看板の設置を最小限に留めるだけでなく、木の板に筆で書いたような黒字のデザインにまとまっています。社の前に置いたりもしません。全国の観光の管理者は参考にするべきです。東大寺[※16]もマネージメントのうまくいっている例です。立派な柱に貼られていましたが、最近、全部撤去しました。何を守り何を捨てるか、「私たちの東大寺」をどうするのかと認識を新たにしたのだと思います。

近藤　公共工事で観光振興を進めていくには、地元の人の熱意を束ねていくことも大事だと思いますが、うまくやるにはどうしたらいいと思いますか。

カー　地元の熱意を待っていては永遠にできません。長い間、美しい日本の再生に取り組んできましたが、「熱意」でできたところは一か所もありません。一つの良いプロジェクトをまずはやってみること、そして漠然とした話ではなく具体的なものを提示していくこと。行政の中にも理解者はいるので、むしろ後ろから熱意で支えられていくことになります。私の場合は、最初にメディアが注目してくれたことが大きかったですし、『美しき日本の残像』の影響もありました。見える形にして意識改革に訴えていくことでしょうか。

近藤　そして着実に、忍耐強く思いを形にしていくこと、ですね。アレックスさんのアドバイスは明解で、希望がわいてきます。おっしゃるように、今は旅の準備期間だとしたら、この機に、また自由に旅ができるようになったら、どんな旅をしたいのか、自分に問いかけて、じっくり考えてみたいと思います。

（二〇二一〈令和三〉年二月五日収録）

1　徳島県三次市にある日本三大秘境の一つ。雄大な手つかずの大自然と絶景スポットで知られる。一九七三（昭和四十八）年に築三百年の茅葺屋根の古民家をカー氏が購入し、その後別の集落の古民家を次々再生、宿泊施設にして蘇らせたところ、過疎の町の健全な形の「観光の目玉」になり、公共事業としての古民家再生の先駆的事例となる。

2　アレックス・カー著。一九九三（平成五）年、新潮社。最初の著書。

3　一九一〇〜九八　随筆家。伝統芸能に造詣が深く日本の美とは何かを問い続けた。一九七三（昭和四十八）年『かくれ里』は読売文学賞受賞。

4　京都府中西部に位置し「京の奥座敷」といわれる人口八万九〇〇〇人の市。

5　滋賀県大津市の比叡山麓、琵琶湖畔にある神社。

6　鳥取県の南東部に位置しており、鳥取藩の宿場町である智頭宿で知られる。面積の九割以上が山林で豪雪地帯でもある。

7　石川県輪島市白米町にある棚田で、日本海に面して小さな田が重なり海岸まで続く絶景は、日本の棚田百選、国指定文化財名勝に指定され、「世界農業遺産」にも認定された。

8　武家屋敷や土塀の町並みが美しい城下町。高杉晋作、伊藤博文など明治維新の中心人物を輩出。

9　一九二八〜八六　秋田県出身で、戦後を代表する舞踏家。一九六五（昭和四十）年、写真家の細江英公と共に羽後町の山村・田代を訪れ二日間滞在、村を舞台に撮影を行った。後にこのときの記録が傑作写真集『鎌鼬』として結実した。

10　秋田県羽後町田代にある土方巽の記念館。二〇一六（平成二十八）年開館。展示館だけではなく、里山一帯がミュージアムであるといわれている。

11　アレックス・カー著。二〇二〇（令和二）年、集英社。滞日五十年余の著者が自分の足で周った日本全国津々浦々の「かくれ里」から厳選した一〇か所をこっそり紹介。

12　鹿児島県奄美群島。鹿児島県奄美市および大島郡の区域をいう。奄美大島、喜界島、加計呂麻島、請島、与路島、徳之島、沖永良部島、与論島があり、総人口約十二万人。全域が亜熱帯性の南日本気候に属し、固有種を含め、希少生物も多数生息する。

13　大分県の南西部に位置する城下町。岡城は瀧廉太郎が「荒城の月」の構想を練ったことで知られる。

14　岐阜県白川村にある合掌造りの集落。独特の景観で知られ、一九九五（平成七）年、ユネスコの世界遺産に登録。今も生活の場として使われていることが評価されている。二〇一九（令和元）年からライトアップ見学は完全予約制になった。

15　三重県伊勢市にある神社。伊勢神宮と呼ばれているが、正式名称は「神宮」。明治神宮、熱田神宮とは社格が異なり、最高の特別格の宮居とされている。

16　奈良県奈良市にある華厳宗の大本山。七四三（天平十五）年、聖武天皇が建立。大仏殿は世界最大級の木造建築物。

日本人であることの意識

加藤　登紀子（歌手）

かとう・ときこ
1965年、第2回日本アマチュアシャンソンコンクールに優勝し歌手デビュー。
「ひとり寝の子守唄」「百万本のバラ」「知床旅情」など日本の音楽シーンに残る数々の名曲・ヒット曲を生み出す。カーネギーホールでの2回のコンサートを成功させるなど日本を代表するアーティストとして活躍。女優として『居酒屋兆治』（1983年）に出演、宮崎駿監督のアニメ映画『紅の豚』（1992年）では声優としての魅力も発揮した。
2000～2011年には国連環境計画親善大使としてアジア各地で音楽を通じた交流を重ねた。日本訳詩家協会会長。https://www.tokiko.com

異国で力強く生きる母の姿

近藤　新型コロナ感染症拡大防止のため、何かと制限がある中、常に変わらず、精力的に活動されていますね。

加藤　音楽や演劇などさまざまな場面で活動が制限されていますが、できるかぎりのことをしていこうと、みんな頑張っています。情熱だけが支えです。応援してください。

近藤　加藤登紀子さんというと、国の内外を問わずどこへでも気軽にお出かけになって、大ホールから小さな集いの場、病院、避難所での仮設のステージまで、どんなところでも歌う「旅する歌手」「歌う旅人」のイメージがあります。まず、どうしてもうかがっておきたいのは、加藤さんの旅の始まり、生まれ故郷についてです。お生まれはハルビン[※1]ですね。

加藤　私は二歳八か月で引揚げてきたので記憶はないんです。でも両親はハルビンが好きで、しょっちゅう話題にしていましたし、私が中学生になった頃、父がロシアレストランを開いて、日本在住のロシア人やロシアに縁のある人たちが集まっていたので、ハルビンを「生まれ故郷」として大変身近に感じることができました。一九八一（昭和五十六）年に初めてハルビン音楽祭に参加するため両親と再訪しました。そのとき、「あ、ここ、知っている」と感じたのです。

近藤　不思議ですね。郷愁というのは、漠然とした雰囲気的なものではなく、むしろ本能的というか原始的な感覚なのでしょうか。

加藤　そうなのでしょうね。鋳物彫刻のある駅の佇まいや、沈んでいく真っ赤な夕日のすごさは、初めて目にするものではない懐かしさがありました。一九八一年当時では、すでに家族で住んでいた頃と町の様子は変わってしまっていたのですが、知らないところではないという感覚が確かにありました。母が最後に住んでいた収容施設を見たいということで探していたとき、私が案内の運転手さんに「そこ曲がって」「ここをまっすぐ」といった指示を出したのです。すると父が突然、「おまえは赤ちゃんだったから覚えているはずがない。しゃしゃり出て何を言うのだ」と。母は「おとうちゃんは戦地に行っていなかったから覚えているはずがない」「私は今、眼鏡がないから分からないだけで、おとうちゃんより分かっている」と答えるなど、そのやりとりがおかしくて。

近藤　ハルビンでの生活はお母さまとお子さまとの留守番家庭だったのですね。

加藤　父が戦地に行ってからはそうですね。母は洋裁学校を出ていたので、それを生業にして私たちを養ってくれました。戦争に関係なく営業していた大きなデパートのお針子をしていましたから、食堂のおじさんから残り物をもらうこともあって、私たちはそのおかげで栄養摂取できたともいえます。お金持ちのユダヤ人の専属お針子としても働いていましたね。

ロシアレストラン「スンガリー」の前で。加藤さんの両親。昭和40年頃

近藤　ハルビンにはユダヤ人もたくさん住んでいたのですね。

加藤　そうです。なかには杉原千畝[※2]さんに受け入れてもらい、日本へ渡って裏ルートでアメリカなどに亡命した人たちもいたようです。

近藤　杉原さんはハルビンでロシア語を学ばれ、外交官としてスタートされています。ハルビンという町は、もともと帝政ロシア時代にパリを模して築かれ、そこへロシア革命から逃れてきた人々が移り住んで大都市になっていきました。

加藤　戦後の中ソ対立の頃、白系ロシア人の多くが日本に引揚げてきました。両親のロシアレストランでは、彼らのロシア語が飛び交っていましたし、ハルビンのことが話題にのぼると、私は自分なりにハルビンのイメージを膨らませて聞いていました。

近藤　親しみを感じるのは当然ですね。いうなればロシア語が母語以外の最初の外国語だったわけですから。

加藤　母は私をおんぶして、常にロシア人と渡り合っていました。母はハルビンに嫁いで来た直後からロシア語の勉強を始めましたので、ロシア語が話せたのです。この時代、ロシア語が話せるというのはすごいことです。終戦後、ロシアの兵隊のすごい略奪にあいました。でも母は、ここで逃げてはいけないと腹をくくり、食べ物を略奪に来た兵隊に、「あなたたちはどこから来たの」「家族はいるの」と声をかけたそうです。さらに「あなた方の国は立派な国なのに略奪を繰り返すのはおかしい」とロシア軍の上層部の軍人に話しをしに行ったところ、「あなたの言うとおりだ。何か力になれることがあったら言って欲しい」と理解を示してくれたことがあると話してくれました。

近藤　勇気ある行動です。

加藤　母はどんなときも、どんな人とも対等にプライドを失うことなく向かい合い、「あなたと私の関係」で会話をすることが大切なのよと言っていました。

近藤　「あなたと私」という対等な関係を築いたうえで話をする。それがお母さまのモットーなのですね。

加藤　戦争してたって、「あなたと私」で向き合えば国なんて関係ないのよ、って言ってました。

母に関する武勇伝はいろいろあります。略奪兵が来たとき「何が欲しいか教えてくれれば渡すので、暴力だけはやめて欲しい」と交渉したことや、古い着物で人形をつくり、売りに行ったら買ってくれたのがロシア人だったことなど。けれども一緒に共同生活をしていた日本人の中には、母のこうした行動に批判的な人もおり、「何の権利があってそんなことをするのだと、かなり叱られた」と言っていました。

近藤　協調性を大切にする日本人的なところの表れともいえますが、共同生活となるとそれなりにルールができ、互いに牽制し合うようなことが起きるのでしょうね。

生きるエネルギーは生活の中にある

加藤　母は私に「ハルビンにいた頃はあなたがお守りだった。あなたがいたから安全だった」と言ってくれたことがあります。だから私は、自分の故郷を愛しながら育つことができたのだと思います。

近藤　それは大事ですね。加藤さんは、お母さまの果敢な行動を守っていた守り神だった。

加藤　赤ん坊を背負っている人は安全だったこともあって、「トコちゃんを貸して」とお願いされて応じたこともあるそうです。母はハルビンについて話したいことが山のようにあると話しており、夢中で過ごす生活の中で、自分の体験を社会的な視線で見ていたところがありました。

近藤　お母さまは九十歳を過ぎてから『ハルビンの詩がきこえる』[※3]という本をお書きになりました。ハルビンで奮闘した頃を一生懸命思い出して書かれた渾身の作ですね。

加藤　背中に赤ん坊を背負った勇敢な母の自慢話の極致です（笑）。母はあのときのことを「願ってもできない体験だった。引揚げは大変だったけれど、類まれな、すごい旅をさせてもらった」と振り返っていました。「家族が誰も死なずに日本に帰って来られたのは、本当に運が良かっただけのこと。死ぬか生きるかはまさに紙一重」とも話していました。

近藤　気丈さでその運を切り拓いてこられたのでしょう。

加藤　日本に見捨てられたと悲観する人もいたそうですが、そもそも結婚してハルビンに渡ったことで、誰も自分を守ってくれないと分かっていたので、そのことはショックではなかった。だから引揚げなくてもいい、このままここにいるべきかと悩みに悩んで、最後の引揚げで日本に帰る決心をしたのは、やはり子どものことがあったからだとその理由を語ってくれました。

近藤　外地から引揚げる人たちは皆、複雑な気持ちを抱えながら列車に乗り込まれたのでしょうね。貨物車でしたから積み込まれたというべきでしょうか。

加藤　それは決して楽しい経験であるはずもなく、悲惨を極めたものだったのでしょうけれど、母はそこで、恥ずかしいとかみっともないとか、めそめそしてはいけないと。これからは、そうしたものをかなぐり捨てて生きていかなければいけないのだと、逆に強くなったのだと思います。

近藤　お子さまのためとはいえ、国に棄てられてもかまわないという覚悟はすごいですよね。

加藤　ハルビンで亡命者として生きているロシア人との親交の影響があったと思います。祖国を追われても、音楽や食事、衣服や自分たちの習慣、しきたりを大事に守り、明るく生活している彼らは立派でした。それを見ていた母は「大事なのは国ではなく人。人の暮らしの中にこそ守るべきものがある」と考え、そのエネルギーや執念のようなものが生きる力であるということを理解していました。信念があればどこでも生きていける。引揚げ列車[※4]での旅は、至難を極めたのですが、当時、片言の言葉を話し始めていた私の口癖は「おうちにかえろう」でした。二歳児にとって、壊れかけた無蓋列車でも、野宿するムシロの中でも、母がいて家族がいればそこがおうちでしたから。

近藤　戦争や災害といった緊急時にこそ、人間の底力といいますか、たくましい力が発揮されます。私たちはこの秘められた力にしばしば圧倒されますね。

加藤　そうですね。たとえば東日本大震災のような大きな災害の被災者の方にも、それぞれの心の中にお一人おひとりの物語や力が秘められていると思いますね。

近藤　おっしゃるとおりです。報道されるのは一部の表向きのことであって、報道も記録もされない実にさまざまな真実があると思います。

加藤　知り合いのカメラマンが避難所にいる方に、被災したご自宅を一緒に撮影して記録に残しませんかと声をかけたそうです。被災した自分の家を見るのは辛いことです。もしかすると残酷な誘いではなかったのかと心配したそうですが、「自分で撮影できて良かった」と多くの方に喜ばれたそうです。なかには、これで古い家に縛られずに再スタートできると気持ちの切り替えにつながった人もいたと聞きました。

近藤　そうした方もおられるのですね。

加藤　ただ今の日本は本音を吐露すると、瞬く間にバッシングされる息苦しさがあります。被災したのは辛い経験ですが、人間にはそれを跳ね返す力もあるはずです。東日本大震災のあと、反原発の市民運動がさかんになり、エネルギーのことを考える素晴らしい活動が出てきました。これはチャンスだと思いました。でも、土台が動くと必ず反動が起きます。同様に今コロナ禍で心配されるのは、新型コロナウイルス感染症の発生源となった中国はひどい国であると印象付けて、敵にしようとする動きがあることです。これをコロナを収めるための道具として使っていくのは危険なことです。

近藤　安易な犯人捜しや陰謀論でうっぷんを晴らすのは社会的なコストが大きい。気をつけないといけません。特にＳＮＳの拡散力を考えると、一人ひとりが冷静に考えていかなければならないと思います。

自分を見つめ歌が生まれる

加藤　あらゆる側面から見て、私は戦争は絶対やってはいけないことだと思っています。たとえ戦争が終わってもその傷跡は永遠に消えない。戦争の傷は決して癒えることはありません。そして戦争の後には整理のつかない苦しみとして差別が残ってしまう。だからといってなかったことにはできません。今から約三十年前、初めて韓国でコンサートをしたときのことです。事前の会見で「『鳳仙花（ほうせんか）』※5を日本人のあなたには歌ってもらいたくない」という発言が韓国人記者からありました。私は、「今ここで『鳳仙花』を歌うから、それをあなたが聞いて、やはり歌わせたくないかどうかを判断して欲しい」と言って歌いました。歌い始めると次第に静かになり、最後まで聞いてくれました。そして歌い終わると記者の人たちが、私の韓国語の発音を直してくれたのです。

近藤　記者の中には『鳳仙花』が抗日の歌だという思いがあったのでしょうか。「歌わないで」から「歌うのであれば正しく歌って欲しい」へと変化した。日本人と韓国人、歌手と記者としてではなく、お母さまのおっしゃったように、「あなたと私の関係」でそこを乗り越えられたわけですね。

加藤　そうです。固定観念を越えて最後にわかりあえる道をつくってくれるのは、やはり音楽だと思っていますから。

近藤　『鳳仙花』をつくった作曲家は日本に留学されていましたね。

加藤　そのために彼は戦後、親日家というレッテルを貼られ、奥さまは大変苦労されました。でも歌は広く紹介され、韓国の人に力を与えました。だからこそ、韓国でコンサートをするからには、そこに風穴を開けたいと思ったのです。思いが伝わるかどうかは歌うしかありません。歌うことでもし誰かが国を追われ、二度と帰郷できなくなっても、音楽は携えていけます。歌には影も形もないから、心に歌を隠していても決してなくなりません。分断される社会で歌い継がれてきた音楽は、絶対になくならない。私は人種や思想、ジャンルに関係なく、届けたい歌を歌っているだけです。誰かに届けようと相手を限定したくはないという思いはずっとあります。

近藤　音楽に国境はない。美しい歌は、みんなのものということですね。

加藤　心に響く美しい歌が国境を越えて歌い継がれているのは、理屈ではなく歌自体の力です。『鳳仙花』はそうした歌の一つだと思っています。

近藤　歌の力、音楽の力は大きいものです。加藤さんはご自分でも作曲されますが、どのようなときに歌をつくられるのでしょう。

東日本大震災被災地にて

加藤　たとえば大きな災害にあわれた被災者の方を前に、歌手として励まそうとしてもうまくいかない。言葉が出ないことがあります。歌手ですから、目の前にいる人を奮い立たせる言葉がなければ、一歩も踏み出せません。どうすればいいのだろう、私に何ができるのだろうと途方に暮れ、目の前にいる人に何もしてあげられない無力感を感じることがあります。そうしたことが歌をつくるきっかけになっています。

近藤　途方に暮れたときなど、説明のつかない無力感の中から歌は生まれる。

加藤　思いが強くても、しっかり行動できるとはかぎりません。思想信条や信念ではなく、むしろ理屈や思いを覆すような感情があふれてくるとき、それがむしろ自分のリアリティであれば、それを手で触りながら、携えて乗り越えていく。そういうときに歌は生まれます。

近藤　歌もしくは芸術は、表面的な理屈を越えて直接、人の心の奥に届くものでしょうから、心の内面を見つめて、奥にあるものを素直にすくいあげていく。

加藤　今の子どもたちは、他人に文句を言われないように上手にしゃべることに長けていて、心の軋みや矛盾した感情をそのまま表現しようとしない。自分の心を見つめると、メラメラしたりモヤモヤしたり、憎しみがあふれ出て、怖くなったり、うろたえたりするはずですが、そうした感情と向き合って欲しいと思います。

近藤　自己と向き合ってもがき苦しむということはなるべく避け、器用に処理してしまう。でもそれでは、〝生きている〟といえるのでしょうか。

心に向き合い心を耕す

加藤　私は、心は耕さなければならないと思います。いろいろな感情の種から形になる言葉が生まれます。発酵させておいしいお酒になりました、おいしい野菜ができました、となるはずですから。でも、今の子どもは耕すことなくフタをしてしまいます。ドロドロとした自分の心をうまく発酵させることができない。自分の感情と向き合う経験をしていない今の子どもたちは、煮詰まるとすぐに発散してしまい、悶々と悩む暇もありません。自分の中のやっかいな心の動き、嫉妬や憎しみといったさまざまな感情に苦しみ、傷つき、ショックを受けて向き合わなければいけないと思います。心にフタをするというのは、地面がドロドロのまま、アスファルト舗装してしまうようなもの。夫が農業をしていましたから、比喩ではなく本当に「耕す」ことの大切さを実感しています。

夫の藤本敏夫さんと。2000（平成 12）年正月

近藤　一九七二（昭和四十七）年にご結婚された藤本敏夫[※6]さんのことですね。千葉県に「鴨川自然王国[※7]」という農場を設立され、農的生活を実践してこられました。

加藤　藤本が娘たちに農作業を手伝わせようとすると、子どもたちは、はじめは「ドロドロだからいやだ」「虫が気持ち悪い」と嫌がりました。それでも娘たちは、土を触った感触がドロドロ、ベタベタ、ヌルヌルしている「気持ちいいね」「これがいいんだよね」「土を触ると癒されるね」と言うのです。私はこれがおかしくて。ヌルヌルしていやだったら正直にそう話していい、気持ち悪いと逃げ回っていいのよと思うのですが。

近藤　心の通わぬ教科書的な反応をするわけですね。

加藤　昔、孫が小さかったとき、お友だちに「ごめんね」と謝らなくてはいけない場面で、どうしても「ごめんね」と言えないことがありました。歯を食いしばって何も言わず、走って逃げてしまうのです。私はそんな孫を見て、すぐに「ごめんね」と口にできる子どもより、そう言えなくて苦しむのもかえってつらいけど、その方がいいと思っていました。

近藤　心にもないのに、とりあえずお手本どおり謝るというのはだめですね。それでは成長しない。

加藤　もがき苦しまず、何事にもフタをしておくというのは、曖昧にしたままでいることと同じです。

近藤　私は加藤さんより三年後輩にあたりまして、加藤さんが日本アマチュアシャンソンコンクールで優勝され歌手デビューをされたときはまだ駒場の学生でしたが、暗く重苦しい政治の季節に、東大の女子学生が歌手にというのは鮮烈なできごとでした。私たちはそういう世代ではあったわけですが、今の若者に、学生時代のご自身の経験を話されることはありますか。

加藤　娘が大学生の頃、「あなたたちは政治的なことに関心はないの」と聞いたことがあります。すると「社会的な問題について話し合ってみたいと思うこともある。でも、闘争家の亡霊のような人がいてセクトに入れようとする。つかまりたくないから、そういう気配を出さないようにしているの」と答えました。学生運動のリーダーではなく、亡霊がいる、今はそういう時代なのだとショックでした。藤本は、一九六九（昭和四十四）年には学生運動から完全に抜けていますし、長女が生まれたのは一九七二（昭和四十七）年です。子どもたちは鴨川を中心に日本の農業のために走り回っている生活者としての父しか知りません。

近藤　藤本さんは鴨川で有機農法の農場を経営され、加藤さんは東京を拠点に歌手活動を続けてこられました。

加藤　藤本が学生運動から完全に抜けた理由は、学生たちの党派闘争が悲惨な状況に陥り、過激化していったからです。今振り返ってみると、仲間はみんないい人ばかりでしたし、命がけで戦っていたという愛おしさがあります。歴史的なできごとも真相なんて明らかにされることは難しいです。テルアビブ空港乱射事件※8がありますが、実行犯の岡本公三らは一切一般市民には銃を向けていない、と言っています。発砲したのは警官に対してだったと。警官隊が一斉射撃をし、結果的にたくさんの人が亡くなりました。そんな真相は永遠に表に出てきません。

近藤　一九七二（昭和四十七）年に日本赤軍を名乗る岡本公三らが起こした事件ですね。

加藤　六〇年安保の国会議事堂へのデモで犠牲になられた樺美智子（かんば）さん※9もしかりです。警官が殺したのか、圧死したのか、遺体を検分した結果、学生同士の圧迫で亡くなったという見解が発表されましたが、すべての解剖記録を洗い出していくと、警官隊のこん棒が膵臓を突き刺したことによる膵臓破裂が死因だったと証言する人もいます。国家的な記録の中で真実が明かされることはありません。たとえ圧死だったとしても、警官が襲いかかったことでそうなってしまったわけで、責任はそこにあるのですから。ただ、何かというと一〇〇パーセント正しいと主張する人を私は信用しないことにしています。そういう思想は信用できない。

近藤　なるほど。一〇〇パーセントの正義などありえないということですね。

加藤　実は私、東大在学中に代議員に立候補したことがあります。対立候補と決選投票になったとき、私は「自分が絶対一〇〇パーセント正しいとはいえない。でもできるだけ正しいために行動し、その中で自分の体と目で見極めたい。正しくありたいから果敢に行動しながら生きていきたい」と訴えたら、なんと私しか投票しなかった。あのときほど東大生が幼稚に見えたことはないですね。

近藤　くやしかったですね、それは。

加藤　正しいと思っていないのに行動してはいけない、と私を非難する対立候補に、みんなが投票したわけです。うそをつかなければやっていけない政治など二度とやるものかと、つくづく思いましたね。

歴史を紡いできた日本人

近藤　一〇〇かゼロか、それが西洋発祥の合理主義です。それは政界だけのことではなく、考え方の基本において黒か白か、善か悪かのどちらかしかなく、真ん中がない。デカルトのいうように、主客二元論によって暗黒の中世を否定して、ヨーロッパの近代は始まったわけです。

加藤　西洋の合理主義はデカルトから来ているのですね。

近藤　二元論はおかしい。二元論で機械は操れますが人間はそうはいかない。日本人はその点については身をもって知っていると思います。曖昧さを残していてもすべて大地に根差して生きてきたわけですから。泥臭さはありますが、自然との一体感は持っていたと思います。

加藤　藤本も服役中に気がつきました。これからは人間が地球問題にどのように答えていくかが問われていくと。人間の対立にブレーキをかけ、古い図式を変えて、地球に土下座をしてゼロからやり直さなくてはならないと。そこから彼は猛勉強しました。食物連鎖や食の安全性、地球温暖化により発生する環境問題など、彼は早くから気づいて心配していました。

近藤　分断や孤立という政治的な激流の中から一歩踏み出されたわけです。

加藤　彼の亡くなったあと、農業雑誌に書いたり講演したりした原稿や書簡などの遺稿を読み直して、この三十年間、一貫して農と食について考え続けていたのだと改めて感じました。彼が学問に没頭して頭でっかちにならなかったのは、鶴見俊輔[※10]先生の影響が大きかったと思います。鶴

見先生の思想の中にいたことで、農業コミュニティにまで及ぶ広い視座から社会を捉えることができました。政治の中にいると、素直に思考することができなくなることがある。でも彼は何かがおかしいと気づくことができた。

近藤　都合の悪いもの、良いものとも共存していかなくてはなりません。

加藤　そうです、共存ですね。バリ島[※11]には良い神様と悪い神様がいます。良い神様ばかりでもいけないし、悪い神様が増えすぎてもいけない。良い神様は自然界にいるので、神様にはどうぞイーブンであってくださいと祈ります。せめぎあってバランスがとれているのが平安な状態です。良い人でも立場が変わって悪い人になりますし、コレステロールにも善玉菌と悪玉菌がある、それと同じです。

近藤　同じ人間でも同時に善と悪が存在する。『千と千尋の神隠し』[※12]の「カオナシ」もそうですね。千尋にはやさしいけれど、場が変わると悪い面が出てきます。それを日本人は受け入れ、うまくやってきました。

加藤　日本人は、水に流したり、イーブンに丸く収めたりと激しい衝突をしないできました。しかしヨーロッパはそういきませんでした。激しく苦しんできた。でも日本のように丁寧に歴史を紡いできた素晴らしさはあると思います。ツバル[※13]という現代文明からかけ離れた地にいくと、彼らは裸足で家は高床式ですが、家には液晶ＴＶがある。あるブータン[※14]の男の子は、テレビを知らず、ラジオ局も電話局もないけれど、ｉＰｏｄで音楽を聞いている。ブータンやツバルには近代の生活がないけれど、みな最先端のインターネットで世界とつながり、超最先端の科学技術の恩恵を受けています。

近藤　日本は明治時代に、ステップを踏んで着実に近代化してきました。そして今、全部のメディアを重層的に使っています。英語を学習し、最先端のものを取り入れています。

加藤　日本は近代化するときに、それまでの歴史があったので、外国語ができなくても教養が身についたのですね。

近藤　そうですね。東西のあらゆる古典を翻訳することで、日本語だけで教養が身についた。そうした文化を受け継ぎながら新しいものを丁寧に精確に受け入れてきたわけです。

加藤　その面倒くさいほどの丁寧さ、慎重さ。それは日本の素晴らしさの結果でもあり、飛躍を阻むものでもあると思います。日本は先端を行っているようで、うっかりすると世界から遅れをとってしまう危険もありますね。

近藤　なかなか難しいことではありますが、心にフタをせず、悩みながら私たちも前進していきたいと思います。言葉の達人、加藤さんのお話は耳に心地よく、脳に刺激的でした。生誕七十五年の二〇二〇（令和二）年の秋、歌手として五十五年の節目に自伝[※15]を出版され、ご自身で朗読もされています。そちらでもゆっくり「加藤登紀子の世界」を楽しみたいと思います。

加藤　これからも自分の心をのぞき、せっせと耕しながらやっていきたいと思います。

（二〇二一〈令和三〉年三月十八日収録）

1　現在の中華人民共和国北東部に位置する黒竜江省の中心都市。日露戦争後、南満州が日本の領土になった後もロシアの管轄下に置かれたため、一〇万人余りのロシア人、一〇〇〇人を超えるアメリカ人、イギリス人、フランス人、日本人も三〇〇〇人、中国人は数十万人という人口構成の大都市であった。一九三二（昭和七）年、満州国建国により行政権が満州国のものになってからも国際色豊かな都市として平和が保たれていた。

2　一九〇〇～八六　外交官。一九二四（大正十三）年、外務書記生となりハルビン領事館に勤務。その後第二次世界大戦中、リトアニアの首都カウナスの領事館領事代理としてユダヤ人の難民に日本通過の査証（ビザ）を発給し亡命を援助したことで「日本のシンドラー」として知られる。

3　二〇〇六年藤原書店刊。加藤淑子著。新婚時代から三人の子どもの育児時代である十一年間を過ごしたハルビンでの思い出を、九十歳を超えた著者が、優れた記憶力と亡くなった方への哀悼の思いによって書き上げたもの。娘の加藤登紀子が編集の協力をした。

4　一九四五（昭和二十）年日本が連合国に降伏したことで、外地、占有地、内地のソ連軍被占有地に暮らしていた日本人は内地（本土）へ戻された。満州は、敗戦の翌年七月、引揚げ協定が決まり、敗戦後も満州に残留していた日本人は貨物列車でコロ島に到着、船で佐世保港に渡り上陸した。

5　音楽家でバイオリニストでもあった洪蘭坡（ホンナンパ）が、一九二〇（大正九）年に作曲した美しい旋律の歌曲。戦時中は抗日歌として歌われた。

6　一九四四～二〇〇二　兵庫県生まれ。同志社大学中退。学生運動指導者。有機農法実践家。一九七二（昭和四十七）年、歌手の加藤登紀子と獄中結婚。『農的幸福論』は学生運動の旗手から転じ、日本の農業を変えようと活動した藤本の遺稿を加藤登紀子がまとめたもの。『現代有機農業心得』等。

7　千葉県鴨川市にある農事組合法人。一九八一（昭和五十六）年、藤本敏夫らによって設立。無農薬有機農法による稲作、五〇種類の野菜栽培、帰農塾などを行っている。

8　一九七二（昭和四十七）年、元赤軍派の三人がイスラエルのテルアビブ・ロッド空港の到着ロビーで自動小銃を乱射。イスラエル警察と銃撃戦となり、旅行客ら二六人が死亡、七三人が重軽傷を負った。三人のうち岡本公三容疑者だけが生き残り、イスラエルの軍事法廷で終身刑の判決を受けた。現在はレバノンに政治亡命中。

9　一九三七〜六〇　安保闘争で国会議事堂へのデモの際、死亡した東京大学の女子学生。

10　一九二二〜二〇一五　哲学者。十代で渡米、一九四二（昭和十七）年、ハーバード大学哲学科卒業。同年日米交換船で帰国、海軍バタビア在勤武官府に軍属として勤務する。一九四六（昭和二十一）年、雑誌『思想の科学』を創刊。京都大学、東京工業大学、同志社大学で教鞭をとり、一九六五（昭和四十）年にベ平連（「ベトナムに平和を！市民連合」の略）に参加。一九七〇（昭和四十五）年、同志社大学教授を辞職。『戦時期日本の精神史』（岩波書店、大佛次郎賞）、『戦後日本の大衆文化史』（岩波書店）など著書多数。

11　東南アジアのインドネシア共和国バリ州に属する島。

12　二〇〇一（平成十三）年に公開された日本の長編アニメーション映画。監督・脚本は宮崎駿。

13　オセアニアに位置する九つの島からなる立憲君主制国家。かつてはエリス諸島と呼ばれていた。首都はフナフティ。イギリス連邦加盟国の一つ。

14　ブータン王国（通称ブータン）は、南アジアに位置する立憲君主制国家。北は中国、東西南はインドと国境を接する。国教は仏教。公用語はゾンカ語。首都はティンプー。

15　『登紀子自伝 〜人生四幕目への前奏曲』（トキコ・プランニング刊）。東京新聞の連載に加筆したもの。本人による本文朗読がスマホやタブレットの端末で聴けるQRコード付き。

「近藤誠一全集」
刊行協賛名

株式会社大林組

公益財団法人大林財団

（公財）大原美術館名誉館長　大原謙一郎

村田機械株式会社

村田純一

銘木総研株式会社

（五十音順・敬称略）

北海道・東川町

東川町は、北海道のほぼ中央に位置し、東部は山岳地帯で、大規模な森林地域を形成しています。また、日本最大の自然公園「大雪山国立公園」の区域の一部になっています。

北海道の峰といわれる大雪山連峰の最高峰旭岳（2291 m）は、東川町域に所在し、豊富な森林資源と優れた自然の景観は、観光資源として高く評価されています。

道北の中核都市旭川市の中心部から 13km（車で約 15 分）、旭川空港から 7 km（車で約 8 分）の地点にあります。

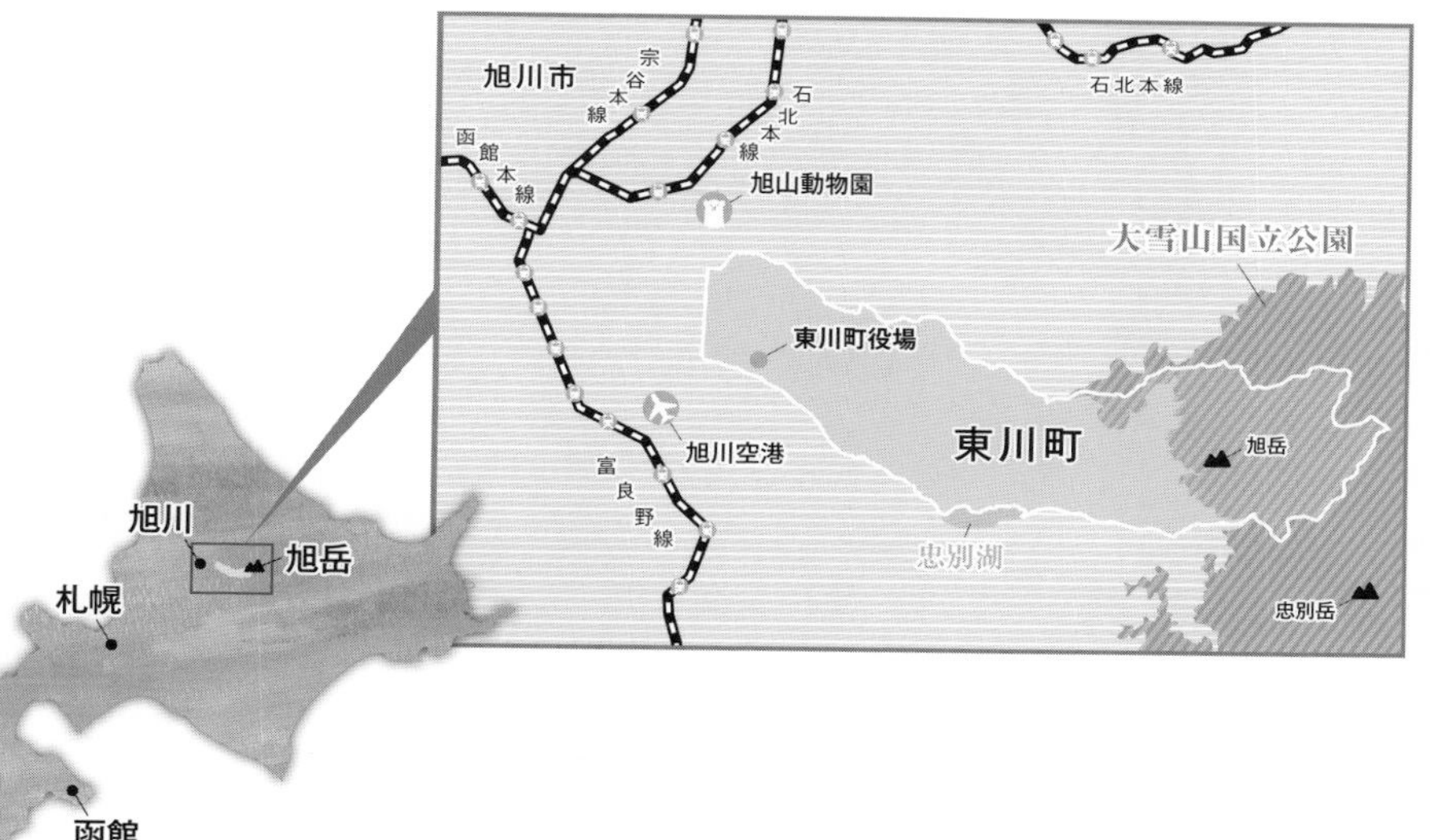

写真文化首都 写真の町「東川町」

東川町は、1985 年に世界にも類のない「写真の町」宣言を行い、「自然」や「文化」そして「人」が写真を通じて出会い、この恵まれた大地に、世界の人々に開かれた町、心のこもった「写真映りのよい町」の創造を目指しています。

写真文化の中心地となる「写真文化首都」として、写真と世界の人々を繋ぎ、笑顔の溢れる町づくりに取り組んでいます。

近藤誠一（こんどう・せいいち）

1946年神奈川県生まれ。東京大学教養学科卒、1972年外務省入省。在米国日本大使館公使、OECD事務次長、外務省広報文化交流部長などを経て、ユネスコ大使、駐デンマーク大使、文化庁長官を務め、現在は近藤文化・外交研究所代表、外務省参与。国際ファッション専門職大学学長。北海道・東川町芸術文化振興プロジェクト参与。

2013年の富士山の世界文化遺産登録に力を注いだ。

フランス レジオンドヌールシュバリエ章受章（2006年）、平成28年度瑞宝章重光章受章。

平成27年度日本アカデミア賞（国際部門）受賞、平成29年度情報文化賞国際芸術賞受賞。

近藤誠一全集 Ⅰ
対談Ⅰ　日本人 ――和の目 洋の目

著者　近藤誠一

発行　写真文化首都「写真の町」東川町

編集発行人　伊藤玄二郎

協力　一般社団法人 TAKUMI-Art du Japon

制作・発売　かまくら春秋社
鎌倉市小町二―一四―七
電話〇四六七（二五）二八六四

印刷　ケイアール

令和三年十一月二十四日　印刷
令和三年十一月　三十日　発行

ISBN978-4-7740-0844-8　C0095